CICIR 中国现代国际关系研究院中青年学者纵论

欧洲民主资本主义困境

—EUROPE IN THE TRAP OF DEMOCRATIC CAPITALISM—

黄 静 · 著

时 事 出 版 社
北 京

序

冯仲平

近年来，人们对欧洲发生的问题以及欧洲未来的发展表示了极大的关注，也产生了很多困惑。黄静的这本书正是力图解开一些困惑。全书既有粗线条刻画，也有十分细腻的论证，相信会给读者留下深刻的印象。

欧洲主权债务危机由美国次贷危机引发，来得很突然，但是暴露了欧洲的制度缺陷以及南欧的竞争力下滑。随后各种危机接踵而至，有些欧洲自己能控制，有些控制不了——比如乌克兰危机、恐怖袭击、难民危机。

本书对欧洲的问题提出了自己的看法。黄静认为，民主资本主义内含两组核心矛盾：一关于“平等”，二关于“边界”；而欧洲当前的困境，是因未能协调好这两组矛盾所致。欧债危机使欧洲民主资本主义的这两组核心矛盾凸显，欧洲民主资本主义面临调整的压力，而欧洲特殊的时空环境使得这种调整十分困难。

欧洲作为工业革命的摇篮、很多国际理念的发源地，占据世界中心达数百年。直到今天，欧洲的重要性对中国人而言也并没有减少。2013 年 11 月，习近平主席在接见来华参加中欧峰会的欧盟领导人时提出：作为最大的发展中国家和最大的发达国家联合体，中欧是维护世界和平的“两大力量”；作为世界上两个重要经济体，中欧是促进共同发展的“两大市场”；

作为东西方文化的重要发祥地，中欧是推动人类进步的“两大文明”。翌年3月，习近平作为国家主席首次踏足欧洲的时候，进一步提出了中欧要做和平、增长、改革、文明“四大伙伴”的新定位。显然，在中国领导人的心目中，欧洲不仅仅意味着技术、市场、资金，而且还是维护世界和平和促进人类进步的重要力量。

欧洲近几年发生的事情，有助于我们对欧洲的看法更全面、客观、平和，避免过去一些片面、极端的看法。

一、欧洲一体化的六大变化

二战后失去了中心地位的欧洲，其自身发展、威望源自于地区一体化。欧洲一体化经过了近70年时间，但一体化的最终目的一直没有明确。一体化之父们提出过成为“欧洲合众国”的设想，但在1957年的《罗马条约》序言中，仅提到要建立“尽可能紧密的联盟”（ever closer union）。欧洲一体化现在遇到了二战以来的最大挑战。2016年6月，欧盟发布名为《共同愿景，共同行动：一个更强大的欧洲》的全球战略文件。欧盟外交和安全政策高级代表莫盖里尼为这个文件作了序，第一句话就是：“我们联盟的目的，乃至其存在，受到了质疑。”[①] 同年9月，欧盟委员会主席容克在年度盟情咨文中说：“我们的欧洲联盟已经，至少部分地，处于生存危机之中。”[②] 当时大家对

① *Shared Vision*, *Common Action*: *A Stronger Europe*, June 2016, http://eeas.europa.eu/archives/docs/top_stories/pdf/eugs_review_web.pdf.（上网时间：2017年11月2日）

② “State of the Union Address 2016: Towards a better Europe-a Europe that protects, empowers and defends”, Strasbourg, 14 September 2016, http://europa.eu/rapid/press-release_SPEECH-16-3043_en.htm.（上网时间：2017年11月2日）

欧洲一体化悲观的原因，一是当年6月23日英国通过了脱欧公投，二是2017年4—5月法国将举行大选，如果极右领导人勒庞上台，欧盟分崩离析或将难以避免。

我认为，欧洲一体化出现了六大变化。

一是原动力减弱。欧洲一体化有两大原动力，一为和平，二为繁荣。其中和平的动力，已因德国的改造、冷战的结束而减弱。经济动力仍然重要，但人们对一体化是否是繁荣的途径已不如过去那样确信。近年，由于新兴大国崛起、美国战略东移，欧盟比过去有了更多的自强意识、大国竞争意识。但这是否能成为足够大的一体化动力，仍有待观察。

二是形成新的一体化共识难度增大。欧洲一体化自20世纪50年代发轫以来，便由精英主导。在欧洲一体化的历史中，大家难以忽略一些精英的名字：呼吁建立欧洲联邦的英国政治家丘吉尔、想出煤钢联营创意的法国政治家让·莫内和舒曼、积极推动法德和解的联邦德国总理阿登纳、推动建立联邦欧洲的意大利政治家斯皮内利、被誉为“欧元之父”的加拿大经济学家蒙代尔、提出建立经济和货币联盟的欧共体主席德洛尔……。当然，我所说的精英是广义上的，涵盖很多人和很多方面，包括欧洲政治、经济、金融、文化等。但现在，精英已难以再主导一体化进程。各国政治家们越来越多地使用全民公投来进行重大决策。英国脱欧这么重大的历史决定，是一次全民公投的结果。在民意分化严重的欧洲社会，推进一体化很难通过公投来实现。

三是“危机推动说”失灵。战后以来，欧洲曾经发生过不少危机，这些危机对欧洲的发展构成了很大挑战，但通过推动一体化的发展，欧洲化解了危机。由此，危机又成为一体化的契机。比如柏林墙的倒塌促进了欧元的诞生。欧元的诞生是一体化进程中的划时代大事，这个成果的取得，恰是欧洲领导人为了防止统一的德国再次成为威胁欧洲的力量，要通过欧元把德国更深地捆绑在一体化进程中。再如科索沃战争推动欧洲防务合作取得突破。自1954年法国国民议会否决《欧洲防务共同体条约》以来，防务一直是一体化进程中的“禁脔”，进展十分缓慢。1999年发生在欧盟“家门口”的科索沃战争让欧盟大受震动，随后欧盟在防务一体化上迈出了重要的步伐。反观今天，欧债危机爆发至今已近十年，欧元区的制度缺陷在危机后暴露无疑，但人们最期盼的欧元区治理改革至今没有实质性突破。法国现在想促成这种突破，但德国的态度并不积极。再者，近年欧洲恐怖袭击频发，已成头号安全威胁，但迄今未见欧洲人在有效应对恐袭方面拿出一个实质性的一体化方案。

四是法德实力、影响失衡。法国的政治、军事、战略远见，加上德国的经济、技术、人口，形成了欧洲一体化天然的领导核心。这一条保证了欧洲一体化较长时间的平稳发展。但欧债危机以来，法国的实力和影响力大幅下降。德国实际上成为了欧洲的领袖。无论是应对债务危机，还是乌克兰危机，均反映了这一点。马克龙就任法国总统后，有意对内改革，对外发挥其“战略远见”的传统特长，从而重新激活法德轴心。宣誓就任总统次日，马克龙便依惯例访德，当时德国总理默克尔表达了这样一个意思：欧盟好，德国就好；法国好，欧盟就好。话虽然绕，但这说明德国精英深谙德法关系的精妙之处，也深知只有法德再度共同发挥领导作用，欧洲一体化才有希望。但法德都面临国内掣肘，故对法德合作不能期望太大。

五是中东欧入盟导致欧盟利益诉求多元化、决策难。欧洲一体化由法、德、意、荷、比、卢欧洲六国发起，这六个国家经济发展程度、政治制度、价值观比较接近。随后，越来越多的国家参与到了欧洲一体化进程中来，欧共体和欧盟的内部多样性越来越突出。规模最大、争议也最大的一次扩盟发生在2004年。这一年8个中东欧国家入盟（后来在2007年和2013年又增3个）。固然，在文化上、地理上、传统上，中东欧国家也是欧洲国家，但其政经特点与西欧差别可谓不小。读者在本书关于欧债危机的空间性解释一章中，可看到相关内容。

六是民粹主义普遍抬头，反一体化声音增大。民粹主义是一种反精英的社会思潮，能够与各种意识形态相结合。本书启示部分所提的“再领土化思潮”，揭示了当前欧洲民粹主义的主要诉求。如书中所言，资本主义发展太猛、全球化发展太快已引起了许多民众的反感，但是新自由主义对此束手无策，而欧洲精英对用什么东西来替代新自由主义并没有共识。在旧旗帜蒙尘、新旗帜缺位的情况下，“再领土化”思潮可能将越来越盛，直接冲击传统主流政治。欧盟作为“外部势力”“全球化的象征”，直接成为民众的抨击对象。

二、欧洲的未来

欧洲一体化是应对二战、冷战建立起来的，当时的历史条件有利于一体化。现在条件变了，一体化受到了挑战。当前，欧盟进入了一个重新明确方向、重新建立共识的时期，简言之，欧盟要重找方向感。然而，欧洲的战略界、思想界尚未统一思想。当前的争论体现在三个方面：一是道路之争——有人要重拾民族主义，有人要续推一体化；二是方式之争——有人提倡“多速欧洲”，有人坚持“同步前进”；三是模式之争——有人要结构性改革，有人要坚持欧洲社会模式。上述三个方面，第一方面带有根本性，第二方面集中在一体化上，第三方面主要涉及经济社会发展问题。

2017 年 3 月，欧盟委员会出台《欧洲的未来白皮书》，旨在引导各界对英国脱欧后欧盟"何去何从"展开讨论。白皮书提出，欧盟未来的发展有五种可能性：一是"继续前进"，即延续既有政策；二是"只做单一市场"，即一体化的内容减缩至只剩下单一市场；三是"想干的多干"，即有意愿的国家可以在一些领域内先行推进一体化，这也被解读为"多速欧洲"；四是"少干巧干"，即集中于更少的一体化领域，以取得更大的成果；五是"一起多干"，即所有成员国在所有的领域加深一体化。[①]

其中，第二种"只做单一市场"的可能性已被提出报告的欧盟委员会主席容克本人排除。第五种"一起多干"固然是最优选择，但岂易实现。次优的选择、也是事实上最有可能的前景，即第三种——"想干的多干"，或曰"多速欧洲"。英国前首相卡梅伦在 2013 年宣布要举行脱欧公投时，欧陆的政治家曾批评他要搞"可变组合的欧洲"（Europe à la carte）。[②]"多速欧洲"看似于"可变组合的欧洲"，但其实不是一回事。"多速欧洲"有硬核，其硬核是欧元区；而"可变组合的欧洲"并没有硬核。"多速欧洲"的设想已经得到了德国、法国、意大利、西班牙等大国的支持。特别是新任的法国

① European Commission, *White paper on the future of Europe*, March 2017, https://ec.europa.eu/commission/white-paper-future-europe/white-paper-future-europe-five-scenarios_en.（上网时间：2017 年 9 月 2 日）

② Ian Traynor, "The view from the EU: 'Cameron's Europe à la carte is not an option'", *The Guardian*, 23 January 2013.

总统马克龙，是“多速欧洲”最积极的鼓吹者。

当前，推行“多速欧洲”的阻力主要来自中东欧新成员国，特别是在欧元区之外的国家。这些国家担心，自己在“多速欧洲”中不被重视，甚至被边缘化。因此，为了让欧洲各国接受“多速欧洲”，马克龙等政治家需要表述清楚：“多速欧洲”是开放的，同样也是手段、途径，并非目的；从长远来看，还是要共同一体化。

展望欧洲未来的逻辑是，一体化代表着欧洲的实力和国际地位，但一体化要巩固并取得新的发展必须要得到民众的支持。民众关心什么呢？

一是经济。2016 年，欧元区 19 国的国内生产总值（GDP）首次恢复到 2008 年金融危机以前的水平，失业率降至 10%，内需代替出口成为欧元区复苏的主要驱动力。① 2017 年，这一势头得到了保持，并且经济界人士普遍预测欧盟的经济还会继续复苏。但是，据国际货币基金组织（IMF）的预测，欧元区未来几年的增长率在 1.4%—1.7% 左右，这样的增长率远逊色于全球 3%—4% 左右的增长率。② 此外，经济能否持续走稳也仍有不确定因素。

二是安全。欧洲一体化的一大原动力是为了解决安全问题。目前欧洲所面临的严重挑战已经与二战之前有了很大的变化。但 2014 年乌克兰危机使“俄罗斯问题”被重新提了出来。欧盟 2016 年的全球战略文件指出：“主权、独立和国家的领土完整、边界的不可侵犯以及和平解决争端，是欧洲国际秩

---

① “欧洲央行行长说欧元区经济已恢复到危机前水平”，新华社法兰克福 2016 年 11 月 18 日电。

② World Economic Outlook（WEO）Database.

序的关键要素……俄罗斯在大黑海地区制造持续冲突、使乌克兰陷于动荡，更有甚者践踏国际法，都对欧洲的安全秩序核心构成了挑战。”① 欧洲几十年来把安全问题托付给北约。但实践表明，依靠美国领导的北约，解决不了对俄关系。但是，欧洲也迈不出去搞一个包含俄罗斯的泛欧安全机制——只要保留北约，俄罗斯是不会答应的。在特朗普上台后，欧洲意识到美国“靠不住”，开始考虑自身防务建设。② 欧盟多次提及“战略自主”（strategic autonomy）。战略自主的意思是，不离开北约，但是不能完全依赖北约。2017 年11 月，欧盟23 国建立了所谓“永久结构性合作”（PESCO）机制，迈出共同防务建设的重要一步。

恐怖主义问题也让欧洲人头疼。《欧洲的未来白皮书》中便提及：“我们的一些邻国陷入动荡，导致了二战之后最大的难民危机。恐怖袭击已经攻击了我们城市的心脏。”③ 显然，这些新的安全问题，与欧洲经济下滑、社会矛盾突出、文化难以融合有很大关系，此外也与国际恐怖主义、周边动荡等外部因素有关。为了应对恐袭常态化，有人提出可仿效“以色列模式”。④ 但欧洲人普遍不愿为了安全而牺牲太多自由，以色列那种“全民皆兵”的做法恐非欧洲人所愿。

---

① *Shared Vision*, *Common Action*: *A Stronger Europe*, p. 33.

② Gideon Rachman, “Angela Merkel’s blunder, Donald Trump and the end of the west”, *Financial Times*, May 29, 2017.

③ European Commission, *White paper on the future of Europe*, p. 6.

④ Caspit, Ben, “Israel wonder how Europe will change after Paris terror attack,” Al Monitor, January 8, 2015, www. al-monitor. com/pulse/originals/2015/01/terror-france-charlie-hebdo-israel-islamism-human-rights. html; Seth Frantzman, “Is Isreal a Model for Europe Confronting Terror? Yes, and No”, August 22, 2017, https: //seth-frantzman. com/2017/08/22/is-israel-a-model-for-europe-confronting-terror-yes-and-no/. (上网时间：2017 年8 月25 日)

为了应对安全问题，欧洲必须更关注周边地区和国家。冷战后，欧盟处理周边问题的最有效工具是扩大，这是欧盟别具一格的地方。但现在除了西巴尔干国家之外，欧盟已经不太可能再接收新的成员国，因此通过扩盟来稳定周边的做法也就基本到此为止了。欧盟还有一些衍生出来的稳定周边的工具，比如“东部邻居政策”（ENP），这对周边国家也有一定吸引力。但考虑到来自俄罗斯的地缘政治压力，这个工具有很大的局限性。在乌克兰危机之后，欧盟其实也不敢再轻易地使用了。所以，欧盟必须重新定位周边政策。欧盟 2016 年的全球战略文件是个尝试。该文件把周边的地位抬得很高，强调要培育周边国家的“自我恢复能力”（resilience）。“自我恢复能力”本用于生态系统，国际问题专家视其为治理的一种新模式。其特点是“展望型的治理”“保持距离的治理”，强调事物的复杂性和不确定性，承认不可能预测和预防威胁。对“自我恢复能力”的强调，显示欧盟对外干涉的思路已有改变，趋于务实。① 但具体如何仍有待检验。

总之，欧洲有无能力并在多大程度上应对和解决民众关心的问题，将决定民众的支持程度，而这从根本上决定欧洲今后如何发展。民粹主义将发挥多大影响也是十分重要的一个问题。

三、中欧关系

在新的历史背景下，中欧双方看待二者之间的关系，就要

① Ana E. Juncos，“Resilience as the new EU foreign policy paradigm：a pragmatist turn?” *European Security*，Vol. 26，No. 1，2017，pp. 1－18.

跳出过去的思维框架了。

经贸关系长期以来是中欧关系的最重要支撑，中国自改革开放的发展也受益于欧洲的技术、资金和市场。这个特点现在已经改变了。过去，欧洲看中国战略性较少，但现在由于中国的发展，加上美国、俄罗斯的因素，欧洲要重新站在更高的战略层面思考对华关系。过去，中国一心一意发展经济，现在，中国不但经济实力大幅提升，而且国际责任感也在增强，比过去更积极地参与全球事务，因此中国对国际关系包括对欧洲关系的认识也在不断超越。

这里可提一下欧盟在2016年6月发布的《欧盟对华新战略要素》文件。欧盟对外行动署2010年底正式运行以来，欧盟就一直在酝酿一份新的对华战略文件，欧洲政商学各界都广泛参与了讨论。欧盟上一份对华政策文件《更紧密的伙伴、更大的责任》是在2006年发布的，因此这份新文件可谓十年磨一剑，代表了欧洲新的“中国观”。与上一份对华政策文件相比，2016年的文件更进一步承认了中国崛起。它指出：“中国正在以史无前例的规模与速度崛起。中国内部与2013年本届领导人上台前已有相当不同，而且中国增长了的实力及其对‘走向全球’的重新强调，都意味着中国在不断演进的全球治理体系中有意扮演更大角色、发挥更大影响力。”①

在全球治理上的合作，如果一家争取，另一家不积极回应，就合作不起来。现在，中欧在全球治理上进行合作的时机正在成熟。欧洲的治理观与中国的治理观重叠之处颇多。我们

① European Commission, *Elements for a new EU strategy on China*, 22 June 2016, http://eeas.europa.eu/china/docs/joint_communication_to_the_european_parliament_and_the_council_-_elements_for_a_new_eu_strategy_on_china.pdf. （上网时间：2017年9月6日）

不妨比较一下欧盟的文件和中国的文件。它们虽然语言风格不一样、用词不尽相同，但主要意思非常接近。可以说，在各大力量中，难再有如此“英雄所见略同”的了。

欧盟2016年的全球战略报告中指出：“如果没有全球规范以及落实规范的措施，那么我们主要的利益——和平与安全、繁荣与民主将处于危险之中。在建盟之基的价值观的引导下，欧盟将致力于建设基于国际法——包括保障和平、人权、可持续发展以及可进入全球公域等联合国宪章原则的全球秩序。这种努力将导致我们不仅仅要维护现存秩序，而且要改革现存秩序。欧盟将努力推动强大的联合国成为多边的、基于规则的秩序的基石，以及与国际及地区组织、国家及非国家行为体一起发展出在全球层面协调一致的应对。”① 而中国2017年的“十九大报告”则指出：“秉持共商共建共享的全球治理观，倡导国际关系民主化，坚持国家不分大小、强弱、贫富一律平等，支持联合国发挥积极作用，支持扩大发展中国家在国际事务中的代表性和发言权。中国将继续发挥负责任大国作用，积极参与全球治理体系改革和建设，不断贡献中国智慧和力量”。②

由此可见，双方都高度重视全球治理，都有意改革国际秩序，且都一致要突出联合国的作用。十八大以来，中国外交中所提倡的“新型大国关系”“人类命运共同体”“正确义利观”，均为中欧开展紧密的国际合作提供了机会。今后中欧在国际事务、全球治理、地区热点上都有不少具体的交汇点，在“一带一路”上也有很大的合作潜力。

---

① *Shared Vision*, *Common Action*: *A Stronger Europe*, p. 38.

② “决胜全面建成小康社会　夺取新时代中国特色社会主义伟大胜利”，习近平在中国共产党第十九次全国代表大会上的报告，2017年10月18日。

当然，另一方面，中国的成功给西方所带来的挑战在欧洲也有体现。欧洲已不像过去那样心系“改造中国”，相反，其“防范中国”的微妙心理有所增加。欧盟的经济保护主义抬头，不让中国自动获得“市场经济地位”，并拟在欧盟层面对中国投资设限。对中国开展与中东欧的“1+16”合作，一些人视之为中国要对欧洲搞“分而治之”。[①]“一带一路”合作中，一些欧洲人对“中国式规则”表示难以接受。[②]

但总的说来，和以前相比，中欧合作的领域更广阔，机遇更多。

今天，二战已结束70年，冷战结束30年，全球金融危机爆发至今也有10年了。但我们看欧洲的未来，仍然不是件容易的事情。黄静的书，提出了一个观察欧洲的视角，尽量让我们对这个地区有一个可以把握的判断。她很好地完成了这个任务。是为序。

2017年11月13日

---

① Lucrezia Poggetti, “One China-One Europe? German Foreign Minister’s Remarks Irk Beijing”, The Diplomat, September 09, 2017, http://thediplomat.com/2017/09/one-china-one-europe-german-foreign-ministers-remarks-irk-beijing/.（上网时间：2017年9月6日）

② 柯慕贤：“‘一带一路’是中国式全球化”,《金融时报》中文网，2017年6月29日，http://www.ftchinese.com/story/001073197? full=y&from=groupmessage&isappinstalled=0。（上网时间：2017年9月6日）

目　录

绪 论

在我们居住的这个星球上，欧洲只占不大的面积，但是它“得天独厚”，它的精神财富——特别是从15世纪以来的物质的和精神的文明——终于为各大洲的人类社会所享用。

——陈乐民

一

欧洲是现代世界的发源地。现代科学、技术、艺术、政治、工业，以及资本主义、民主、民族国家等各种制度，都来自于欧洲。韦伯（Marx weber）所说的决定西方之命运的“五大革命”，即12世纪和13世纪意大利革命、16世纪尼德兰革命、17世纪英国革命、18世纪美国革命和法国革命，在数百年间催生出无数重大而剧烈的社会变革，使欧洲在政治、经济、军事、文化和社会等各个方面，与世界其他地区拉开了巨大的差距。① 至19世纪，欧洲通过政治、经济、文化渗透和军事征服，几乎成为整个世界

① 意大利是资本主义制度和资本主义社会出现最早的欧洲国家，12世纪与13世纪的意大利革命，造就了威尼斯、热那亚、比萨等拥有主权的、独立的城市国家。16世纪发生的尼德兰革命，使西欧的荷兰、比利时等地区成为欧洲资本主义的中心。17世纪的英国革命、18世纪的美国革命和法国革命，使资本主义与主权国家和民主制度的结合更加深化。1789年法国革命所提出的自由、平等、博爱理想，影响所及远超出了欧洲范围。［德］马克斯·韦伯著，康乐、简惠美译：《中国的宗教：儒教和道教》，广西师范大学出版社，2010年版，第105页。

的统治者。英国、法国和德国等欧洲的主要国家，则成为世界政治体系的舞台所在。

第一次世界大战深深地震撼了各国国内的经济和社会关系，成为20世纪欧洲文明崩溃的起点。“这种文明，经济上是资本主义，法律宪政结构上属自由主义，其典型的支配阶级，则为资产阶级中产阶级。科学、知识、教育、物质的进步，以及道德的提高，都在其中发光发热。”① 第一次世界大战所造成的巨大破坏，以及随之而来的经济大萧条、法西斯主义的崛起，使欧洲传统的自由派民主政体陷入生死存亡之境。第二次世界大战中，欧洲自由派资本主义与美国、苏联携手作战，才取得了最后的胜利。二战之后，苏联崛起为超级大国，而正是苏联的存在，某种程度上刺激欧洲资本主义着手进行改革，通过践行凯恩斯主义和建设福利国家，从而起死回生。战后二十年，是欧洲政治稳定，经济、社会繁荣发展的黄金时期，正是在这段时间里，欧洲走上了一体化道路。在此之后，尤其是苏联解体、冷战结束后，欧洲一体化再一步深化。1993 年欧盟正式成立，1999 年 1 月欧洲统一货币欧元创立，2002 年欧元钞票面世。货币是一种对全民通用的社会契约，统一货币的出台，意味着欧盟将走向“欧洲联邦”。欧洲的这一系列重要成就，为它赢得了“人类文明实验室”的美誉，也印证了欧洲文明“确有其事”，是现代国家和平合作、共同发展的一个典范。

真正的历史事件不但改变世界，也改变人们对世界的认识。冷战结束、东西德统一、欧元创立、欧洲债务危机和英国“脱欧”公投都是这样的历史事件。自 2009 年底欧洲主权债务危机爆发以来，欧洲政治经济形势险象丛生，危境迭现。经济停滞、

① ［英］艾瑞克·霍布斯鲍姆著，郑明萱译：《极端的年代：1914—1991》，中信出版社，2014 年版，第 7 页。

难民危机、恐怖袭击、极右抬头、英国脱欧，一连串的事件使欧洲以一种类似错觉的“超现实主义”的姿态，从原本在地球僻静一角孤寂独处中走出来，重新走到了世界政治舞台的中央。在许多中国学人看来，欧洲债务危机之后的欧洲，已不再是过去心目中所想象的欧洲——欧洲发达国家竟然也会面临破产！欧洲一体化竟然也可能会崩盘！欧洲所面临的改革任务竟然也不比中国为轻！

过去一百多年来，中国一直以欧洲为师，不管是主动的、自觉的，还是被动的、不自觉的。因此，对欧洲有一个透彻而中肯的了解和认识，本身就是历史赋予中国知识界的一项重要任务。关于当前欧洲问题的各种报告、论文和报导如此浩瀚，使得我们不至于再像一百多年前那样，看欧洲如同遥望远空星辰。但受镜像思维所限，许多人看欧洲，“推己及人”的情况仍然颇多。比如，认为欧洲变成一个国家就能好，或认为欧洲废除福利制度就能好，都是较流行的观点。这与许多欧洲人认为中国一旦“民主”就百病可除，并无不同。

今天的欧洲，有自己特殊的难处。这个难处，必须设身处地地为欧洲人着想，才能略有体会。而且，欧洲人认为别人的情况与己不同，别人的“药”治不了自己的“病”。许倬云先生评论宋朝时，曾这样说道：“（宋国）身处列国之中，本来可能取材多方，超越自己。当时四邻的文化与经济状况，却不足以启迪宋国。北宋所在，是中国的中原与南方；靖康南渡，南方已是人文荟萃，精华之区。环视四邻，那些国家的文化资源或经济水平，还不能超过宋国，宋国无法从四邻有所采撷，再加上缅怀旧日光荣的情结，宋代文化遂走了内敛的途径。”[①] 今天的欧洲，某种程

① 许倬云：《我者与他者——中国历史上的内外分际》，生活·读书·新知三联书店，2010年版，第77页。

度上有点像这个宋朝。

在这个“镜像思维”的背后，其实是国人对欧洲是否仍堪为我师的深切怀疑。马克思 1867 年在《资本论》序言中写道：“工业最发达的国家向那些就工业规模来说跟在后面的国家所显示的，只是后者未来的景象。”① 国人对这句话非常认同。这句话意味着每个国家，包括中国在内，都要不断地走向现代化。只要足够努力，中国迟早也会像英国一样，经历或多或少相似的转型和变迁后，从发展中国家变为真正的发达国家。

欧洲的经济实力和潜力不如中国，但要说欧洲的社会发展程度在中国之上，应该不会有人反对。欧洲的经济实力不足以“论证”其社会、文化、生活方式的优越性，这是欧洲的悲哀。但随着中国走向富裕，中国也同样会出现更精微的经济管理、更复杂的社会关系、更理想化的道德诉求。等到中国面临这些新的困惑想要再找“老师”的时候，可能环顾全球，老师还在欧洲这里。

这个世界和这个时代仍然是欧洲所缔造的。在可预见的很长时间里，中国仍将生存在欧洲投射的长长阴影之下。欧洲所遇到的问题、所享有的成就，对中国都有足够丰富和重要的启示。欧洲当前所遇到的政治、经济、社会及文化上的困难，是全球资本空间嬗变震荡的一个缩影，是共相下的殊相。中国即便今日不遇，他日或可遇，即便永远不遇，也有似曾相识之感。正如钱穆所言，整个人类生命演进，实是一个大生命。在此大生命的潮流里，实不能有严格的你与我之别，也不能有严格的时代与地域之分别。②

---

① ［德］卡尔·马克思著，中央编译局译：《资本论》第一版序言，中国社会科学出版社，1983 年版，第 3 页。

② 钱穆著：《人生十论》，生活·读书·新知三联书店，2012 年版，第 49 页。

二

一种现象越复杂，可以和它比较的现象就越稀少，就越难以分辨这种现象中的要点和偶然之处。欧洲集合了几十个经济最发达的国家，各国社情民情驳杂精微，远非一句“欧洲衰落”可涵盖。要将各处复杂现象和情势统括剖析，需要好的概念和角度。打个比方，欧洲社会出现的各种现象就如同散落的珠玉，需要用一条主线把它们串连编织到一起，否则便无法从整体上来清楚地认识。

本书用的主线是“民主资本主义”。民主与资本主义都起源于欧洲，经过数百年的拓展、演进，到二战之后，民主与资本主义在整个西方世界的“完美结合”日臻成熟。“民主资本主义”所讲的正是民主与资本主义相结合的情况，称为“资本主义民主”也无不可。欧洲正面临巨大的社会政治经济危机，关于经济与国家、阶级与民族、政党与阶级、个人与社会等问题，都以极度紧张的方式重新冒头，它们都在“民主资本主义”这个基本问题上投射了一道显明的光线。危机所引发的变革不能解决所有问题，但它却把社会生活的一切问题彻底暴露，并为解决这些问题建立了新的前提。如果说认识的艺术就是暴露的艺术，那么“民主资本主义”这个概念无疑是促使问题暴露的有力工具。当代欧洲所涉及的问题异常广大，任何人都不可能把这些问题发挥无余。本书尝试从“民主资本主义”这个角度，对欧洲所面临的一些最重要的问题进行一番解释。

民主与资本主义都是现代性下的两个核心制度。在阐述何为“民主资本主义”之前，先分别看一看什么是民主，什么是资本主义。

民主一词历史悠久，古希腊时即有民主政治。但古典民主与现代民主在形式上差距很大。对于什么是民主，学界并没有统一的定义。科恩（Carl Cohen）认为，“民主是一种社会管理体制，在该制度中的社会成员大体上能直接或间接地参与或可以参与影响全体成员的决策。”① 这个定义虽抓住了实质，但可谓十分宽泛，涵盖了所有的民主模式。赫尔德（David Held）分出了民主的三种模式——直接/参与民主、自由主义/代议制民主以及一党制/马克思主义民主。② 其实，只有自由主义/代议制民主才是战后西方公认的“民主”。一个西方人，如果不带任何前缀地使用“民主”一词，指的就是自由主义/代议制民主。那么，这个民主有什么特点呢？美国政治学家达尔（Robert Dahl）提出了几条标准，包括：有效的参与、投票的平等、充分的知情、对议程的最终控制以及成年人的公民资格。③ 这些标准最终浓缩为两条，即参与和竞争。大半个世纪以来，西方学术机构和非政府组织制造了很多衡量民主程度的“指数”，这些指数实际上都是围绕这两条标准来设置的。④ 换句话说，当前的西方民主制度不追求人人都能实质地参与政治，而是由民众选出来的代表去参与政治就可以，这与古典民主是有区别的；但另一方面，这种代表又需要保持一定的“多样性”，要让民众能有所选择，结社自由、言论自由等措施正是用来保障这种“多样性”的。

---

① ［美］科恩：《论民主》，聂崇信、朱秀贤译，商务印书馆，1988 年版，第 10 页。

② David Held, *Democracy and the Global Order: From the Modern State to Cosmopolitan Governance*, Stanford University Press, 1995, pp. 1 – 27.

③ ［美］罗伯特·达尔：《论民主》，李柏光、林猛译，北京：商务印书馆，1999 年版，第 43 页。

④ Robert Dahl, *Polyarchy: Participation and Opposition*, Yale University Press, 1971; Michael Coppedge, Angel Alvarez and Claudia Maldonado, “Two Persistent Dimensions of Democracy: Contestation and Inclusiveness”, *The Journal of Politics*, Vol. 70, No. 3, July 2008, pp. 632 – 647.

与民主相比，资本主义一词出现要晚得多，它是马克思（Carl Marx）的发明。马克思反对把“资本”和“资本主义”作为大致同义的名词不加区别地使用。西欧的封建庄园经济被工业化的市场经济取代后，马克思将这种新的经济模式称为资本主义。他指的是资本主义生产方式，即由资本占有生产资料，资本在生产领域中居支配地位。一般认为，实际意义上的资本主义可追溯到12世纪的意大利，已有800年左右的历史。资本主义一词的流行，很大程度上得益于德国社会学家桑巴特（Werner Sombart）1914年发表的煌煌巨著《现代资本主义》。桑巴特明确地指出：“现代资本主义是由欧洲精神深处发生出来的。产生新国家、新宗教、新科学和新技术的同一精神又产生新的经济生活。”[①]“资本主义”一词和“帝国主义”一样，原本带有反面含义。一直要到20世纪70年代，西方政治家和宣传家才开始骄傲地公开宣称自己为“资本主义者”（capitalist）。美国商业杂志《福布斯》（Fobes）是开此风之先者，它在其出版宗旨中以“资本家的工具”自居。[②]

民主与资本主义虽然都已经出现了很长时间，但二者的紧密结合却是个非常新的东西，直到二战结束之后，才在西方各国普遍确立。在任何一个美欧国家，现在人们都已经无法想象有民主而无资本主义，或有资本主义而无民主的生活。

“民主资本主义”中的民主是形容词，在西文语境中常与“资本主义民主”混同使用。民主资本主义并非民主与资本主义的简单机械相加，而是指一个同时有效运行民主和资本主义的社会。美国哈佛大学政治经济学家艾弗森（Torben Iversen）概括

---

① ［德］桑巴特：《现代资本主义》（第一卷，第一册），商务印书馆，1936年版，第327页。

② ［英］艾瑞克·霍布斯鲍姆著：《极端的年代：1914—1991》，第343页。

道："通常我们将民主资本主义描述为一个体系，在这个体系中，市场根据效率来分配收入，而政府根据政治需求来重新分配收入。"[①] 美国基督教哲学家诺瓦克（Michael Novak）在其1982年的代表作《民主资本主义的精神》一书中，对"民主资本主义"有精辟的论述。诺瓦克将"民主资本主义"的起源追溯到1776年美国独立战争，认为美国是世界历史上第一个真正意义的共和国，不同于以往的任何一种社会制度，也优于他写该书时与"民主资本主义"形成竞争的社会主义制度。他认为，"民主资本主义"包括三个方面——自由市场经济、民主政体、以及鼓励多元主义的道德文化：自由市场带来经济增长、社会流动、创新；政治自由使得政府能够代表个人和各群体；道德文化领域则崇尚职业精神、个性自由、诚实、保护私有财产。[②] 2008年全球金融危机爆发后，美国法学家波斯纳（Richard A. Posner）称之为"资本主义民主的危机"；随后欧洲主权债务危机爆发后，德国社会学家施特雷克（Wolfgang Streeck）也称之为"民主资本主义的危机"。[③]

民主资本主义是一种经济、政治、文化、哲学、意识形态等混合而成的动态复杂系统，一种特殊的社会经济组织形式。马克思写作《资本论》的基本目的，就是尝试揭示资本主义生产方式的产生、兴起、发展、衰落和灭亡的运动规律。他要探索的不是经济组织的普遍规律，《资本论》的主要论点之一，就是这样的规律是不存在的。在马克思看来，并没有适用于各个根本不同的

---

① Torben Iversen, "Capitalism and Democracy", D. Wittman and B. Weingast eds., *The Oxford Handbook of Political Economy*, Oxford: Oxford University Press, 2006, p. 614.

② Michael Novak, *The Spirit of Democratic Capitalism*, New York: Simon and Schuster, 1982.

③ ［美］理查德·波斯纳著，李晟译：《资本主义民主的危机》，北京大学出版社，2014年版；Wolfgang Streeck, "The Crisis of Democratic Capitalism", *New Left Review* 71, September-October 2011, pp. 5–29.

社会形态的经济规律，每一个特殊的社会经济组织形式都有自己特殊的经济规律。[①] 可以说，如果离开了对西方民主的理解，那么也就不能理解资本主义在西方的运作。熊彼特（Joseph Schumpeter）、弗里德曼（Milton Friedman）和贝尔（Daniel Bell）等人的著作，虽未直接提“民主资本主义”一词，但实际上都剖析了民主资本主义的复杂系统及相互之间各部分的关系。

熊彼特1942年发表的《资本主义、社会主义与民主》一书被认为是20世纪关于资本主义问题的经典著作。熊彼特认为，资本主义不仅是经济制度，也是一种文化和政治制度。资本主义经济制度是民主的福地，而民主政治是资本主义经济制度的镜像。这两大制度本于同一个原则：让每个人自由选择。但资本主义经济制度尤其要限制政治决策的范畴。当国家的公共功能，如保障私有产权和个人自由、国防、维持法律与公共秩序、确保合同得以执行等等，都被规限之后，便能较容易地做到“民主自制”，资本主义的经济引擎也才能持续地提高生活水平。但熊彼特也认为，资本主义制度在本质上很容易引发社会政治动荡，理由是资本主义具有“创造性毁灭”（creative destruction）的特点。“它不断地从内部使这个经济结构革命化，不断毁灭老的，又不断创造新的结构。这个创造性的毁灭过程，就是关于资本主义的本质性的事实。这正是资本主义的意义所在。”[②]

---

① ［比利时］埃内斯特·曼德尔著，仇启华、杜章智译：《〈资本论〉新英译本导言》，中共中央党校出版社，1991年版，第2页。《资本论》新英译本是鹈鹕书店1976年出版的，第四国际领导人、马克思主义经济学家埃内斯特·曼德尔为该英译本的三卷分别写了导言，扼要地介绍各卷中最主要的理论内容，评论了经济学家以往对《资本论》的各种批评，旁征博引，内容丰富，对于深入理解《资本论》具有很高的参考价值。

② ［美］熊彼特著，绛枫译：《资本主义、社会主义和民主主义》，商务印书馆，1979年版，第104—105页。此后的译本多将书名译为《资本主义、社会主义与民主》。

关于资本主义的前途，熊彼特也不相信民主政治能够令资本主义屹立不倒，相反，他认为资本主义终将自我毁灭，被社会主义取代。资本主义不会纯粹败于经济原因，但它面对文化和政治的问题时太脆弱。资本主义的成就本身，会动摇保障资本主义的社会制度，从而最终摧毁自身："它倾向于销蚀掉它的保护阶层，弄垮自己的防线"，"它在毁灭了那么多别种制度的道德威信之后，最后回过头来反对自己的道德威信"，"这样，资产阶级的堡垒在政治上就变成无可防御了。"①

熊彼特最具洞察力的观察，是在解释资本主义为何最终会被社会主义取代时，就民主政治的本质做出的深刻剖析。熊彼特指出，源自古希腊的民主原则，一开始就建立在一个错误的假定上，即存在所谓的"人民意愿"。"人民意志是政治过程的产物而不是它的推动力。"② 他指出，民主真正的功能是选择领袖而不是选择政策，资本主义的民主是"自称的领袖们之间为争取选民投票而进行的自由竞争"，是"政治家的统治"。政治也是一种职业，政治家看待选票，和实业家看待钞票是一样的。③ 政治家参选可能主要是基于私利，但却有可能实现可取的社会目标，这就如同在经济上出于私利而追求最大的利润，最终通过竞争性的市场，实现具有社会效益的资源分配一样。但民主政治带有危险性，因为政党之争如同两军对战，"每一个政党的首先而且主要的目标是要压倒别的政党，以便执掌政权或保持政权。""从政治家的立场来说，政治争论的内容本身并非目的"，打击敌人，战胜对方，"是军事斗争也是政治斗争的精义所在。"这就使得民主

① ［美］熊彼特著，绛枫译：《资本主义、社会主义和民主主义》，商务印书馆，1979年版，第179页。

② 同上，第329页。

③ 同上，第356—357页。

政治倾向于迎合选民的眼前的短期利益，而不顾长远利益。[1] 熊彼特的民主观对后世的政治学有巨大的影响。

弗里德曼1962年发表的《资本主义与自由》，呼应了熊彼特的很多观点，但立场上更偏向资本主义。弗里德曼指出，政治自由与经济自由的关系错综复杂。19世纪时，由于政治上较为自由，经济上主张自由放任。但到了20世纪，随着政治自由的延伸，集体主义的倾向加速扩散，社会福利逐渐取代自由，成为民主国家主要的关注。二战后西方国家，尤其是欧洲各国，国家在经济活动上日益扩权，福利国家风气日盛，正中熊彼特关于资本主义与社会主义此消彼长的预言。弗里德曼认为，这一趋势不但有损资本主义引擎的创造力，更会压缩个人自由；国家愈大则权力愈大，对个人自由的威胁也愈大。只有在经济上坚持自由放任，资本主义和民主才可以相辅相成。[2]

和熊彼特、弗里德曼不同，贝尔是个社会学家，对人心民情有更直觉的感悟。其在1976年的《资本主义文化矛盾》一书中，把文化引入了资本主义的研究中。贝尔认为，经济、政治、文化是人类活动的三大领域，各有其运行逻辑，但彼此又相互作用。贝尔先从文化领域切入。西方的文化领域原有两个趋势：一为克己勤奋；二为放纵享乐。但到贝尔写书之时，西方社会中克己勤奋的价值观已衰落，而只剩下放纵享乐、追求即时满足的一面。这导致民众对福利国家的要求越来越高。但是，在出现经济危机时，国家实际上并没有能力满足民众的要求。为了保住民众就业，政府印钞越来越多、借债越来越多，最终导致通货膨胀和赤字。这样一来，贝尔便把资本主义与民主之间的矛盾渲染到了前

---

① ［美］熊彼特著，绛枫译：《资本主义、社会主义和民主主义》，商务印书馆，1979年版，第349页。

② ［美］米尔顿·弗里德曼著，张瑞玉译：《资本主义与自由》，商务印书馆，1988年版，第10—23页。

所未有的高度："一个民主的政治体系将需要越来越多的社会公共事业以满足人民的要求。但是，资产阶级要追求的却是反对政府借助道德或税收对他们的欲望加以束缚。"①

三

本书的主线是民主资本主义，但这个线得有一个得当的编织办法，才能把珠玉串牢。本书使用的办法就是历史唯物主义。民主资本主义这一概念本身，就包含着历史唯物主义的几个基本假设。

第一，当一个人辩证地去研究社会政治经济问题时，他眼中的各种现象就不再是彼此分离的、孤立的、零碎的，而是都围绕着一个基本的、占支配地位的生产方式，并且与这个生产方式共同构成具有内在联系的、不可分割的整体。"民主资本主义"这种提法，就是假设了经济与政治密不可分，构成一个有机整体。

这种将政治经济通体看待的视角，本是政治经济学和社会学固有的观念，是理所当然的，但实际上却并非当代学术研究的"主流"。进入现代世界以前，思想家们都很自然地看到经济、政治、社会、宗教、家庭等各领域的紧密结合，将它们视为一个有机整体。但进入现代世界之后，由于学术专业的划分，这些领域似乎日渐分化出来，各是各的。经济的问题似乎只符用经济的道理，政治的问题似乎只符合用政治的道理，以此类推。再加上职业分工越来越细，学术研究越来越专，跨学科、跨部门的研究变得也越来越困难。

然而，经济问题的根子是政治、经济病症必须通过政治药方来

① ［美］丹尼尔·贝尔著，赵一凡、蒲隆、任晓晋译：《资本主义文化矛盾》，生活·读书·新知三联书店，1989年版，第308页。

解决的观念，在现实政治经济生活中始终都是一股强大的思潮。19世纪30—40年代英国的宪章运动便是希望通过争取普选权来解决“饭碗问题”。与宪章运动参与者类似的激进民主主义者，还有17世纪英国的平均派（leveller）、18世纪法国的无套裤汉（sans culotte）、19世纪美国的土地民粹派，一直到20世纪西方的女权主义者等等。他们都认为自己受压迫的根源是未能获得充分的代表权。马克思主义本质上也是给经济问题开政治药方，只是马克思未直接从“民主”中寻药方，而是从“阶级”中去找。

当前欧洲乃至整个世界都处在一个动荡转折年代，危机所掀起的巨大浪潮，带来了思想的回流，人们又开始思考通盘解决问题的办法。此时任何想研究真问题的学者，都不应再拘泥于细枝末节了。

第二，辩证法认为，每一个现象、每一个问题、每一个侧面都相互作用，你来我往，在矛盾中共变共存。“民主资本主义”假设，民主和资本主义之间存在辩证关系，相反相成、相互制约。

资本主义和现代民主制度都是从欧洲精神深处生发出来的，二者之间固然会有内在相通之处。它们都体现了个人自由与制度自由的不断扩大，体现了人的活动、创造性、自主性的不断扩展，都体现了现代性的核心精神——自主、理性、祛魅。

但二者的首要任务又有所不同，资本主义崇尚私有财产权，追求资本积累，民主则崇尚个人权利，追求平等公正。用学者的话说，民主和资本主义是“调控人类发展进程和全部社会历史演变的两种反差鲜明的规则——资本主义优先保障以各种财产权为基础的经济特权，而民主则优先保障以个人权利行使为基础的自由权和民主责任”。[1] 因此，民主资本主义充满了内在的紧张。达

① ［美］鲍尔斯、金蒂斯著，韩水法译：《民主和资本主义》，商务印书馆，2003年版，第3页。

尔幽默地比喻道："民主和市场资本主义就像两个被不和谐婚姻所束缚的夫妻。尽管婚姻充满了矛盾，但它却牢不可破，因为没有任何一方希望离开对方。市场资本主义的一些基本特征使其有利于民主制度。但民主和资本主义被锁入持续的冲突中，每一方都在改变和限制另一方。由于市场资本主义不可避免地会产生不平等，它将通过对政治资源的不平等的分配而限制多元民主的民主潜力。"①

与此同时，外部世界的变化，对欧洲的民主资本主义也会产生至关重要的影响。如果把欧洲视为一个封闭的、孤立的体系，忽视外部因素的作用，也是不可能得出正确结论的。

第三，用历史的眼光去看待民主资本主义也很重要。民主资本主义本身并不是一个静止的庞然大物，而是一个历史的、构建的产物，其内部矛盾并非时时处处以同样的形式、同样的激烈程度表现出来。没有一个时代是和任何别一个时代完全相同的，同一的概念和同一的论据，会因为时代之变迁而具有很不相同的意义。要理解当前欧洲的民主资本主义，有必要透过历史变化认清其规律。

此外，历史由人所创造。正是人们在危机之中的奋斗与选择，赋予了历史规律特殊的意义。人们的所思所想、所作所为，从事后看，往往正可串成一条忽明忽暗的线，揭露人类是如何在冥冥中开创自己的命运的。这些活泼泼的运动和事件，也值得记录和揣摩。

---

① ［美］罗伯特·达尔著，李柏光等译：《论民主》，商务印书馆，1999年版，第174页。达尔（Robert Dahl，1915—2014）是民主理论这一领域首屈一指的西方学者，主要著作有《权力的概念》（The Concept of Power）、《谁统治?》（Who Governs?）、《多元政体》（Polyarchy）、《民主及批判》（Democracy and its Critics）和《论民主》（On Democracy）等。

四

列宁说过，黑格尔关于“矛盾是一切运动的源泉”、“运动是自己的运动”的思想，是辩证法的核心。“矛盾是某种更深刻更本质的东西”，矛盾是一切运动、冲动、活动和生命力的根源。[①]欧洲债务危机无疑也是矛盾的产物，它揭示出了欧洲民主资本主义某些内在的、带有本质性的矛盾。

民主资本主义目前最突出的本质性矛盾有两个：第一个表现为“平等”问题，而第二个则表现为“边界”问题。

民主政制建立在人人政治权利平等、并无与生俱来特权的原则基础之上，是一个“平等的制度”。而资本主义却恰恰是一个不平等的体系。资本主义并非不看重平等，因为资本主义的发展建立在现代契约精神之上，但是，资本主义并不会再进而要求什么人格的平等、政治的平等、财富分配的平等。这些平等与资本主义的内在驱动力，即资本积累无关痛痒。相反，资本主义下的激烈竞争势必会加剧各种不平等。而当各种不平等威胁到追求资本积累这个核心目标时，“平等”问题便会成为真正的问题。

第二个表现是“边界”问题。民主要求固守疆界，而资本主义则有拓展疆界、打破疆界、重组疆界的趋向。民主通常要在民族国家之内才能有效实行，这不单牵涉民主规模的效率问题，还牵涉到人们的认同、情感、文化。今天人们所谈论的民主，绝大部分情况下指的都是一国之内的民主，“跨国民主”“全球主义民

① 黑格尔关于“矛盾是一切运动的源泉”这一思想来自于莱布尼茨。莱布尼茨主张，事物由单子组成，而单子却是运动的。单子运动的原因或冲力，就在于单子运动内部的原因，即自身自足性和否定性。黑格尔认为，莱布尼茨关于单子的思想是合理的，说明矛盾是一切运动的源泉。［苏］鲍·米·凯德洛夫著，章云译：《列宁哲学笔记研究》，求实出版社，1984 年版，第 192 页。

主”“国际关系民主化”等多属奢谈。欧盟的“民主赤字”正是反映了跨国民主之难。但资本主义是全球性的制度，天然地藐视任何行政边界。现代国家的诞生，使资本主义的运行有了坚实的政治和法律基础，但资本并不会因为“爱国”就停止在国际间流动，相反，还会想方设法冲破国家所设置的一切壁垒和障碍。

民主资本主义时时需要缓解、平衡、克服自身的内在矛盾。“平等”的问题，基本上在一个国家内部进行协调。甚至可以说，一个民主资本主义国家的主要功能，就是处理“平等”与“不平等”之间的矛盾。而“边界”问题，则是在国家间、地区间甚至全球范围内进行协调。一方面，资本主义要适应民主的边界——为了适应各地的民主制度，资本主义加深了“地域特色”，全球的资本主义显现出了一种超乎自身逻辑之外的“多样性”；而另一方面，民主也要适应资本主义的边界——为了适应经济全球化，民主也出现了“跨国化”的动向，欧盟便是一个突出例子。矛盾的缓解与协调一旦不到位，民主资本主义便会出现问题乃至危机。事实上，通过转移、掩盖和缓解的方式，并不能使矛盾得到完全消除，只可能推迟矛盾爆发，或者是改进和升级协调矛盾的办法。

由欧洲债务危机所引发的欧洲民主资本主义危机，首先反映了关于“平等”的矛盾。二战后西方资本主义世界的几次危机——滞胀、财政赤字、次贷危机、欧洲债务危机，都与民主资本主义体系中“平等”的矛盾有关。这几次危机表面上都是政府经济政策的错误，但实际上是政府为了同时满足资本主义与民主的要求，而导致的必然结果。这些危机的典型现象或者说原因，都是民众要求政府同时提供增长与福利，而政府囿于市场限制而难以做到。

这场危机同时也反映了关于“边界”的矛盾。欧洲债务危机既牵涉到欧洲经济区与全球经济之间的关系，也牵涉到欧洲内部不同发展模式之间的关系。在欧洲经济区内，存在着不同的资本主义模式，德国与希腊就分属不同的资本主义模式。这些不同的模式各有其历史、文化、制度传统，又受到国际环境的制约，短时间难以改变。危机爆发后，德国在全欧推行只符合自己国情的“秩序自由主义”，使得危机久拖不决。而欧洲经济区在全球资本主义体系中的进一步衰落，导致欧洲层面不同发展模式的协调更为困难。

“平等”问题与“边界”问题相互叠加、牵扯，使民主资本主义的内部矛盾更为复杂和突出。极右兴起、难民危机、英国脱欧，某种意义上都可以看作民主资本主义内部矛盾的副产品或其体现。

民主资本主义的内在矛盾固然不会消失，但是会根据情况变化以各种不同的方式和程度呈现。每一次矛盾的爆发和深化，又会带动协调矛盾的办法的升级，这其中，有的仅仅是一种权宜之计，有的则是某种原则性变动。个别的人和个别的集团，常常会由于过分追求自身的利益而迷误，但一个国家、一个国家集团却决不会长久地迷误下去，因为每个国家的政府都必须从长计议，维护整个国家和整个民族的利益。

当前欧洲正处在深刻的转型和调整当中，它对于东西方关系的改变，也构成了一种重要的推动力。欧洲债务危机是从欧洲国家内部引发的，欧洲政治、经济、社会都遭受深重创伤。而对于包括中国在内的发展中世界来说，这场危机来自于外部，主要是出口市场受到了影响，政治经济制度和金融系统并未受创伤，甚至在某种意义上得到了加强。简单地说，目前世界上两支基本力量的走向不同：西方世界的政治经济，以西欧为代表，明显衰落；而发展中世界的政治经济，以中国为代表，正在加速崛起。这两支力量不同的运动方向，决定了中国与西欧必然会在半路上相遇。

中国与欧洲全面合作的前景异常广阔，因为主导世界政治经济的基本框架虽然受到重创，但还远没有彻底垮台。在原有框架的基础上，创建一个更健全的、新的多边国际政治经济体制，中国和欧洲都将起到重要作用。中国和欧洲这两支不同质的力量，最终将会以某种新的形式“联结”起来，结合在一起，形成彼此合作、相互支撑的新格局。

第一章

理论与事件

本书贯穿了两条主线：一为民主资本主义理论；二为欧洲主权债务危机这一事件。二者相应相和，如同探戈的舞步。本章的作用是开门引客，但其结构有如本书之缩影——首先说明民主与资本主义之间的关系以及民主资本主义的核心矛盾（理论），然后梳理关于欧洲债务危机的既有文献（事件），最后给出本书的论述框架。

一、民主资本主义的核心矛盾

“民主”与“资本主义”已渗透到西方人生活的方方面面，渗透得如此之深，以至于要讲明二者的本质、逻辑以及它们之间的关系，反倒是件极其困难的事了。

（一）公民身份三要素

先从“公民身份”（citizenship）说起，也许不失为一个好办法。任何一个现代人，对“公民身份”都不会感到陌生。一个人有了公民身份，就意味着在一个共同体（国家）中，是个完完全全的成员了。

“公民身份”的内涵十分丰富，包括许多方面。英国社会学家马歇尔（Thomas. H. Marshall）是“公民身份”研究领域的奠基性学者，其战后初期关于公民身份的论述，至今仍是研究公民身份的出发点。马歇尔认为，公民身份含有三个要素——公民的（civil）、政治的和社会的，且这三个要素在历史上是依次发展起来的。马歇尔关于公民身份三要素的论述，对于我们理解民主与资本主义的关系很有帮助，在此有必要展开介绍。①

公民身份的三个要素中，首先发展起来的是“公民权利”。这主要形成于18世纪，到19世纪上半叶才完成。这个过程很曲折，涵盖从1688年英国光荣革命到1832年英国第一次《改革法》，其间曾因1789年法国革命而一度中断。公民权利由个人自由所必需的权利组成，包括人身自由、言论自由、思想和信仰自由、拥有财产和订立有效契约的权利以及司法权利。在经济领域，基本公民权利体现为工作的权利，即有权根据自己的意愿选择职业。在此期间，英国废除了将某些职业限制在一定社会阶层范围内的《伊丽莎白技工条例》，英国的农民涌向城市，获得了工作的自由。到19世纪时，经济自由的原则基本上确立了下来。负责保卫公民权利的主要机构是法院。

继“公民权利”之后发展起来的是“政治权利”，主要指公民参与政治的权利。这主要形成于19世纪，至20世纪初得以完成，其所对应的机构不是法院，而是议会。1832年英国议会改革是个重要事件，这次改革将选举权扩展到了租赁农以及佃农，满足了新兴的成功人士的政治要求。1918年英国的第四次选举改革则确立了成年人的投票权，废除了以往依据一个人所拥有的财产的多少，来确定他是否享有参与投票的权利的做法，是一个质的转变。

---

① ［英］T. H. 马歇尔、安东尼·吉登斯著，郭忠华、刘训练编：《公民身份与社会阶级》，江苏人民出版社，2008年版，第3—60页。

最后发展起来的是“社会权利”。这主要形成于20世纪，但和“政治权利”发展末期有相当的重合。“社会权利”指的是“从某种程度的经济福利与安全，到充分享有社会遗产，并依据社会通行标准享受文明生活的权利等一系列权利”。[①] 其对应的机构是教育及社会公共服务体系。19世纪英国的《济贫法（修正案)》和《工厂法》都未把穷人和工人获得国家保护视作公民的应有权益。但到了20世纪，特别是二战后，西方各国都普遍建立起了完善的福利制度。获得福利等社会权利，也成了公民身份的应有之义。

从18世纪到20世纪，从公民权利到政治权利再到社会权利，“公民身份”逐渐演化，最终发展成为了一个庞大的权利体系。

公民身份的这个发展过程，同时也是民主与资本主义的发展过程。公民身份与民主的关系是什么呢？不妨这样理解：公民享有“政治权利”，其实指的就是民主制度。但是，“公民权利”和“社会权利”对民主制度也有影响。“公民权利”加上民主制度，大致等于人们所说的“自由主义民主”。而“社会权利”加上民主制度，大致等于人们所说的“社会主义民主”。“自由主义民主”除了选举投票，还强调财产权、少数派权利、言论集会自由；“社会主义民主”除了选举投票，还强调福利国家、社会公正。这两种民主，都已经发展成为欧洲骨子里的东西。现如今在欧洲谈民主，甚至在谈论加了限定词的“自由主义民主”或“社会主义民主”的情况下，人们都会假定这个民主指的是综合了“公民权利”“政治权利”以及“社会权利”三者的民主。欧洲人说民主不足，有时指的是言论自由（公民权利）不足，有时指的是民众参政程度（政治权利）不高，有时指的是福利（社会权

① ［英］T. H. 马歇尔、安东尼·吉登斯著：《公民身份与社会阶级》，第11页。

利）被削减，不同的语境下有不同的含义。

而公民身份与资本主义的关系是什么呢？公民身份中的“公民要素”对资本主义最为有利，无论是人身自由、财产权，还是思想信仰自由，都有助于把农民从土地上解放出来变为产业工人，也有助于新兴资产阶级获得财产保障和社会地位，因此有利于资本主义发展。① 可以说，在18世纪，公民权利的发展，正是为了解放生产力，以适应资本主义发展的需要。但到后来，“政治权利”和“社会权利”对资本主义就有利有弊了。政治权利的扩大，虽使新兴资产阶级获得政治地位，但也把民众对资本主义的反对“合法化”了。社会权利的扩大，虽利于缓和阶级矛盾，但社会福利的来源毕竟曾经属于资本家的利润。

通过“公民身份”这个中介，民主、资本主义、以及“民主资本主义”便更易于理解了。这样我们可以回到正题，展开论述民主与资本主义的关系。

（二）协调与对立

正如“公民身份”所揭示的那样，民主和资本主义是共生的。它们都是现代制度的重要部分，二者都建立在个人自由与制度自由的不断扩大的基础之上。如有学者指出，“私有财产权是个人自由最重要的保证。国家如果否认这一点，通过政治直接介

① 亚当·斯密在《国富论》中提到，当道德原则与经济利益发生冲突时，经济的力量总是胜于道德的力量。他认为，结束奴隶制更为有效的方法，不是出于道德原则和人道主义，而是自由劳动比奴隶劳动更为有利可图。他对美国的奴隶制也是这样看的：“宾夕法尼亚人最近决议释放奴隶。这一事实使我们相信他们拥有的黑奴一定不多。如果奴隶是他们财产的大部分，他们绝不会赞成释放。”亚当·斯密著，郭大力、王亚男译：《国富论》（上卷），商务印书馆，1972年版，第355页。

入经济活动，人们的基本自由会随之丧失。也就是说，没有经济自由的政治自由，或者没有政治自由的经济自由是不存在的。”①

不过各家学者对民主与资本主义“相互依存”的程度看法不一。弗里德曼认为，自由市场是政治自由和可持续的民主的前提条件。② 普热沃尔斯基（Adam Przeworski）则认为，资本主义并非民主的前提条件，但发达的资本主义国家更容易出现民主，而且民主一旦出现，各方便不敢冒险重新独裁。③ 从历史经验看，资本主义发展初期的国家少有民主国家，如意大利、英格兰的资本主义发展远早于民主，西班牙 20 世纪 70 年代才结束佛朗哥的独裁统治，亚洲“四小龙”经济起飞时都不是西方眼中的“民主国家”。也许只有美国因为独特的建国经历，才勉强称得上资本主义与民主同步发展。另一方面，也毋庸讳言，资本主义发展起来之后的国家，大部分走向了民主，如若尚未“民主”，则难免成为学者研究的“异类”。

民主与资本主义之间也存在矛盾，并非完全合拍。倡导民主和倡导资本主义的人对公民身份中的“公民权利”都是支持的，但对“政治权利”和“社会权利”会有很不一样的看法。民主与资本主义之间的紧张关系可以用很多方式表现出来，在此介绍两位学者的理论。

一位是波兰经济学家卡莱斯基（Michal Kalecki），他的理论说明了资本主义是如何“抵抗”民主的。卡莱斯基在 1943 年指出，投资者的信心是影响经济表现的重要因素，而投资者的信

---

① 富田俊基著，刘军红译：“冷战后的世界经济体系——协调与对立的博弈理论”，张新生、宿景祥主编：《全球化：时代的标识》，时事出版社，1999 年版，第 30 页。

② ［美］米尔顿·弗里德曼著：《资本主义与自由》，第 11 页。

③ Adam Przeworski, “Capitalism, Development, and Democracy”, *Brazilian Journal of Political Economy*, Vol. 24, No. 4, Oct-Dec 2004, pp. 487 – 499.

心，则取决于政权对投资者对利润的预期保护。一旦投资者认为政府政策有损于其投资预期，就会减少投资，最终导致经济失灵。①

另一位学者是匈牙利政治经济学家波兰尼（Karl Polanyi）。他在 1944 年的《大转型：我们时代的政治与经济起源》一书中，对政治与经济之间的关系作了经典论述。他认为，在 19 世纪之前，人类经济一直都“嵌入”社会之中，人们的经济活动主要是为了互利、再分配，而非追求利润最大化，市场的作用是有限的。但产业革命和新的市场制度不仅改变了法律，也从根本上改变了人们对经济的态度，市场被认为是可以抽离社会而单独考虑的，是万能的。然而，要创造一个完全自发调节的市场经济，就必须把人类与自然环境转变成纯粹的商品，这必然会造成社会和自然环境的毁灭。因此为了挽救社会，人们就必然抵制这不受限制的市场。这个过程就好比拉伸一条巨大的橡皮筋，一旦绷断，就意味着社会解体或者经济回复到更嵌入的状态。② 波兰尼的学说论证了民主是如何“抵抗”资本主义的。

（三）核心矛盾：平等

社会能够带着矛盾前进，理论上再深刻的矛盾，在现实生活中也可能用些“常识”就能应对过去。但为了理解问题，却要把深刻的矛盾找出来。再复杂的社会，也有一定的主导原则，也有一个主要矛盾，渗透到生活的方方面面。这个矛盾可能会改变和转移，但在一定时间内会相对稳定，能比较清晰地显露出来。

---

① Michal Kalecki, “Political Aspects of Full Employment”, *The Political Quarterly*, Vol. 14, No. 4, 1943, pp. 322 – 331.

② ［英］卡尔·波兰尼，冯刚、刘阳译：《大转型：我们时代的政治与经济起源》，浙江人民出版社，2007 年版。

民主资本主义第一个核心矛盾是“平等”：民主是一个平等的制度，而资本主义却恰恰是个不平等的体系。

“平等”是现代思潮的一个核心诉求。法国大革命初期，革命家们所理解的平等是法律上的平等。到拿破仑时期，自由主义民主人士提到了三类平等：平等的普选权、社会平等以及机会平等。后来社会主义兴起来之后，经济上的平等又成为了重要的时代思潮。这个脉络与我们上述关于“公民身份”的三类权利的依次发展大体一致。但需要指出的是，民主所追求的平等虽有经济平等的内容，但与社会主义制度下的经济平等有质的不同，这体现在二者对自由的态度上。“民主主义者总是准备做一笔交易：少一些自由，多一些平等或更大的平等，但不是让自由付出太大的代价。”[①] 也就是说，西方的民主制度想要兼顾自由与平等，但不愿意为了平等而舍弃自由。

然而，对普通民众来说，“平等”的吸引力往往要大于“自由”的吸引力。正如意大利政治学家萨托利（Giovanni Sartori）所指出的那样：“自由的状况一旦刺激了要求平等的欲望，自由的理想便会发现自己处于不利地位，而平等的吸引力则证明更为强大。出现这种情况有两个重要原因。首先，平等的观念较易于理解，自由却不行。其次，平等产生的结果是提供实在的利益、物质的利益，而自由的利益却不可捉摸——只要还能享有它们的话。这第二个原因也可很好地说明，为什么在我们考察的所有平等中，经济平等最终成了我们时代最强大的口号。”[②] 因此，虽然西方的民主制度想要兼顾自由与平等，但往往更重视平等，而且越来越重视经济上的平等。

---

① ［美］乔·萨托利著，冯克利、阎克文译：《民主新论》，上海东方出版社，1993 年版，第 387 页。

② 同上，第 404 页。

资本主义则关心自由甚于关心平等。资本主义是资本的组织制度，其最核心的目标是追求“资本的积累”。正如美国经济学家海尔布隆纳在《资本主义的本质与逻辑》一书中所指出的那样，资本家和此前的“统治阶级”的最大区别，就是资本家不追逐具体的物质财富，而永远在追逐资本的扩张。地主可能会想要更多的土地和牲畜，但资本家追求的最终目标，不会是工人、厂房和商品，甚至不是现金，而是利润和更多的利润。在资本主义社会，财富只是短暂地蕴涵于物质实体中；资本家会把资本的物质存在视为障碍，而盘算着将商品出售以换回现金。但现金也不是资本家最终所求，而只是永不落幕的资本循环中的一个阶段。[①]在资本扩张和积累的过程中，资本家希望能够拥有和利用各种自由：自由地使用劳动力、自由地创建企业、自由地扩张和转移资本、自由地签订买卖合同……如果有什么东西限制了这个自由，那么本质上便是不好的，即便有所补偿（比如说政府在管制资本之余提供了秩序和保护）也是不得已的做法。自由派的经济学家，如哈耶克（Friedrich von Hayek）、弗里德曼等人，都坚定地持这种立场。

资本主义也看重平等，因为资本主义的发展建立在现代契约精神之上，而契约的本质是平等的法律主体之间的协议。但是，资本主义并不会再进而要求什么人格的平等、政治的平等、财富分配的平等。这些平等与资本主义的核心追求无关痛痒。相反，资本主义还会造成不平等，原因有二：其一，资本循环往复的过程不是一个自然过程，而是一个社会过程，资本在这个过程中体现了权力。资本家并没有使用武力的权力，资本如何体现权力呢？资本体现权力的办法是通过随时收回资本的使用权而使别人

① ［美］罗伯特·L. 海尔布隆纳著，马林梅译：《资本主义的本质与逻辑》，上海东方出版社，2013年版，第19—24页。

（自愿）屈服。其二，在资本主义社会，竞争是永恒的主题，资本家之间有竞争，工人之间有竞争，资本家与工人之间也并非不会相互转换。既然竞争无处不在，竞争是经济发展和社会进步的源泉，那么，这样一个社会便不能以物质平等为前提，更不可能追求以物质平等为结果。值得指出的是，与奴隶社会、封建社会不同，资本主义并不追求不平等，更不打算把不平等固化、结构化、神圣化；但不平等却是资本主义不可避免的、重要的副产品。[①]

综上所述，现在西方通行的民主制度非常珍视“平等”，与此同时尽量保障“自由”；而资本主义制度为了完成资本积累，非常珍视“自由”，对平等的追求则仅限于法律上的，对民主制度下的政治平等、经济平等毫不感兴趣。因此大体而言，民主更看重“平等”，资本主义更看重“自由”，二者之间有冲突。

萨托利还指出了令人更为可叹的一点。正如资本主义追求积累、追求资本的循环，是没有止境的追求一样，“平等也是我们所有理想中最不知足的一个理想。其他种种努力都可能达到一个饱和点，但是追求平等的历程几乎没有终点”。[②] 这也就决定了民主资本主义关于平等的冲突，是没有边界的，无法真正得到解决。

（四）核心矛盾：边界

民主资本主义第二个核心矛盾是“边界”：民主的天然趋向是固守民族国家，而资本主义的天然趋向则是拓展疆域。

民主与资本主义的相遇离不开一个场所：民族国家。民主与

① ［美］罗伯特·L. 海尔布隆纳著：《资本主义的本质与逻辑》，第26页。
② ［美］乔·萨托利：《民主新论》，第381页。

资本主义的互动，事实上是民主、资本主义与现代主权体系三者之间的互动。

现代民主制度与民族国家的边界是一致的。今天人们所谈论的民主，绝大部分情况下指的都是一国之内的民主。代议制民主既能保证一国之内资产阶级的利益，又能保证公共管理的负责有效，但是代议制未能回答一个根本问题：为什么普通民众成为管理国家的权威的来源？如何决定哪些民众拥有这样的权威？“民族”这一概念就是用来回答这个问题的。在西方历史上，民族国家建立的过程、公民身份形成的过程、民主制度形成的过程交叠重合在一起。民主的边界天然落在一国之内。一般认为，只有在一国之内，民众才能彼此认同、相互信任，施行民主。直至今日，民主的倡导者对民族主义还抱有功利性的看法，把利于推行民主的民族主义称为“自由民族主义”。[①]虽然“平等”“公正”成为了现代国家提倡的口号，但是这“平等”“公正”针对的是民族内部的成员，而非外人。从理论原型来说，一个民族的成员才有资格成为公民，外族人是没有资格的。在理想的情况下，一国所有的公民都应该属于同一个民族，不是属于同一个民族的人要么离开，要么被同化。而如果一国之内有不同的民族，那么公认的做法就是，每一个不同文化的群体都要被指认出来，当作不同的民族来对待，这样才能保证一国之内所有的人获得公民权。[②]一些国家希望用民主的方式来确定国家的边界，或严格循用民族来作为民主的边界，都难以行得通。美国著名政治学家施密特（Philippe C. Schmitter）曾有振聋发聩之断语：“世上诚无民主之

① Margaret Moore, “Normative Justifications for Liberal Nationalism: Justice, Democracy and National Identity”, *Nations and Nationalism*, vol. 7, No. 1, January 2001, pp. 1 – 20.

② Fred W. Riggs, “The Modernity of Ethnic Identity and Conflict”, *International Political Science Review*, Vol. 19, No. 3, July 1998, pp. 269 – 288.

方式，能够决定一民族以及相应的政治实体应当为何。”①

在全球化下，民族国家的边界逐渐打开，一些国家规定外来移民和海外侨民也能参与选举投票，而欧盟的民主建设更是跨国民主的一场伟大实验。但欧盟的“民主赤字”和欧洲的排外思潮似乎也在提醒我们，民族国家的边界仍然是民主制度的天然边界。事实上，欧洲债务危机之后欧盟的民主乱象，引起了欧洲很多知识分子的反思，连向来推崇全球主义民主的德国社会学家哈贝马斯（Jürgen Habermas）也开始调整其立场，认为民族国家是民主的重要“容器”。②

与民主固守疆界的趋向相比，资本主义则有拓展疆界、打破疆界以及重组疆界的趋向。

马克思研究资本主义，主要关注的是资本主义的内在逻辑和在时间上的发展演变，他所研究的是“封闭的资本主义”，对资本主义在空间上的发展，尚未做出系统的论述。因为马克思认为，资本主义还在国家之内发展时，就会被社会主义所取代。但自19世纪下半叶开始，资本主义在世界各地如水银泻地般地推进，让人越来越关注资本主义的空间维度。资本主义在空间上的发展是由后来的马克思主义学者补足的。卢森堡（Rosa Luxemburg）对帝国主义、奈格里（Antonio Negri）与哈特（Michael Hardt）对全球化以及哈维（David Harvey）对城市空间的论述，都对资本主义的空间研究作出了突出贡献。

人类的一切问题都可归于时间和空间问题。对时间和空间的生产和控制，是社会权力的真正源泉。对时间的控制相对隐蔽，因为时间序列和数学一样，都是人类心灵的一种创设，并不是真

① Philippe C. Schmitter, “Dangers and Dilemmas of Democracy”, *Journal of Democracy*, Vol. 5, No. 2, April 1994, p. 66.

② Jan-Werner Muller, “The EU's Democratic Deficit and the Public Sphere,” *Current History*, March 2016, p. 86.

实世界的存在。但对空间的控制以及随之而来的斗争，则自人类有历史以来就清晰可见。资本主义如何在空间上展开，是马克思研究的一个重要发展，也成为理解当下现象的一把秘匙。

哈维对资本主义“来去自若”的特性描述得至为精当。他指出，“资本主义为了自己的有效运行，有必要建立起一个固定的空间；但这样做的目的，却不过是为了能在晚些时候摧毁这个空间，为新的空间解决之道腾出地方来”。哈维解释说，这是因为，一方面，资本家的投资有很多是难以一下子移走的（如基础设施、厂房），所以资本主义的发展需要一个相对固定的空间；但另一方面，当这些投资的回报率逐渐下降的时候，资本就会向外流动，向外拓展，而这就会将过去的空间破坏掉，重建新的空间。[①] 由此入手，可更清楚地理解许多复杂的现象。比如美国一些钢铁城市逐渐衰落，欧洲各地的煤矿被废弃，欧盟和欧元区的建立，甚至于中国的“一带一路”倡议，本质上都是一种空间的生产和重构。

毫无疑问，民族国家是现代世界最重要的空间组织形式。民族国家与资本主义有相结合的一面，也有相冲突的一面。其相结合的一面体现在，现代国家的诞生，使资本主义的运行有了坚实的政治和法律基础。资本家之间的竞争，也常以民族国家作为“后盾”。正如当代著名左翼学者阿明（Samir Amin）所指出的那样，“竞争导致国与国之间的对立，一点也不比企业家与企业家之间的对立为少，因为资本主义与现代国家密不可分；它们密不可分，是因为它们同时一起发展起来，而且一起控制了积累的结构。”[②]

---

① David Harvey, "Globalization and the 'spacial fix'," *Geographische Revue*, 2001/2, p. 25.

② Samir Amin, "The challenge of globalisation", *Review of International Political Economy*, vol. 3, No. 2, 1996, p. 247.

资本所推动和主导的全球化进程，在过去几十年里明显地加快了，全球化并不意味着主权国家的消失，只是意味着国家的作用需要调整和改变。而资本积累的内在冲动，决定了资本主义制度自始至终是一种扩张性的制度，是一种“全球性的制度”。世界上的社会和经济活动，几乎都是在按照资本主义的基本逻辑，即资本积累、竞争和利润最大化来进行的。国际政治经济环境的急剧变化，以及科学技术的飞速进步，使资本在世界范围内对劳动取得了新的优势。任何组织制度，只要能够保证资本主义的顺利运作，资本主义都会欢迎，至于这个组织制度是不是民族国家，倒并不重要。资本总是要破坏束缚它的桎梏，清除自己道路上的障碍，试图战胜一切先前的生产方式，以公开或隐蔽的形式在社会中争得统治地位。资本一旦发现在一个国家的投资利润下降，就会寻找更好的投资场所。而国家为了从资本那里取得税收，为了赢得资本家支持本国经济发展，为了提高“综合实力”，在很大程度上只能顺应资本的需求。在全球化下，越来越多的国家变得像“管理机构所管理的商品和资金的世界范围流通的中转站”，而主权的争夺也日益成为“在资金的全球分配中获得更多份额的竞争”。[①] 以欧洲为例，欧洲一体化使得资本在欧洲得以不受限制地自由流动，成为欧洲各国增强在全球市场竞争力的一个策略。

简言之，民主通常是在民族国家之内才能有效实行，而资本主义却天然地藐视任何行政边界，这构成了民主资本主义的第二个核心矛盾。

---

① ［英］齐格蒙·鲍曼著，郁建兴等译：《生活在碎片之中：论后现代道德》，上海·学林出版社，2002年版，第292页。

（五）折中与平衡

民主资本主义时时需要缓解、平衡、克服自身的矛盾：

其一，对于由“平等”问题而产生的矛盾，基本上在一个国家内部进行协调。甚至可以说，一个民主资本主义国家的主要功能，就是处理“平等”与“不平等”之间的矛盾。美国社会学家奥康纳（James O' Connor）曾精辟地指出，资本主义国家的一个重要任务是保证资本能够持续地积累，但同时又要维持这种积累的合法性：“资本主义国家必须竭力完成这个基本的、常常是相互矛盾的任务——积累和合法化。它意味着：国家必须竭力维持或创造条件，使有利可图的资本积累成为可能。但是，国家也必须竭力维持和创造社会和谐的条件。一个资本主义国家若公开地使用强制性力量去协助一个阶级积累资本，而不惜牺牲其他阶级，那它就会失去合法地位，因而削弱了对它表示忠诚和支持的基本力量。然而一个国家若忽视了扶持资本积累过程的必要性，那它就会冒着让它的力量来源干涸的危险，冒着让经济的剩余生产能力以及从这种剩余（和其他形式的资金）中征集的税款枯竭的危险。”①

二战后，民主与资本主义在欧洲彼此妥协，达成了大体和谐。所谓“社会民主”“基督教民主”“内嵌式自由主义”“民主的资本主义”其实指的都是同一个事物——民主与资本主义妥协的产物。这种和谐的主要特征，就是兼顾市场效率与社会公平。可以认为，正因为有了民主制度，西方才会建立福利国家、才有混合经济；而这反过来也减缓了阶级矛盾，促成了西方资本主义

① James O' Connor, *The Fiscal Crisis of the State*, New York: St. Martin's Press, 1973, p. 6. 转引自：[美] 丹尼尔·贝尔著：《资本主义文化矛盾》，第 288 页。

的繁荣。与此同时，也正因为有了资本主义的经济发展，民主制度才不会无止境地要求物质上的平等。①

其二，由“边界”问题产生的矛盾，需要在国际层面进行协调。一方面，资本主义要适应民主的边界，即为了适应各地的民主制度，加深了“地域特色”，全球的资本主义显现出了一种超乎自身逻辑之外的“多样性”；而另一方面，民主也要适应资本主义的边界，即为了适应经济全球化，也出现了“跨国化”的动向，欧盟便是一个突出例子。

自20世纪70年代起全球化加速之后，人们逐渐开始相信，全球各地的资本主义存在趋同的倾向，但同中有异。第一，资本主义从来都是一个制度化的秩序，无论是市场的交换还是等级制的命令，都不单单是经济领域的事情，如果没有一些隐藏在背后的制度，资本主义是行不通的。第二，由于历史原因，这些制度多在民族国家范围之内。因此不同国家的资本主义制度，通常有自己的特点。第三，各国资本主义背后的制度不同，通常也就导致这些国家的经济表现不同，因此，如果制度有所改变，经济表现通常也会有所改变。第四，虽然改变制度很困难，但在全球经济不断融合的情况下，各国的制度都很难避免要和他国的作比较，这样一来，政府的议程、政府的合法性都难免要受到其他国

① 关于这方面问题的研究和评论非常多，参见：Gideon Rose，“Making Modernity Work：The Reconciliation of Capitalism and Democracy”，*Foreign Affairs*，Vol. 91，No. 1，Jan-Feb，2012，pp. 3 – 6；Philippe C. Schmitter，“Dangers and Dilemmas of Demcracy”，*Journal of Democracy*，Vol. 5. No. 2 April 1994，p. 66；David Garland，“The Welfare State：A Fundamental Dimension of Modern Government，” *European Journal of Sociology*，Vol. 55，No. 03，December 2014，pp. 352 – 354；John Gerard Ruggie，“International Regimes，Transactions and Change：Embedded Liberalism in the Postwar Economic Order”，*International Organization*，Vol. 36，No. 2，Spring 1982，pp. 379 – 415；Robert Reich，*Supercapitalism：The Transformation of Business，Democracy，and Everyday Life*，New York：Alfred A. Knopf，2007；Torben Iversen，*Capitalism，Democracy，and Welfare*，Cambridge：Cambridge University Press，2005。

家的影响。[1]

在这些共识的基础上，形成了新的“资本主义模式”学说，该学说成为当前国际政治经济学的一个重要的研究路径。“资本主义模式”学说强调：一国政治、经济、社会制度是互补的，经济制度难以单独存在，各国因历史民情不同，会形成不同的资本主义模式。

以上讲的是资本主义如何适应民主的“边界”。但民主也需要去适应资本主义的“边界”。欧盟便是个很好的例子。欧盟的民主是跨国家、国家和次国家各层面互动的、有欧洲特色的民主。这一独具特色的民主制度安排，正是为了匹配欧盟这个世界上最大的经济集团的运作。1973 年，达尔等人在研究民主的规模时，就提出了一个重要问题：对一个政治体系而言，是否存在最佳的规模？他给出的答案是：“这个答案显然是否定的，不同的问题需要不同规模的政治单位……然而，在代议制民主国家中，理论已经远远落后于实践……现在以及在可预见的未来，人们将生活在一个颇具多样性的政治单位中。因为民主理论家……都忽略了一个问题，即一个范围涵括至少在理论上可能实现直接民主的小规模基层社团，到公民不可能实施直接统治的超大规模实体，由相互作用的各种单位集合所构成的某个政治体系的民主化问题。与其深信民主只存在于某种特定类型的单位中，即包罗万象的主权单位中，不如我们必须学会相信民主正在一系列相互关联的政治体系中传播和蔓延……”[2] 欧盟民主的实施，恰恰就是“民主正在一系列相互关联的政治体系中传播和蔓延”的绝佳例子。

---

① Hugo Radice, “Globalization and national capitalism: theorizing covergence and differentiation,” *Review of International Political Economy*, Vol. 7, No. 4, Winter 2000, pp. 719 – 742.

② ［美］罗伯特·A·达尔、爱德华·R·塔夫特著，唐皇凤、刘晔译：《规模与民主》，上海人民出版社，2013 年版，第 125 页。

（六）冲突与危机

如前所述，民主资本主义协调其内部矛盾有两个层面：一是在国家内部，二是在跨国层面。前者主要解决关于平等的矛盾，后者主要解决关于边界的矛盾。如果民主资本主义这些内在的矛盾加剧，没有得到适当的折中和协调解决，势必会引发出新的冲突与危机。事实上，这些矛盾是固有的，既不可能完全被消除，也不会自行消失，人们只可能延缓矛盾爆发、或升级协调矛盾的办法。

二战后西方资本主义世界的几次大的危机——滞胀、财政赤字、次贷危机、欧洲债务危机，都与民主资本主义体系中“平等”的矛盾有关。20 世纪六七十年代西方一度出现“不可治理性”危机，也同样如此。这几次危机表面上都是政府经济政策的错误，但实际上都是民众要求政府同时提供增长与福利，而政府囿于市场限制而难以做到。

民主资本主义体系中“边界”的矛盾也越来越明显。2008 年底美国爆发的次贷危机演变为全球金融危机，民主制度无法有效应对，各国不得不创设了“二十国集团”作为新的平台协调应对。欧洲债务危机爆发后，欧盟以及欧元区对危机的应对非常迟缓，这是因为欧洲各国都要根据自己的“资本主义模式”以及国内民众的愿望来行事。

而且，“平等”的矛盾与“边界”的矛盾往往还相互叠加、牵扯，使民主资本主义的内部矛盾更为复杂和突出。比如，欧盟的建立是为了使欧洲的民主制度适应资本主义的新空间，但随着新自由主义在欧盟的得势，欧盟各国的贫富分化问题比过去更为突出，这导致欧洲各国民众开始通过国内的民主制度来反对欧洲一体化。

总之，民主资本主义是个动态的系统，时时刻刻在变化、在调整。民主资本主义的矛盾不会消失，但是会根据情况变化以各种不同的方式和程度呈现。每一次矛盾的爆发和深化，又会带动协调矛盾的办法的升级。

二、事件：性质与解释

任何理论，都需要通过客观现实来检验，而现实则需要通过理论来理解。本书所用理论为“民主资本主义”，所观察的现实则为“欧洲主权债务危机”这一重大历史事件。本书其实起源于一个简单而深刻的困惑：为什么欧洲债务危机对欧洲的冲击如此深入和持久？读者或许已经明白，本书所给出的答案是：欧洲债务危机久拖不决，是由欧洲的民主资本主义困境导致的，是欧洲未能平衡好民主资本主义中“平等”和“边界”这两个核心矛盾所导致的。

本书将在关于民主与资本主义的矛盾的理论分析的基础上，逐步展开论证。但在展开之前，有必要回顾一下欧洲债务危机及其相关研究。

欧洲主权债务危机源于2008年底爆发的美国次贷危机及随后的全球金融危机。[①] 从2009年底危机浮现，至2013年得以趋缓，主权债务危机延宕三年有余。进入2014年后，银行业隐忧、重债国动荡等场景仍以小规模不断重演，欧洲债务危机余音绕梁而不去。到2016年英国公投脱欧，仍算是欧洲债务危机的一个“副产品”。欧洲债务危机多次被欧洲领导人称为“二战之后最严重

① 美国次贷危机从2006年春季开始逐步显现，2007年8月席卷美国、欧盟和日本等世界主要金融市场。媒体普遍以2008年9月15日有着158年历史的华尔街老牌投资银行雷曼兄弟公司倒闭作为危机爆发的标志。

的危机”，它对欧洲的影响是全方位的，是一场“有机的危机”。

其一，危机是欧洲一体化进程之转捩点，使过去隐而不显的深层次问题充分暴露出来，一跃成为欧洲面临的最重大问题。

欧洲债务危机除了对欧洲的银行业、实体经济以及民众生活造成巨大冲击之外，还凸显了一体化进程的规范问题，这个特点是欧洲战后历次经济危机所没有的。危机期间，民调显示欧洲民众对政府信任度降至低谷，对民主支持率下降，各国反欧情绪上扬，各种形式的反体制运动蜂拥而起。在 2009 年的欧洲议会选举中，民主已成为核心的辩论议题。[①] 2012 年 10 月，民主研究领域最负盛名的《民主杂志》推出系列专题文章，罕见地讨论“欧洲的分裂”。该杂志在征稿信中写道：“这是数十年来头一次，人们听到主流的声音说，不但欧元区和欧盟身置险境，而且连欧洲的民主也是脆弱的。种种迹象包括：民粹主义和反移民情绪上扬；民众愤世嫉俗，对主流政党日益不信任；福利国家面临低出生率和老龄化的压力；欧洲经济低迷；一体化支持率下滑；欧盟无法阻止成员国民主状况的恶化——匈牙利即为新近最突出一例。”[②]

危机在欧洲历史上并不鲜见。以民主而论，20 世纪六七十年代一度出现“不可治理性”危机。[③] 以一体化而论，2004 年欧盟

---

① Pieter de Wilde，Hans-Jorg Trenz and Asimina Michailidou，“Contesting EU legitimacy，The Prominence，content and justification of euroscepticism during 2009 EP election campaigns”，RECON Online Working Paper 2010/22. Nov. 2010.

② 1990 年，美国的国家民主基金会为了在全球推广民主，推出了《民主研究》季刊，该刊迅速成为西方民主研究的顶级杂志，该期刊登批评各“非西方”国家民主的文章，批评西方民主的文章可谓十分罕见。The Editors，“European Disintegration?” *Journal of Democracy*，Vol. 23，No. 4，October 2012，P. 6.

③ 参见三边委员会报告：Michel Crozier，Samuel Huntington and Joho watanuki，*The Crisis of Democracy*，New York：New York University Press，1975；又参见：Claus Offe，“Ungovernability：On the Renaissance of Conservative Theories of Crisis”，Jurgen Harbermas ed，*Observation on “The Spiritual Situation of the Age”*，Cambridge Massachusetts：MIT Press，1985，pp. 67 – 68.

东扩以及2005年法国、荷兰公投否决欧洲宪法，都一度引发危机之说。但此前的任何一次危机，都不像此次欧洲债务危机这样，影响超越少数政治和知识精英，而在欧洲的知识分子和民众间引起广泛的震动与思考。

其二，危机使欧盟的国际地位和外交战略受到严重影响，削减了其“世界一极”的成色。

危机不但影响了欧洲人的精神面貌，也折损了欧洲的国际地位。2011年11月在法国戛纳举行的第六届“二十国集团”（G20）峰会上，欧洲债务危机成为会议主要议题，各国纷纷提出帮助欧洲渡过难关的倡议和主张。这是近代以来欧洲第一次沦为国际社会的救助对象。由于欧洲债务危机，欧盟及欧洲各国纷纷削减军费及外援，外交“内倾”；美国重返亚洲、中东动乱、乌克兰危机，无不对欧洲外交构成严峻挑战。欧洲债务危机也对欧洲软实力造成了极大损害：欧洲周边和非洲开始寻求新“金主”，导致欧洲“说教”日益受抵制；决策冗长、极端势力泛起、英国脱欧等内部问题，都损害了欧盟的国际形象；欧洲推广绿色和多边主义的心力大为减退。总之，欧洲面临重新以主动有为的姿态融入世界的迫切任务。①

其三，欧洲债务危机最充分地展现了欧洲一体化进程的“反思性”逻辑，为重新阐释、定义欧洲发展前路创造了空前的机会。

2008—2013年的全球金融危机及欧洲债务危机，是冷战后欧洲一体化面临的最大考验。欧洲面临的并非技术上的困难，而是

① Richard Youngs, “Reviving global Europe”, *International Politics*, Vol. 50, 2013, pp. 475 – 495.

理论上的窘境，过去指导欧洲一体化的理论已经受到全面质疑。[①]如何走出危机这个问题，可以说穷尽了欧洲最优秀分子的心力和脑力。欧洲债务使欧洲产生了过去所不能想象的变化。在经济一体化领域，“财政契约”“银行联盟”“欧洲稳定机制”等创设，都是过去所难以企及的；希腊、葡萄牙、塞浦路斯等重债国沦为欧盟内“第三世界”，这是经济趋同的一体化进程首次明显逆退，“多速欧洲”不再成为禁忌；希腊等国威胁“脱欧”，英国启动“脱欧”，一体化首次出现“退出机制”的讨论……欧洲一体化既有利益基础、历史条件，同时也是人类建构的产物；人们对一体化成果的评估与对一体化前景的选择，将深深影响一体化进程。欧洲债务危机成为了人们评估与选择的分水岭、一个关键性的时间节点，它对欧洲的影响远未结束。

欧洲债务危机爆发后，危机为何有如此深重的影响就一直是学术热点议题，经济学相关讨论最多，政治学和社会学次之。鉴于欧洲债务危机的全方位影响，相关的跨学科研究也很多。各种讨论，由浅入深、由中心到外围，可简略归纳为以下四种主张：

一是“欧元缺陷论”，它直接指向危机的核心，认为欧元区的制度设计存在缺陷，导致危机的结构性问题早已存在。这类讨论依据最多的是欧元之父蒙代尔（Robert Mundell）的“最佳货币区”（Optimal Currency Area）理论。根据蒙代尔的这一理论，最佳货币区应满足如下标准：劳动力自由流动；资金自由流动、物价及工资水平灵活调整；自动财政转移等风险分担机制；以及类

① 欧债危机之后，过去主导欧洲一体化的“新功能主义”受质疑，相关争论参见：Liesbet Hooghe and Gary Marks，“A Postfunctionalist Theory of European Integration：From Permissive Consensus to Constraining Dissensus”，*British Journal of Political Science*，Vol. 39，No. 1，January 2009，pp. 1 – 23；Frank Schimmelfennig，“European Integration in the Euro Crisis：The Limits of Postfunctionalism”，*Journal of European Integration*，Vol. 36，No. 3，2014，pp. 321 – 337。

似的商业周期等。[①]“欧元缺陷论”认为，欧元区根本不符合最佳货币区的条件，但欧洲的政治家们出于政治考虑，推动成立了欧元区。欧元区的缺陷主要体现在：统一的货币政策与分散的财政政策之间的矛盾、缺乏相应的金融稳定和危机防范机制、缺乏严格的财政监管和约束机制等。[②]

“欧元缺陷论”为反危机提供了最直接的政策指导，但其至少有两方面的不足：第一，危机后欧盟推出的欧洲金融稳定基金（EFSF）/欧洲稳定机制（ESM）和“财政契约”，其实都是完善“最优货币区”的办法，但推出之后很快就受到质疑，未能缓解危机。这说明危机产生的原因比“欧元缺陷论”所揭示的更深。第二，世界上本没有任何一件事物完全依理论原型而存在，“欧元缺陷论”能解释危机的发生，却未能解释欧元区诞生后头十年的繁荣发展。

二是“经济失衡论”，它比“欧元缺陷论”更进了一步。这种观点认为，欧洲各国之间经济发展失衡，特别是南北欧经济失衡以及“德国模式”独大，是诱发债务危机的重要原因。“最佳货币

① Robert A. Mundell, “A Theory of Optimum Currency Areas”, *American Economic Review*, Vol. 51, No. 4, September 1961, pp. 637 – 635.

② 关于这个问题，最有影响的是美国著名经济学家保罗·克鲁格曼一篇深入浅出的介绍文章：Paul Krugman, “Revenge of the Optimum Currency Area”, *NBER Macroeconomics Annual*, Vol. 27, No. 1, 2012, pp. 439 – 448。余者参见：Emmanuel Mourlon-Druol, “Don't Blame the Euro: Historical Reflections on the Roots of the Eurozone Crisis”, *West European Politics*, Vol. 37, No. 6, 2014, pp. 1282 – 1296; Paul De Grauwe, “The Political Economy of the Euro”, *Annual Review of Political Science*, Vol. 16, May 2013, pp. 153 – 170; Virginie Coudert, Cécile Couharde and Valérie Mignon, “On Currency Misalignments within the Euro Area”, *Review of International Economics*, Vol. 21, No. 1, February 2013, pp. 35 – 48; Malcolm Sawyer, “Alternative Economic Policies for the Economic and Monetary Union”, *Contributions to Political Economy*, Vol. 32, No. 1, June 2013, pp. 11 – 27; Aldo Barba and Giancarlo De Vivo, “Flawed Currency Areas and Viable Currency Areas: External Imbalances and Public Finance in the Time of the Euro”, *Contributions to Political Economy*, Vol. 32, No. 1, June 2013, pp. 73 – 96。

区”理论包含了货币区内各经济体经济趋同的假设，某种程度上也为“经济失衡论”提供了灵感源泉。“欧元缺陷论”多有涉及经济失衡问题，但“经济失衡论”还汲取了其他经济学说的营养，最明显的是“资本主义模式”学说。最早提出“资本主义模式”学说的霍尔（Peter A. Hall）在危机后也发表多篇文章陈明观点。“经济失衡论”一般认为，德国等北欧国家靠出口拉动增长，南欧国家靠内部消费拉动增长，这两种模式相互依存发展。也就是说，北欧的“贸易顺差”和南欧的“贸易逆差”，其实是同一个事物的两个方面。南欧国家加入欧元区后，货币相当于升值，又获得了来自北欧的丰裕资金，因此国内消费增加，经济快速发展，但也因此积累了贸易逆差和财政赤字。德国危机后在全欧推广紧缩、改革等“秩序自由主义”政策，这是“德国模式”的政策，并不符合南欧重债国的国情，而南欧国家因加入欧元区又无法再使用过去惯用的货币贬值手段，因此欧洲债务危机延宕难解。①

① 霍尔的文章参见：Peter A. Hall，“Varieties of Capitalism and the Euro Crisis”，*West European Politics*，Vol. 37，No. 6，2014，pp. 1223 – 1243；Peter A. Hall，“The Economics and Politics of the Euro Crisis”，*German Politics*，Vol. 21，No. 4，December 2012，pp. 355 – 371. 其他“经济失衡论”文章参见：Andrew Moravcsik，“Europe After the Crisis：How to Sustain a Common Currency”，*Foreign Affairs*，May/June 2012，pp. 54 – 64；Bob Jessop，“Variegated Capitalism，das Modell Deutschland，and the Eurozone Crisis”，*Journal of Contemporary European Studies*，Vol. 22，No. 3，2014，pp. 248 – 260；Birgit Mahnkopf，“The euro crisis：German politics of blame and austerity – A neoliberal nightmare”，*International Critical Thought*，Vol. 2，No. 4，2012，pp. 472 – 485；Loukas Tsoukalis，“The Political Economy of the Crisis：The End of an Era?”*Global Policy*，Vol. 3，Issue Supplement s1，December 2012，pp. 42 – 50；Alison Johnston，Bob Hancké and Suman Pant，“Comparative Institutional Advantage in the European Sovereign Debt Crisis”，*Comparative Political Studies*，Vol. 47，No. 13，November 2014，pp. 1771 – 1800；Uwe Becker，“The Heterogeneity of Capitalism in Crisis-Ridden Europe”，*Journal of Contemporary European Studies*，Vol. 22，No. 3，2014，pp. 261 – 275；Alison Johnston，Bob Hancké and Suman Pant，“Comparative Institutional Advantage in the European Sovereign Debt Crisis”，*Comparative Political Studies*，Vol. 47，No. 13，November 2014，pp. 1771 – 1800.

“经济失衡论”有力地揭示了欧洲经济区的结构性问题，其不足之处是能解释欧洲的“经济危机”，但不能解释其“政治危机”。因此又有了以下的第三种解释——“政经失调论”。

“政经失调论”尝试从多个层面综合分析并解释这场危机。其认为，在欧盟层面，各国在分摊危机成本上存在分歧、欧盟政府间决策方式有局限性、欧盟条约在金融监管上存在缺陷、欧盟决策与欧元区风险之间形成恶性循环，这一系列因素导致危机久拖不决。① 在欧盟成员国层面，德国虽是危机中最强国，但因准备不足和政治分歧而无法实现政策目标。② 而重债国国内政治出现极化现象，各政治力量相互掣肘，导致国际市场质疑这些国家的还债能力，从而引发危机。③

鉴于欧洲债务危机的复杂性质，也有学者列举出其他几项危机成因。著名社会学家贝克（Ulrich Beck）认为，危机源自以下四组矛盾：欧洲/民族国家；必要的举措/法律禁止的举措；战争

---

① Iain Begg, “The EU's response to the global financial crisis and sovereign debt crisis”, *Asia Europe Journal*, Vol. 9, No. 2 - 4, March 2012, pp. 107 - 124; Sergio Fabbrini, “Intergovernmentalism and Its Limits: Assessing the European Union's Answer to the Euro Crisis”, *Comparative Political Studies*, Vol. 46, No. 9, September 2013, pp. 1003 - 1029; Frank Schimmelfennig, “Liberal intergovernmentalism and the euro area crisis”, *Journal of European Public Policy*, Vol. 22, No. 2, 2015, pp. 177 - 195; Victoria Chick and Sheila C. Dow, “On Causes and Outcomes of the European Crisis: Ideas, Institutions, and Reality”, *Contributions to Political and Economy*, Vol. 31, No. 1, 2012, pp. 51 - 66; Yanis Varoufakis, “From Contagion to Incoherence towards a Model of the Unfolding Eurozone Crisis”, *Contributions of Political Economy*, Vol. 32, No. 1, 2013, pp. 51 - 71.

② Alexandra Hennessy, “Informal Governance and the Eurozone Crisis”, *Journal of Contemporary European Studies*, Vol. 21, No. 3, 2013, pp. 429 - 446.

③ Michael Breen and Iain McMenamin, “Political Institutions, Credible Commitment, and Sovereign Debt in Advanced Economies?” *International Studies Quarterly*, Vol. 57, No. 4, December 2013, pp. 842 - 854.

的威胁/风险的威胁；全球资本/国家政治。[①]

四是“本质矛盾论”。“政经失调论”提供了许多极富启发性的视角，但仍略显欠缺宏观视野，且不够简洁有力。因此又有人对“政经失调论”进行发挥，提出了“本质矛盾论”，强调资本主义与民主之间存在的本质性矛盾。

根据“本质矛盾论”的解释，主权债务危机的直接导火索是市场担心重债国还不起钱，因此只要让市场恢复信心便可渡过危机。让市场恢复信心最快的办法是让欧盟和其他成员国给重债国提供充足的资金；当然，如重债国能节俭度日攒钱还债则更好。但大体而言，欧洲富国民众不愿掏钱，重债国民众则不愿节俭度日，因此欧洲政治家受制于民主制度“知其可而不能为”。

尽管为了应对危机，欧洲最终还是用了上述“药方”，但民主与市场的逻辑之不相容，已在危机的反复发作中凸显。[②] 这也就导致了德国学者奥夫（Claus Offe）所说的“陷阱中的欧洲”。[③] 瑞典社会学家费尔班（Goran Therborn）在《欧洲社会》杂志“欧洲一体化的政治与文化”专刊的编者按中指出：危机凸显了欧盟两种不同的政治文化——市场自由主义、以及社会/基督教民主；前者长期占上风，在危机中给了后者几乎毁灭性的打击。[④] 德国社会学家施特雷克（Wolfgang Streeck）认为，通胀、赤字和金融监管缺失都不是政府的经济管理失误，而是政府想同时满足公正（民主诉求）和繁荣（经济诉求）导致的。随着分配的冲突

① Ulrich Beck, *German Europe*, Cambridge: Polity Press, 2013.

② 关于危机中民主与市场的博弈，可参见英国伯明翰大学政治经济学家麦卡内尼（Huw Macartney）所著《欧债危机与欧洲民主合法性》一书。该书认为，成员国对危机的应对反映了“对民主的经济后果的长期不安”。见 Huw Macartney, *The Debt Crisis and European Democratic Legitimacy*, Hampshire: Palgrave, 2013, p. 8。

③ Claus Offe, *Europe Entrapped*, London: Polity, 2014.

④ Goran Therborn, “God, Culture and the Crisis (Editorial)”, *European Societies*, Vol. 14, No. 4, 2012, pp. 471 – 472.

从劳工、产业关系转移到公共开支、私人信贷，再转移到国际“财政外交”，民主政治对这些分配的影响越来越小，而冲突的后果越来越大。[①] 以借用系统论研究欧洲民主而闻名的德国学者沙普夫（Fritz W. Scharpf）认为，全球化使一国政府日益难管控本国经济，而选民对政府的信心一定程度上来源于国家实体经济（及金融市场）的表现。欧洲货币联盟的建立，剥夺了欧洲民选政府的宏观政策工具，因此欧元区的危机演变为民主的合法性问题。[②]

危机后反思资本主义的欧洲学者不少，但主要集中在对新自由主义的声讨、以及批判资本主义导致的“去政治化”和人的自主性的丧失。[③] 这与中国学者对资本主义本身展开抨击的做法有一定区别。[④]

此外，还有学者在现代性的框架下理解欧洲民主与资本主义的矛盾，最具代表性的是英国社会学家德兰蒂（Gerard Delanty）和德国社会学家瓦格纳（Peter Wagner）。两人都认为作为现代性的两个主要制度，民主与资本主义之间存在深刻矛盾。瓦格纳指

---

① Wolfgang Streeck," The Crisis of Democratic Capitalism", *New Left Review*, 71, September-October 2011, pp. 5 – 29.

② Fritz W. Scharpf, “Monetary Union, Fiscal Crisis and the Disabling of Democratic Accountability”, in Wolfgang Streeck, Armin Schäfer eds., *Politics in the Age of Austerity*, Cambridge: Polity Press, 2013.

③ 如：Thomas I. Palley, “Europe's Crisis without End: The Consequences of Neoliberalism”, *Contributions to Political Economy*, Vol. 32, No. 1, 2013, pp. 29 – 50; Birgit Mahnkopf, “The euro crisis: German politics of blame and austerity – A neoliberal nightmare”, *International Critical Thought*, Vol. 2, No. 4, 2012, pp. 472 – 485; Paul Blokker, “The European crisis and a political critique of capitalism”, *European Journal of Social Theory*, vol. 17 no. 3, August 2014, pp. 258 – 274.

④ 中国学者认为欧债危机是“当代资本主义一体化异化噩梦”，是资本主义基本矛盾的集中表现。参见蒋永穆、杨少垒：“欧债危机当代资本主义一体化异化噩梦”，《政治经济学评论》，2012 年第 2 期；应霄燕：“主权债务危机是金融资本主义的主要危机形态”，《马克思主义研究》，2011 年第 7 期。

出，经济现代性与政治现代性的矛盾日益突出，政治公民与社会/经济公民难以合一。① 德兰蒂指出，危机“标志着资本主义进入了新阶段，导致欧洲社会资本主义模式以及更广泛而言欧洲社会模式破碎……鉴于问题的全球规模、危机管理的动荡后果、新型运动方式的出现，国家不再拥有调和资本主义与民主的能力”。他还特别指出，欧洲内部有不同的现代化模式、以及欧洲的民主问题要最终从泛欧社会的形成去寻找出路。②

除以上四种主张外，也有人强调其他一些微观技术层面的因素，如认为缺少应急机制、缺乏强有力领导人、领导人沟通不良、负面新闻的作用等等，不一而足。③

总体而言，在探讨欧洲债务危机形成原因方面，“欧元缺陷论”是建立在“最优货币区”这一严格的、成熟的经济理论模型之上的，代表了西方经济学界的主流看法。“经济失衡论”所依

---

① Peter Wagner, “The democratic crisis of capitalism: Reflections on political and economic modernity in Europe”, *LSE ‘Europe in Question’ Discussion Paper Series*, No. 44/20 11, December 2011.

② Gerard Delanty, “Europe in an age of austerity: Contradictions of capitalism and democracy”, *International Critical Thought*, Vol. 2, No. 4, 2012, pp. 445 – 455; Gerard Delanty, *Formations of European Modernity: A Historical and Political Sociology of Europe*, New York: Palgrave Macmillan, 2013.

③ Benjamin Braun, “Preparedness, Crisis Management and Policy Change: The Euro Area at the Critical Juncture of 2008 – 2013”, *The British Journal of Politics & International Relations*, August 2015, Vol. 17, No. 3, pp. 419 – 441; Femke van Esch and Marij Swinkels, “How Europe’s Political Leaders Made Sense of the Euro Crisis: The Influence of Pressure and Personality”, *West European Politics*, Vol. 38, No. 6, 2015, pp. 1203 – 1225; Vivien A. Schmidt, “Speaking to the Markets or to the People? A Discursive Institutionalist Analysis of the EU’s Sovereign Debt Crisis”, *The British Journal of Politics & International Relations*, Vol. 16, No. 1, Jan 2014, pp. 188 – 209; Mark Mink and Jakob de Haan, “Contagion during the Greek sovereign debt crisis”, *Journal of International Money and Finance*, Vol. 34, April 2013, pp. 102 – 113; Torben M. Andersen, “Fiscal policy targeting under imperfect information”, *Journal of International Money and Finance*, Vol. 34, April 2013, pp. 114 – 130.

托的“资本主义模式”理论，相对不那么严格和成熟，但仍属西方政治经济学的主流。与之相比，“政经失调论”和“本质矛盾论”的研究方法最具欧洲特色，兼收经济学、政治学、社会学成果，文思多于实证，体现了左翼学术传统的批判力度。

任何关于欧洲债务危机的解读，固然都有其长处，但“本质矛盾论”带有明显的历史唯物主义意味，更加强调不能只从某个侧面来理解欧洲债务危机，而应解释为何欧洲债务危机演变为一场全面的、有机的、牵涉到了深层规范的、长远影响欧洲发展前景的危机。“本质矛盾论”是这四种理论中时空跨度最大、解释现象最多、跨学科色彩最浓的一种，对于中国学界而言，更具有启发性。

三、方法与结构

考察欧洲债务危机，不能仅仅局限于危机从开始到结束的这短短几年，也不能仅仅局限于某个政策领域、某个国家，甚至不能局限于欧元区或欧盟之内，而需放在一个更大的时空背景下考虑。一个理解框架应该有多“宽”，应以能有效解释问题为标准。欧洲债务危机与资本主义的危机循环、国际金融机制、地区一体化、战后福利国家等诸多重要问题，都有着极为密切的联系，这也就意味着不能就欧洲谈欧洲、就危机谈危机，而要在全球中探求欧洲特色，在历史中寻找危机起源。

黑格尔说过，概念是一些事物的核心、命脉、源泉，是一切事物的先决条件和前提，是一切事物的本质。[①]“民主资本主义”这一概念，能够提供足够宽广且具解释力的时空框架。民主与资本主义都是现代性的核心制度。过去数百年间，西方文明最重要

① 马原生、曹奎：《辩证法的发挥》，当代中国出版社，1992 年版，第 14 页。

的转折就是现代化。二战后，以西方民主和资本主义为代表的现代化模式扩展至全球，并在冷战结束后成为现代化的“标准”模式。民主与资本主义的互动，很大程度上塑造了欧洲的政治经济生活。①

本书尝试在西方主流政治经济学和马克思主义政治经济学一些重要进展的基础上，对“民主资本主义”理论做出新的发挥。本书的核心思想是，强调民主资本主义的两个核心矛盾，一是“平等”，二是“边界”。民主资本主义要时时平衡协调好这两组矛盾。欧洲当前的困境，便是未能协调好这两组矛盾所致。

之所以考察民主与资本主义的关系，而不是考察社会与市场的关系、或政治与经济的关系，是因为“资本主义”是马克思主义理论特有的表述，通过这个表述，可以更好地运用马克思主义的分析方法。马克思力求用客观和科学的方式分析资本主义，从而发现客观的运动规律。他借助辩证法达到了宽广的历史视野和敏锐的洞察力。吉登斯（Anthony Giddens）辨别出七种对马克思主义的不同解释：作为历史分析的一种方法论规定；作为研究人类生活的一种手段；作为对劳动在人类生活中重要性的一种强调；作为社会变革的一种理论；作为人类意识的一种理论；作为强调阶级关系和阶级冲突在人类社会的中心地位的一种理论。②

---

① 大致而言，现代性指一种社会生活或组织模式，约 17 世纪在欧洲出现，此后逐渐扩至全球，到 19 世纪影响已经确立。现代性源自欧洲启蒙运动，启蒙运动代表着理性、科学、知识与生产的标准化，以及对进步、普世与真理的信仰。二战后，现代性也有了新的发展，在现实中欧盟成为全球最大的“后现代国家集团”，而在理论上“反思现代性”“后现代”“多元现代性”的研究兴起。关于现代性的哲学评述，参阅［美］凯瑟琳·扎科特、迈克尔·扎科特著，宋菲菲译：《施特劳斯的真相：政治哲学与美国民主》，商务印书馆，2013 年版，第 73—94 页。

② Anthony Giddens, *Central Problems in Social Theory*, London: Macmillan, 1979, p. 150. 转引自：［英］R. J. 约翰斯顿著，蔡运龙、江涛译：《哲学与人文地理学》，商务印书馆，2010 年版，第 165 页。

本书所体现的“马克思主义”，应作“历史分析的一种方法论规定”、“研究人类生活的一种手段”理解。也就是说，本书的分析是辩证的、唯物的、历史的。本书认为，民主是基于物质现实的一种社会构建，民主与资本主义存在相辅相成的辩证统一关系；本书反对历史决定论，也反对不可知论，而是认为历史有一定的规律性和目的性，但个人仍可发挥主观能动性创造历史。具体写法上，本书受到马克思、哈维等人的影响——先提出一个概念，然后不断地扩展，用来解释无穷无尽的现象，并在各种现象之中去进一步细化、深化理论。

本书写作框架如下：

第一章（本章）介绍民主资本主义理论，评述欧洲债务危机相关文献，并对全书作一总体介绍。这一章中的理论是全书的重中之重，是总纲，阐发了民主与资本主义的关系、民主资本主义的核心矛盾、以及民主资本主义的危机。此部分参考了关于资本主义和民主的大量经典文献；英国社会学家马歇尔关于公民身份的论述，为文章最终落笔成型提供了重要灵感。

第二章梳理出欧洲债务危机的主要逻辑，为后文进一步剖析打下基础。这一章篇幅较长，力求既有史家的生动笔触，也有社会学家的冷峻观察。这一章梳理了欧洲债务危机期间资本的逻辑、民主的逻辑，以及描述了危机期间民主资本主义的核心矛盾的凸显。本章主要思想，来自于美国经济学家布坎南（James M. Buchanan）和经济思想史学家海尔布隆纳。

第三章和第四章对欧洲债务危机的起因和发展进行解释。第三章“欧洲债务危机的历史性解释”，分析二战后西方各次主要经济危机（同时也是政治社会危机）的形成过程及其与当前危机的系统性联系，以此说明为什么欧洲爆发主权债务危机。之所以称之为“历史性解释”，是因为这一章主要是按照时间顺序来论述的。民主资本主义有两个核心的内在矛盾，一为平等，二为边界。关于平等的协调主要在一国内部、欧元区内部进行，不涉及区域的变化，因此要依时间顺序叙述。这一章认为，欧洲债务危机与历史上的数次危机环环相扣，有很强的相关性。在历次经济危机中，政府都面临民主与资本主义的两难：民众都要求政府提供增长与福利，而政府囿于市场限制都难以做到。这一章的主要思想，来自德国社会学家施特雷克（Wolfgang Streeck）。

第四章则是欧洲债务危机的“空间性解释”。在这一章中，我们将讲述民主资本主义的另一个核心矛盾——边界的矛盾，以及欧洲债务危机如何在形成和发展过程中体现了这个矛盾。民主资本主义的地理范围成为重要的变量。欧元区的诞生固化了欧洲不同发展模式之间不对称的相互依存关系，这某种程度上成为欧洲债务危机久拖不决的原因。而随着全球化的深入发展以及欧洲经济区在全球经济中竞争力下降，欧洲无力主导全球政经的发展，进一步加重了危机。本章关于资本主义模式的思想主要来自霍尔和杰索普（BobJessop），而关于资本主义空间的研究，则深受哈维、沃勒斯坦（Immanuel Wallerstein）以及当代德国的哲学家斯洛特戴克（Peter Sloterdijk）的影响。

第五章在此基础上对民主资本主义理论作进一步发展，并回答一些未尽问题，其中包括：民主资本主义的核心矛盾什么时候能被“掩盖”而什么时候会引发危机；民主资本主义的发展趋势及其核心矛盾的新表现形式；全球不同资本主义模式对欧洲大陆民主资本主义的影响。本章主要是从哈贝马斯、奈格里、哈特以及布赞（Barry Buzan）等人的著作中得到启发。

第六章总结全书，并节录了一些未尽之言，包括展望欧洲民主资本主义的未来、阐述欧洲的再领土化思潮以及分析中国与欧洲的关系。

如前文所言，本书贯穿了两条主线：一为民主资本主义理论，二为欧洲主权债务危机这一事件。二者相应相和，如同探戈的舞步。舞曲并非在高亢音符中嘎然而止，而是似有还无，留有余味。

第二章

欧洲主权债务危机

欧洲主权债务危机是欧洲民主资本主义困境最新的集中表现。危机虽已过去，但其纷乱的头绪、难测的影响，仍如迷雾一样困扰着人们。本章旨在梳理欧洲主权债务危机的主要逻辑，为后文进一步剖析打下基础。所谓欧洲主权债务危机的主要逻辑，指的是危机期间的行为、制度、思潮所因循的逻辑，这些逻辑能够反映出政治利益，能够显现出社会后果，却难以为置身于危机当中的单个的人所察觉。

一、危机概述

债务差不多和贸易一样古老，债务的历史比货币的历史还要久远。[①] 债务虽然不是资本主义特有的现象，却是资本主义的核心问题。资本主义制度下，资本需要不断地积累和扩张，利息、

① 债务在货币经济出现以前的自然经济中就存在。社会一旦有了少许私有财产，某个家庭便可以比别的家庭较为富有。因此，人们在困难时，自然会向较富裕的邻人借取有余的谷或家畜，答应在相当时间以后偿还，并且加上若干分量。在古罗马帝国时期，已经有金融家创设了各种近似于近代的股份银行。创立于苏拉(Sulla）时期的亚细安尼公司（Asiani Company）的资本异常雄厚，它可以把2万塔连巨款借给国家。20年后，这笔借款增值到12万塔连。参见考茨基著，叶启芳等译：《基督教之基础》，生活·读书·新知三联书店，1955年版，第85—106页。

信用、债务都是资本循环中不可分割的部分。19世纪奥地利经济学家庞巴维克（Eugen von Böhm-Bawerk）曾说过，储蓄是将现在的消费推迟到未来，债务则是提前了的未来消费，或者说是把未来消费提前到现在。[①] 对于任何脱离了以物易物阶段的社会而言，债务都是不可或缺的部分。没有债务，金融和贸易根本无从谈起。债务让闲置存款变成具经济价值的东西，从而推动经济增长。然而，借下没生产效益的债务，却会拖累经济活动。而如果任由债务大幅膨胀，更会形成一股摧毁经济的强大力量。

欧洲的主权债务危机便是“任由债务大幅膨胀”所导致的危机。所谓“主权债务”，指的是政府借下的债务。政府借债，一般说来比私人和企业要“有担当”，有借有还。但既然是借债，就有“还不起”“赖账”“违约”的可能，政府借债也不例外。欧洲主权债务危机的直接诱因是某些欧洲国家政府欠账过多，市场担心政府还不起钱，因此推高这些政府债券的利息，导致重债国政府借钱成本上升，财政越发紧张，债务违约的可能性越来越大。

欧洲重债国主要包括希腊、葡萄牙、西班牙、意大利、爱尔兰（媒体称其PIIGS，即“欧猪国”，由五国国名首字母相连而成）。重债国也是欧元区国家，这些国家一旦违约，势将导致欧元大幅贬值，进而影响所有欧元区国家的经济。因此上述国家出现违约可能后，欧元的信誉也受到了质疑，主权债务危机又演变成欧元危机。

冰冻三尺，非一日之寒。欧洲之所以能出现主权债务危机，并不独独是重债国政府的问题，而是反映了战后西方世界以及欧洲的一些普遍问题。

---

① ［美］默瑞·N. 罗斯巴德著，张凤林等译：《古典经济学：奥地利学派视角下的经济思想史》（第二卷），商务印书馆，2012年版，第225页。

第一，二战结束之后，西方普遍实行凯恩斯主义经济政策，建设福利国家，因此政府的财政支出日益增加。这在经济景气时尚不是问题，但随着经济放缓、社会老龄化、增税空间越来越小，政府的债务负担也会越来越重。后来虽然西方国家也作了市场化改革和福利改革，但“高财政支出”的格局并未根本改变。

第二，欧元的成立导致南欧国家更易借债。1999 年欧元区成立之后，南欧国家的政府信用提高，借债利息下降，南欧政府借债更为容易。在资金充裕的情况下，南欧国家实施扩张性的财政政策，通过国内消费来拉动增长。这恰好为北欧所乐见。北欧国家因加入欧元区而货币贬值，刺激了出口，相当一部分出口销往南欧国家。与此同时北欧国家的贸易盈余所积累的大量资金也需要寻找投资渠道，这些资金中的相当一部分购买了南欧国家的政府债券。因此，欧元推出十余年后，长期实行扩张性财政政策的南欧国家积累了相当债务。2008 年年底爆发的全球金融危机导致欧洲各国纷纷斥巨资救助银行和刺激经济，政府支出在短时间内迅速攀升。

第三，2008 年美国次贷危机爆发后，欧洲受牵连，各国纷纷救助金融机构，出台经济刺激计划，扶持产业，救助弱势群体。出于对银行危机波及实体经济的担忧，各国对银行的救助力度空前，手段多是利用公共基金、政府担保等为银行注资。随着金融危机波及实体经济，各国又开始推出庞大的经济刺激计划。欧盟在 2008 年 12 月的峰会上推出了 2000 亿欧元的“欧洲经济复苏计划”（EERP）。在该计划下，欧盟各国共出台 176 项刺激投资的措施，整个刺激计划的规模相当于国民生产总值（GDP）的 1.8%。[①] 再加上各种扶持具体产业的开支和迅速增加的福利开

① “The EU ‘sresponse to support the real economy during the economic crisis: an overview of Member States’ recovery measures”, *European Economy*, Occasional Papers 51, July 2009, pp. 15 – 52.

支，2008 年之后欧洲政府债务出现了跳跃式增长。欧盟各国政府债务在 2007—2010 年间平均上涨了 20%。[1] 国际公认的公共债务占 GDP 比例的安全线是 60%，欧盟《稳定与增长公约》规定的上限也是 60%。在希腊加入欧元区的 2001 年，欧元区 12 个国家中，只有比利时、希腊、意大利和奥地利超过这一警戒线。但到 2012 年，在欧元区 17 个成员国中，有 12 国的公共债务比例超过了《稳定与增长公约》规定的 60% 的上限，只有芬兰、卢森堡、斯洛伐克、斯洛文尼亚和爱沙尼亚 5 国达标。债务问题已经从欧元区成立时的“个别现象”发展为“普遍问题”。[2]

“欧猪国”的政府债务情况恶化尤为严重，市场担心重债国还不起债，致使这些国家的政府债券利息不断攀升。而高利息进一步加重了这些国家的还债负担，使其愈发还不起债务，进入恶性循环。

2009 年底，希腊主权债务危机爆发。当时刚上台不久的希腊新政府表示，此前的财政数据有误，并大幅调高了政府预算赤字。不久后媒体又披露了希腊为符合欧元区规定而做假账的“旧闻”。市场对于希腊的情况十分忧虑，国际信用评级机构纷纷大幅调低希腊的主权信用等级。在这种情况下，希腊的国债收益率大幅攀升，超过了德国 1000 个基点，意味着希腊政府基本上已经无法再从国际市场上筹钱。这也就是说，希腊政府面临破产。而一旦希腊破产，那么爱尔兰、西班牙、葡萄牙、意大利的债券持有人将会抛售债券，这几国也会破产。而如果意大利破产，那么法国恐将也步其后尘。这样一来，欧元区就将土崩瓦解。这就是欧洲债务危机爆发时的危急情形。

---

① European Commission, *Annual Growth Survey* 2012, COM (2011) 815 final, Vol. 1/5, 2011.

② 刘明礼：“试析欧元区的困境与前景”，《现代国际关系》，2013 年第 7 期。

为应对主权债务危机，欧洲于2010年率先退出全球财政刺激计划行列，转而“省钱还债”。法国和德国宣布欧元区成员国准备向希腊提供450亿欧元的贷款，后来又将金额追加到1100亿欧元。但这并未平息国际市场恐慌。2010年5月，欧盟又提出了7500亿欧元的救助方案（包括欧盟出资600亿欧元、成员国出资4400亿欧元、国际货币基金组织出资2500亿欧元），以及推出“欧洲金融稳定基金”（EFSF）。需要救助的国家可以向EFSF提出申请，欧盟委员会、国际货币基金组织和欧洲央行（即所谓“三驾马车”）将在欧盟各国财长同意的情况下决定贷款数额。德国是最大的出资方，其次是法国和意大利。EFSF是一个临时机制，2012年初，欧盟成员国同意将EFSF变为永久性的“欧洲稳定机制”（ESM）。在EFSF机制下，希腊被许诺可获得2460亿欧元的贷款，爱尔兰为670亿欧元，葡萄牙为780亿欧元，西班牙为410亿欧元。但EFSF的救助是有严格条件的：第一，希腊的私人债主必须接受53%的损失；第二，希腊的财政赤字被要求3年减11%，爱尔兰5年减9%，葡萄牙3年减6%。[①] 为了减少财政赤字，这些国家需要推行福利制度改革。希腊的养老金削减了49%，而公营部门的工资减少了38%。[②] 第三，重债国被要求推行结构性改革，包括国有企业的私有化、劳动力市场的自由化改革等。

救助重债国符合欧元区和欧盟的利益，因为市场已经将欧洲债务危机视作欧元的危机。欧盟努力通过各种办法来减轻市场的疑虑，以使重债国能够继续筹措资金渡过难关。欧

① Randall Hansen and Joshua C. Gordon, “Deficits, Democracy, and Demographics: Europe's Three Crises”, *West European Politics*, Vol. 37, No. 6, 2014, pp. 1199–1222.

② Andrew Rettman, “Greece says creditors' demands ‘absurd’”, Euobserver, 26 June 2015.

盟大抵有两种应对办法：一是给重债国提供足够的钱或担保，消除市场的恐惧，这样重债国政府就能继续借债渡过难关；二是让重债国彻底改掉“乱花钱毛病”，通过削减福利和开支迅速把债务降到健康水平。总体而言，欧盟在应对危机过程中双管齐下，但偏向后一种办法。第一种办法往往雷声大雨点小，而且通常以第二种方法为前提：“三驾马车”在给重债国提供贷款援助的时候，无不以“紧缩”和“改革”为附加条件。全球金融危机后期，西方各国普遍施行了紧缩政策，希望能将政府债务控制在一定程度上，而欧洲的紧缩政策执行得格外严格。

为了使各国能够控制政府赤字、“节俭度日”，欧盟建立起了一套严密的财政监管体系。2011 年 11 月，欧盟峰会通过“六部立法”一揽子改革法案，主要内容包括强化欧盟尤其是欧元区财政纪律、加强对成员国经济和财政监督、增进成员国间经济政策协调等，这在当时被认为是欧元区 1999 年成立以来最重大的一次经济治理改革。2012 年 3 月，欧盟峰会又通过“财政契约”（全称《欧洲经济货币联盟稳定、协调和治理公约》），除英国和捷克以外的 25 个欧盟成员国全部签署。“财政契约”是《稳定与增长公约》的升级版，强化了财政纪律和惩罚机制。“财政契约”规定，年度结构赤字不得超过国内生产总值的 0.5%，政府债务不得超过国内生产总值的 60%；欧盟委员会和理事会对违背预算纪律、赤字标准和债务比率的缔约国有一定的财政监督权力。2013 年 5 月，欧盟又通过了旨在进一步加强财政监管的“两部立法”。这几部法律，就像套在欧盟成员国头上的一道道“紧箍咒”，使各国政府不敢再“乱花钱”。

表 2—1　欧债危机下欧盟财政监管法律措施一览表

	六部立法（Six Pact）	财政契约（Fiscal Compact）	两部立法（Two Pact）
法律名称	（1）针对过度不平衡 《2011 年 11 月 16 日欧洲议会和理事会关于预防和纠正宏观经济不平衡的第 1176/2011 号条例》；《以执行措施纠正欧元区宏观经济过度不平衡的第 1174/2011 号条例》； （2）针对预算控制 《修订〈关于加强对预算状况监管和对经济政策监管与协调的第 1466/97 号欧共体理事会条例〉的第 1175/2011 号条例》；《修订〈关于加速实施过度赤字程序并予说明的欧共体第 1467/97 号条例〉的第 1177/2011 号理事会条例》；《关于有效执行欧元区预算监管的第 1173/2011 号条例》；《关于成员国预算框架要求的第 2011/85/EU 号理事会指令》。	《经济货币联盟稳定、协调与治理条约》	（1）加强欧元区遭受严重困难的成员国经济与预算监管条例； （2）监管和评估预算计划草案共同规则和确保欧元区成员国过度赤字纠正的条例。
性质	5 部欧盟条例和 1 部欧盟指令	国际条约	两部欧盟条例
参与国	欧盟 27 国（2013 年 7 月 1 日后为 28 国），其中两部仅针对欧元区成员国	除去英国和捷克的欧盟 25 国	两部都仅针对欧元区成员国
生效	2011 年 12 月	2013 年 1 月	2013 年 5 月
主要内容	更严格和更多财政监管，例如债务标准和开支规则；更多宏观经济监管；新决策程序；对成员国预算框架的最低要求。	限制结构赤字，最好转化为成员国宪法；欧元区国家承诺原则上接受委员会关于过度赤字程序的建议；欧洲法院取得有限管辖权。	对接受援助的成员国实施更严格的财政监管；预算监管共同规则；纠正过度赤字。

资料来源：叶斌："欧洲债务危机下欧盟经济治理与财政一体化的立法进展"，《欧洲研究》，2013 年第 3 期，第 62—63 页。

欧洲的经济在2009年受严重冲击，后缓慢回升，但势头很弱，甚至出现“二次探底”。据经济合作与发展组织（OECD）数据，欧盟2008—2013年的经济增长率分别为0.3%、-4.4%、2.1%、1.7%、-0.4%和0.0%；欧元区分别为0.5%、-4.5%、2.0%、1.6%、-0.7%、-0.5%；2013年，希腊GDP比2008年减少了26%，西班牙减少了5%，葡萄牙减少了2%，意大利基本持平。

危机下民众生活本已困难，而“反危机”手段的选择进一步加重了危机的社会和政治影响。经济宏观调控手段有四种——财政、货币、汇率和收入政策，货币与汇率政策对社会的影响比较间接和隐蔽，政治上更可行，但各国限于欧元区的制度安排而无法使用（直到欧洲债务危机后期，欧洲央行才开始调用货币与汇率政策）。欧洲主要使用的是政治上较敏感的财政政策——前期应对全球金融危机用的是财政刺激政策，持续一年左右，随后应对欧洲债务危机用的是紧缩政策。欧洲的紧缩政策——如削减公务员工资或岗位、提高退休年龄、增加税收等与普通民众关系甚大。

二、资本的逻辑

欧洲债务危机的产生和解决基本上由国际资本决定——国际资本担心政府债务过高而引发危机的扩大，而欧洲债务危机的解决也以国际资本的满意而告成功。显然，并非所有的国际资本都朝同一个方向运动，但为了理解问题，不妨将国际资本作为一个抽象的整体。

在这里，要提出如下几个问题：（1）国际资本为什么要“干涉”一些国家的政府债务问题？（2）国际资本主导欧洲债务危机的手段是什么？（3）为什么这个手段能够有效？

（一）资本的忧虑

首先探讨第一个问题：国际资本为什么要“干涉”一些国家的政府债务？

无论是古代还是现代，筹资能力都是衡量政府执政能力的一项极其重要的指标，直接关系到政府的强弱乃至生死存亡。各种形式的税收是大家熟知的一种筹资方式，但这往往是不够的。增发货币、发行国债、通货膨胀等都是现代政府常用的筹资方式，只是较为隐蔽而已。第二次大战以前，西方占主流地位的古典经济学认为，发行政府债券会增加未来纳税人的负担。但二战后，新古典综合派逐渐改变了这种看法，加之国家逐渐增加了许多公共职能，如经济干预、科学研发、社会福利等等，需要更多的财政预算支出，因此发行政府债券成为了西方政府常用的筹资手段。另一方面，20 世纪 90 年代以来，新自由主义经济学得势，金融技术也有了新的发展，银行将政府债务再打包出售，加速了政府债务的流通。

从某种意义上说，发行政府债券对政府和对投资者都有好处。政府能够筹资，而投资者也有了稳定可靠的投资渠道。私人投资者是为了追求投资回报才购买政府债券的，而绝不是为了给政府捐钱。对于私人投资者而言，购买政府债券是追求资本增值的一种手段，既然这样，投资者就希望政府能够保证这项投资的利润预期。一般情况下，政府债券的回报是可靠的——毕竟政府的信誉比私人机构更高。但是，如果出现战争、社会动荡、货币快速贬值等各种情况，投资者也会觉得购买政府债券风险太大。在欧洲债务危机的例子中，投资者认为一些欧洲国家的政府债务过高，高到以致于可能会还不起债，也就是说认为投资这些国家的债券风险较大，因此不太意愿再购买。这样一来，为了吸引购买者、售出债券，重债国就得提高利息。于是，这些国家的政府债券利息不断上升，而高利息进一步加重了这些国家的还债负担，使其愈发还不起债务。这种恶性循环最终导致了主权债务危机。

上述解释还隐含了一个问题：政府负债到什么程度，才会让国际资本觉得不安全，以致到引发危机的程度？欧债危机之后，“债务多少合适”这个问题引发了热烈的学术争论和政治争论。但从近年的争论看来，这个问题没有学术定论，而且学术研究的结果也与政治风气紧密相连。

2010 年，美国哈佛大学经济学家莱因哈特（Carmen Reinhart）和罗戈夫（Kenneth Rogoff）合作撰写了一份研究报告《债务时代的增长》，探讨债务与增长的关系。这篇报告很适时地为多国实行紧缩政策提供了学术支持。报告对 44 个国家近 200 年的债务比重及经济增长率作了严格的数据分析，根据分析结果，政府债务对 GDP 比例一旦突破 90% 的门槛，增长潜力将随之下降。而在新兴国家，这个门槛甚至更低，一旦政府债务对 GDP 的比例突破 60%，GDP 的年增长率就会下降。[①]

90% 这个数字迅速引起关注，并成为政界经常援引的施政依据。后来又有几份报告计算出了不同的“门槛”值，但大致都认为政府债务高到一定程度就会对经济造成损害。2010 年国际货币基金组织（IMF）的一份报告支持“90% 门槛”；2011 年国际清算银行的一份报告将门槛定在 85%。[②]

但是，随着紧缩政策的推行，对紧缩不满的声音越来越多，

---

① Carmen M. Reinhart and Kenneth S. Rogoff，“Growth in a Time of Debt”，NBER Working Paper No. 15639，January 2010.

② Manmohan Kumar and Jaejoon Woo，" Public debt and growth"，IMF Working Paper，July 2010；Stephen Cecchetti，Madhusudan Mohanty and Fabrizio Zampolli，" The real effects of debt"，BIS Working Paper 352，September 2011.

无论是来自民众还是来自重债国政府。2012 年 5 月，法国社会党人奥朗德以“反紧缩”为口号竞选总统成功，在欧盟内拉开了反紧缩的序幕。

到了 2012 年底，学术风向也开始出现变化。IMF 的一篇报告指出，债务率与增长率之间不存在“特别的门槛”。[①] 2013 年 1 月，IMF 另一份报告认为，发达国家中普遍施行的紧缩政策导致了超过预期的低增长，并表示经济学家们可能低估了财政紧缩对就业、消费所带来的负面影响。[②] 到春末，认为美欧“紧缩过了头，拉低了经济增长”已成为经济学界的主流观点。IMF 主席拉加德在鼓励“平衡预算”之余，开始呼吁各国重新评估紧缩政策所带来的影响。[③] 几乎与此同时，又有一份重要研究报告引起了人们的关注，这份研究报告猛烈抨击了 2010 年哈佛经济学家提出的“90% 门槛”理论。抨击的依据是有一些样本明显缺乏代表性，而且 Excel 软件中的一个编码错误导致样本少算了几个国家。经过重新估算，这份报告认为，在二战之后，政府债务与 GDP 的比值超过 90% 之后，仍会平均获得 2.2% 的增长率。[④] 这等于是从学术上推翻了过去几年政界广泛引用的紧缩依据。

在学界施加压力、国际机构敦促和内部抗议的情况下，欧盟终于表示要调整紧缩政策。2013 年 4 月 22 日，欧盟经济委员雷恩（Olli Rehn）表示：“在一段时间内，减少开支和借债来缓和

① “The good, the bad, and the ugly: 100 years of dealing with public debt overhangs”, IMF World Economic Outlook, Chapter 3, October 2012.

② Olivier J Blanchard and Daniel Leigh, “Growth Forecast Errors and Fiscal Multipliers”, IMF Working Paper No. 13/1, January 3, 2013

③ Don Lee, “Europe austerity strategy is hurting growth, IMF says”, *Los Angeles Times*, April 19, 2013.

④ Thomas Herndon, Michael Ash and Robert Pollin, “Does high public debt consistently stifle economic growth? A critique of Reinhart and Rogoff”, PERI Working Paper 322, April 2013.

市场对债务失控担忧是必要的，特别是在欧洲边缘的国家。这段时间已经过去了。"① 到2013年5月，一向在紧缩问题上持强硬立场的德国终于做了妥协——允许法国、西班牙、荷兰分别延期两年、两年和一年财政达标，此外同意使用紧缩之外的手段来挽救欧洲经济——不再坚持要先修约才能建设银行联盟、允许欧洲央行降息到0.5%。

由上文可见，"债务多少合适"不是一个纯学术问题，至少不是一个纯经济学问题。它是由资本、政治、社会多方博弈的一个现实结果。在一段时间内，各方会对"债务多少合适"有一个主流的共识。而投资者将参看这个标准来判断一国政府债务是否过高。

（二）资本的预期

与政府"债务多少合适"问题类似，一个国家的国债收益率的高低，似乎也不是由纯经济因素决定的。

在学术界，对危机期间南欧国家高企的国债收益率有两种解释。一派学者认为，一国经济的基本面好、经济发展健康，它的国债就能得到市场的青睐；南欧国家等国的国债不受市场欢迎，是因为这些国家的经济基本面出了问题，特别是政府债务与GDP的比例过高。② 另一派学者认为，国债收益率不完全由经济基本面决定。比如说，美国、日本的政府债务与GDP的比例比南欧国家还高，但它们的国债收益率却较低。因此，市场对一国经济的观感和预期才决定了这个国家的国债收益率，这个观感和预期往

---

① Gavin Hewitt, "Europe: Retreat from austerity", BBC, 23 April 2013.

② John Beirne, Marcel Fratzscher, "The pricing of sovereign risk and contagion during the European sovereign debt crisis", *Journal of International Money and Finance*, Vol. 34, April 2013, pp. 60 – 82.

往和经济基本面不完全相符。影响市场预期的原因很多，包括欧元区这一货币联盟的特殊情况、媒体的负面报道等。[①] 上述两派看法并不完全排斥。综上可大致认为，市场评判一国政府是否“还得起钱”，主要参看该国的经济基本面，但也考虑其他因素，而且这个过程可能也会掺杂非理性因素。具体到欧洲债务危机，市场认为南欧等国家的政府债务过高、经济增长乏力，债务违约风险较大；欧元区没有财政转移支付功能，即其他的欧元区国家不会将自己的财政收入用来替重债国还债，加大了违约风险；媒体的炒作和恐慌情绪的蔓延，强化了市场对主权债务违约风险的负面预期。在各种因素的复杂综合作用下，市场对一些欧洲国家的债务问题的担心在某个点演变成为危机的导火索。

早在20世纪40年代，波兰经济学家卡莱斯基便指出，投资者的信心是影响经济表现的重要因素。而投资者的信心取决于政权对利润预期的 保护。一旦投资者认为政府政策有损于其投资预期，就会减少投资，最终导致经济失灵。[②] 国际资本因认为政府政策（高债务）影响了其对国债投资的预期，便减少对该国国债的投资，最终导致危机。或者可作更为广义的解读——国际资本认为政府政策（高债务）将导致该国的经济环境恶化，影响其对该国的投资预期，于是便减少对该国的投资，突出体现为减少对该国国债的投资。这并非欧洲债务危机下的特殊现象，而是反映了资本主义运行的一个根本特点。

---

① Paul De Grauwe and Yuemei Ji，“Mispricing of Sovereign Risk and Macroeconomic Stability in the Eurozone”，*JCMS*：*Journal of Common Market Studies*，Vol. 50，No. 6，November 2012，pp. 866 – 880；Mark Mink and Jakob de Haan，“Contagion during the Greek sovereign debt crisis”，*Journal of International Money and Finance*，Vol. 34，April 2013，pp. 102 – 113；Torben M. Andersen，“Fiscal policy targeting under imperfect information”，*Journal of International Money and Finance*，Vol. 34，April 2013，pp. 114 – 130.

② Michal Kalecki，“Political Aspects of Full Employment”.

但是，国际资本与各国政府的关系是共生的。国际金融机构与重债国政府之间的关系十分微妙：金融机构并不愿让重债国真的破产从而使自己蒙受重大损失，因为金融机构也需要政府债券继续作为投资渠道。德国和法国之所以如此关心希腊问题，无非是因为这两国银行的资产负债表上，都记有天文数字的希腊债务账目，足以导致各银行资不抵债。由于直接挽救银行成本过高，欧盟领导人认为最好的办法是设立基金，而由各国政府以及欧洲央行提供担保，实则不过拐个弯由纳税人出钱而已。

（三）资本的优势

一旦投资者认为一个政府的债务过高，以至于会威胁自己的投资回报的时候，就会有所行动，维护自身利益。作为个体投资者，他可以抛售手中的政府债券。但如果把投资者看作一个集体的话，这个集体就会向政府施压，让政府削减债务。这样一来，就引出了第二个问题：国际金融机构如何做到使重债国政府的行为符合自己的利益呢？或者说，国际资本主导欧洲债务危机的手段是什么？

对这个问题最简单的回答，是国债收益率。全球金融危机之后，原本在全球各处“流窜”的大量流动资金为了逃避风险，纷纷选择相对安全的投资项目。在市场看来，国债是相对安全的投资，美国、德国等一些信誉较高的国债尤其如此。在欧洲债务危机期间，大部分欧洲国家的国债收益率变化不大，但德国、法国的国债收益率大幅降低——意味着在市场上更为抢手，而希腊、爱尔兰、葡萄牙、西班牙、意大利等的国债收益率被大幅推高——意味着市场不愿接手这些国债。比如说，在 2010 年初主权债务危机危急的时候，希腊政府于 1 月 25 日发行 80 亿欧元的 5 年期国债，利率为 6.2%，比德国同期国债高出 381 个基点；而仅3日后，与德国同期国债利差便扩大到462个基点，希腊国债价格暴跌，在二级市场遭到抛售。在2011年，希腊的利息率一度升至15%的水平，任何人都知道该国无力清偿债务。意大利和西班牙的利息率也接近7%与6%水平，亦近无以为继的地步。

私人投资者购买政府债券是为了追求投资回报，因此信誉好、风险低的政府债券利息较低，反之则较高。可以认为，政府债券的利息率也是由供求关系决定的——抢手的债券利息较低，没人要的债券利息较高，国债收益率反映了投资者的投资预期。政府债券的利息一旦走高，就意味着政府需要花更多的钱才能从市场上筹措到资金，等于加重了政府的财政负担。重债国政府的负债本已很高，利息即便增加一点，政府的负担都会大幅增加。因此，为了避免国债收益率被市场推高，重债国政府不得不执行市场所乐见的紧缩政策。有研究表明，一个国家的国债收益率越高，这个国家的紧缩政策就执行得越好。[①] 既然一国国债收益率的高低由金融市场决定，那么金融市场也就能指挥一国实行紧缩政策了。

通过国债收益率来向政府施压，只是一个表面的答案。我们需要进一步探讨，这个手段为什么能够有效。

理论上，重债国政府面临节节攀高的国债收益率，除了减债、紧缩、改革外，还可以有以下选择：一是债务违约；二是通过税收、私有化等手段从国内筹资；三是寻求欧盟帮助以获得资金。

但这三条路都不好走。首先，选择债务违约成本极大。不会有投资者愿意借钱给赖账不还的政府，一个政府如果债务违约，

① 关于国债收益率与紧缩政策之间的关系，参见 Paul De Grauwe and Yuemei Ji，"Self-fulfilling crises in the Eurozone：An empirical test"，*Journal of International Money and Finance*，Vol. 34，April 2013，pp. 15 – 36。

那么就很难再从市场上筹措到资金。如果一个本已靠举债度日的政府突然断了资金来源，那么就意味着这个国家的公务员没有工资，这个国家的退休工人和失业者没有办法向政府申领福利，国家会即刻有陷入社会动荡的危险，投资和消费也会大幅萎缩。这样一个局面，自然是没有人愿意看到的。

其次，国内筹资难度很大。重债国政府确已想尽办法在国内“开源节流”，但是办法不多，效果有限。在国内税率已居高不下的情况下，政府很难再增加税种或提高税率，所以南欧国家一般主要通过打击逃税来增加税收。在福利改革受到民众抵制的情况下也很难短期内大幅削减福利开支，而只能限制“蹭福利”现象——这也是欧盟和欧洲各国普遍收紧了移民和难民政策的原因。将国有资产私有化的做法虽然能筹得部分资金，但远远不足以填补财政缺口。

最后，欧盟的钱并不好拿。其实只要欧盟给重债国提供足够的钱或担保，消除市场的恐惧，重债国政府就能继续借债渡过难关。所有欧元区国家在维护欧元的价值方面都有共同的利益，因此欧元区和欧盟也有救助重债国的动机。但欧盟并非一个主权国家，欧盟没有权力进行“财政转移支付”，欧洲央行也没有权力直接救助成员国，德国等债权国的民众也不允许自己的政府救助“懒惰的希腊人”。欧盟和德国等“金主”为了保证自己的援款能够收回，像国际资本一样将紧缩政策作为伸援手的前提条件。如此一来，重债国政府就别无他法，而不得不执行市场所乐见的紧缩政策了。

总而言之，国际资本具备结构性的优势。欧元本是“单行线”设计，“欧元之父”蒙代尔在设计欧元时，就预想到了欧元所带来的自由主义后果。他认为，欧元区国家使用欧元之后，就失去了对自己货币的汇率调控权，这样一来，如果工会要求涨工资的幅度超过生产率增长的幅度，就会造成工人失业或企业破产。为避免这种情况，欧元区各国政府就只有减少对企业的监管、提高企业的竞争力。[①] 南欧国家采取紧缩政策与此吻合。此外，冷战后愈演愈烈的全球化已改变了民族国家和经济的关系，主权某种程度上与民族国家分离开来。如社会学家鲍曼（Zygmunt Bauman）所指出："政治上的绝对主权（真实的或想象中的）和经济上的自给自足的决裂已经不可能更彻底了并且似乎是不可挽回。"[②]

三、民主的逻辑

欧洲债务危机是经济领域的危机，资本的逻辑相对明显。但欧洲债务危机所涉不止经济领域，如不理解欧洲民主问题，便无法理解欧洲债务危机的发展。民主的逻辑更加隐秘，不像资本的逻辑那样清晰可辩，因而需要更加仔细地探究。

（一）民主与赤字

债务危机的产生和民主看似没有关系，实则不然。如果不是广大民众在民主制度下不断索求政府支出，政府债务便不会累积到这么高的程度。或者说，任何类型的政府都会出现政府债务，但民主政府的政府债务需通过民主制度来理解。

"财政社会学"是理解民主与政府债务关系的一个重要路径。熊彼特1918年发表的《税收国家的危机》一文，是"财政社会学"的奠基之作。熊彼特在这篇文章中指出，社会的财政史使人

① Shawn Tully, "Two legends in economics wrestle over the euro's future", CNN Money, August 9, 2012; Greg Palast, "Robert Mundell, evil genius of the euro", *The Guardian*, 26 June 2012.

② ［英］齐格蒙·鲍曼著：《生活在碎片之中：论后现代道德》，第291页。

们“洞悉社会存在和社会变化的规律，洞悉国家命运的推动力量，同时也能洞悉具体的条件，特别是组织形式发展和消失的方式”。他已经预见到：“国家财政能力有着它的局限性……如果人民的意志要求公共开支不断增长；如果越来越多的资料被用以为某些目的服务，而作为个体的个人却还没有生产出服务于这些目的的资料；如果越来越多的力量都支持此种意志；如果全体人民最终都被某种关于私有财产和生产方式的崭新思想所支配；那么，税务国家的历史使命就将完结，社会就将不得不依靠自身利益以外的其他动力来推动经济。这个极限，以及伴随着这个极限而来的税务国家所无法度过的危机，肯定会成为现实。毋庸置疑，税务国家将会崩溃。”①

分配功能是任何政治制度都具备的核心职能，民主制度也具有分配功能。民主在本质上是追求平等的一种制度，民主制度下的政治诉求，过去是法律平等、政治平等，20 世纪 70 年代以来，扩大为对一系列更为广泛的权利——政治权利、公民权利和社会权利——的诉求。民众对政府的期望越来越高，不断争取越来越多的权利，如最低收入、免费教育、医疗保险等等。经济发展趋势、宏观经济政策、经济政策的成本和补偿、优先权和经济目标等问题都成为民众关心和争论的焦点问题，各种各样的利益集团都在提出自己的要求。可以说，民众对国家的期待和需求不断增长，已经构成了当今西方社会的一个突出特色。

美国经济学家、诺贝尔经济奖得主布坎南在其 1987 年《赤字中的民主》一书中，从公共选择理论的角度对赤字与民主的关

---

① 此文英文版见：Joseph A. Schumpeter，“The Crisis of the Tax State”，*International Economic Papers*，No. 4，New York：Macmillan，1954，pp. 5 - 38。转引自：[美] 丹尼尔·贝尔著：《资本主义文化矛盾》，第 282、289—290 页。贝尔在这本 1976 年出版的书中认为，熊彼特一文非常值得注意，但却被人忽略。近十多年来，熊彼特的这篇文章已受到广泛关注，其“税务国家”的概念也得到了发展。

系作了深入阐述。他指出，政治家在民主社会中的竞争与企业家在市场的竞争有相似之处。为了赢得选民的支持，政治家通常许诺满足选民的需求。因此在多数民主社会中，政府提供的公共服务会越来越多，但是从民众中所得的税收没有相应的提高。这样一来，政府入不敷出，产生财政赤字。如果政府想削减赤字扭亏为盈，那么就需要税率有实质的增长或公共开支有实质的下降。这种情况会使（至少一部分）民众成为受害者，但却没有任何人能从中马上受益。因此政府削减赤字的努力通常遭到民众的反对。布坎南总结道："在一个政治民主社会中比在一个由'聪明人'来控制的社会秩序中更难于产生预算盈余。预算盈余有可能在一种民主政治体制中产生，但在制度上总是存在着与之背道而驰的倾向。"①

因此不难理解，在民主政体中，一旦条件合适，就会出现大量的政府债务——这正是20世纪70年代以来西方国家的普遍情况。从1970年到2010年，经济合作发展组织（OECD）国家的政府债务占GDP的比例从40%左右上升到90%以上。20世纪90年代以来，西方国家的政府债务稳定了一段时间（大概占GDP的80%左右），但到2008年全球金融危机之后又快速攀升。②

民主制度下虽然容易产生赤字，但还需要一定的合适条件，才会导致赤字的不断扩大。这些条件在20世纪70年代后逐渐成熟。

第一，战后20年西方经济持续稳步增长，导致西方社会将稳步持续的经济增长视为常态，民众视政府保证生活水平不断提高

① ［美］詹姆斯·M·布坎南、理查德·E·瓦格纳著，刘廷安、罗光译：《赤字中的民主——凯恩斯勋爵的政治遗产》，北京经济学院出版社，1988年版，第99页。

② Wolfgang Streeck, "The Politics of Public Debt: Neoliberalism, Capitalist Development, and the Restructuring of the State", MPIfG Discussion Paper 13/7, p. 3.

为天经地义。因此即便70年代西方经济不景气，民众也把这种现象视为暂时的、不正常的、是政府政策失误导致的。民众并不愿降低生活水准，政府的福利开支只能增不能减。而现在看来，西方战后20年的高速增长恰恰不是常态，更像是一种反常情况。

70年代之后，政府很难再有足够的资源维持只升不降的公共开支。值得一提的是，在资本主义社会，民众所追求的物质，不是基本的生活“需求”，而是由个性解放所带来的无止境的“欲求”。在资本主义之前的社会形态，物质追求是受到道德上的指责和制度上的限制的，而在资本主义社会，对物质的追求受到各方面的鼓励，人的欲望甚至被认为是社会进步的源泉和动力。[①] 1966年，联合国通过《经济、社会和文化权利国际公约》（1976年生效），经济权利在意识形态上成为人权的一部分。这使得民众在追求福利的时候，是十分理直气壮的。

第二，主流经济学说不再排斥政府债务，借债成为政府为增加预算而常用的手段。布坎南对“前凯恩斯主义”和凯恩斯主义经济学说关于政府负债问题的不同看法作了很好梳理。“前凯恩斯经济学说”认为，政府和家庭一样需要保持收支平衡，政府的任何开支最终都会落到纳税人头上。但是凯恩斯主义经济学说认为，政府能够调控宏观经济，赤字是宏观经济调控的一个工具，是为了换取高就业率而不得不付出的一个小代价。“前凯恩斯主义”的负债理论认为，靠税收来获取财政收入和靠负债来获取财政收入有根本不同。靠税收的话，在支出方案确立时，就把支出负担公平地分摊到了各人头上；而靠债务的话，就相当于把支付时间往后推移，让未来的广大纳税者为当前的一部分人付费。如果不是特别紧急和必要，政府尽量不要借债；如果借了的话，也

① 关于“需求”和“欲求”的区分，参见［美］丹尼尔·贝尔著：《资本主义文化矛盾》，第六章。

要合理使用、如期偿还。凯恩斯主义经济学家却认为，个人负债可以被看作是推迟付款（负债时间转移），但政府负债却不存在这个时间转移的问题。因为政府包括了一个社会的全体成员，只要公债全部是由国内负担的，那么“我们自己拥有它”，借、贷双方的损益相互抵消。这样一来，凯恩斯主义切断了政府债务和税收之间的联系，选民只会看到发行国债筹集来的资金用在了公共事业上，而不会认为发行国债损害了自己的利益。[①]

因此，欧洲国家的高赤字某种程度上是民主制度的产物；同样不难理解的是，应对欧洲债务危机的紧缩政策，从根本上来说是民主制度不情愿接受的。

（二）民众的反抗

欧债危机后，民众本已承受经济下行所带来的压力，紧缩政策使得民众的处境雪上加霜。对紧缩政策的不满，逐渐成为欧洲的主流民意。时任欧盟委员会主席巴罗佐在2013年的“盟情咨文”讲话中，有一段专门针对民众的不满情绪：“有人会说，欧洲逼迫政府削减开支。但我们可以提醒选民，早在危机前，政府债务就已经失控了……如果我们现在不坚持（削减开支）的话，社会中的弱势群体，以及我们的后代，将要为此付出代价。事实上，不管是欧元区国家，还是欧元区外的国家，不管是欧洲国家，还是其他国家，都正努力控制公共财政负担”。[②] 固然，民众的不满并不仅仅是因为紧缩政策，国家的经济表现、外部势力的干涉等等也是民众不满的原因。此外，不同的欧洲国家的民众对

① 参见：［美］詹姆斯·M·布坎南、理查德·E·瓦格纳：《赤字中的民主——凯恩斯勋爵的政治遗产》，第一章。

② José Barroso, *State of the Union address* 2013, European Commission -SPEECH/13/684, 11/09/2013.

紧缩政策的看法也不完全一致，如希腊民众对紧缩政策的反感情绪远高于德国。① 但这并不妨碍我们看到一个大致的趋势，即在紧缩政策之下欧洲社会不满激增。

民主理论假设，当民主机制运作良好的时候，民众对现状的不满能够顺畅地通过政党和议会表达，最终导致政府政策的改变。但欧债危机之后的民意是如此汹涌，以至于超过了民主制度的“承压”范围，导致了欧洲政坛的剧烈动荡。

其一，弱政府、过渡政府、组阁难产、政府危机成为常态，一些重债国的政治生态大为改变。2009 年 1 月，冰岛（并非欧盟成员国）政府成为首个因金融危机而下台的政府。2011 年，爱尔兰、葡萄牙、希腊、意大利、西班牙、斯洛文尼亚等相继因债务危机而更换政府。2012 年，希腊提前大选，在一个多月内连续举行了两次大选才勉强组阁成功。2014 年，希腊又因议会连续三轮无法确定总统人选，而决定再次提前举行大选。2013 年，意大利大选后艰难组阁，总理、总统人选数度难产，政府成立后频频“面临崩溃”，2014 年总理辞职。

在希腊、意大利、西班牙等几个受危机冲击比较严重的国家，原有政党体制几乎崩解，涌现出了大量独立候选人和煽动性政客，出现了过渡政府和非民选的技术官僚国家领导人，甚至出现了极端政党执政的情况。希腊“泛希腊社会运动党”（Pasok）在 2009 年时仍是在议会占席近半的主流大党，但到 2015 年选举时得票率不到 5%。西班牙反对紧缩政策的“我能党”（Podemos）和中间党派“公民党”（Giudadanos）从无名小党一跃成为主

① Veronica Fagerland Kroknes, Tor Georg Jakobsen and Lisa-Marie Grønning, “Success and Trust: Economic Performance and Political Trust: The impact of the financial crisis on European citizens”, *European Societies*, Vol. 17, No. 5, 2015, pp. 700 – 723; Guillermo Cordero and Pablo Simón, “Economic Crisis and Support for Democracy in Europe”, *West European Politics*, Vol. 39, No. 2, 2016, pp. 305 – 325.

流大党，打破了长达30年社会党和保守党两大党轮流执政的政党格局。值得一提的还有爱尔兰。爱尔兰于2013年年底正式退出救助机制，成为“反危机”楷模，但其执政联盟却同样在2016年3月大选中被抛弃。因民众未能分享到经济复苏的好处，爱尔兰也未能躲过欧洲大党式微、新党冒起的潮流。

其二，经济形势恶化激起政治动荡，欧洲社会掀起抗议运动的风潮。2011年，受“阿拉伯之春”运动的启发，[①] 西班牙青年开始组织“现在就要真民主”和“无未来的青年”等社交网络群组，后来在地方选举前夕发动全国示威，抗议紧缩政策和就业困难，质疑权贵精英阶层和现行政治制度。这场运动被称为“愤怒运动”（indignados）——由于在2011年5月15日首次爆发，也称“5·15运动”。西班牙“愤怒运动”和同年美国发生的“占领华尔街”运动，[②] 在希腊等其他受欧债危机影响的国家引起了强烈共鸣，各国青年纷纷上街，参与各种“占领运动”。这些新型抗议活动以年轻人为参与主体，诉求不一，使用新型组织沟通方式，带有“反体制”性质。这种新型社会抗议运动一般没有阶

---

① “阿拉伯之春”，是中东多国从2010年底开始掀起的一场政治风潮，导火索是突尼斯一名26岁青年摊贩自焚，抗议城管执法滥权。抗议浪潮蔓延整个阿拉伯世界，多名领导人如突尼斯的本阿里、埃及的穆巴拉克和也门的萨利赫等下台。青年人在这场运动中的角色举足轻重，如青年组成的“4月6日运动”占领埃及解放广场，正是穆巴拉克倒台的导火索。Twitter和Facebook等社交媒体在推动青年阶层上街的角色备受外界关注。事隔3年，这场运动逐步退潮，埃及民选总统穆尔西被推翻，重回军事强人当政的年代，“4月6日运动”等反对者重受打压。

② 2011年，加拿大反消费组织“Adbusters”借鉴“阿拉伯之春”，号召民众占领纽约金融心脏华尔街。很快，由失业青年的零星活动演变为全美50多个城市响应的社会运动。这场示威运动没有明确领导者，参与者诉求不一，但整体矛头指向华尔街，认为后者需为2008年金融海啸负上最大责任，并质疑资本主义和民主失灵。这场运动虽然并没有产生持久组织或改变全国性政策，但使贫富差距扩大问题，成为政治和文化重要议题，催生地方改革。

级支撑，虽则工会和左翼政治家也利用这种新型的社会抗议方式。①

20 世纪 60 年代美国和欧洲各国的学生运动，曾经催生出一大批知名学者和政治活动家。近年异军突起的反体制运动，也造就出新一代的政治活动家。在欧洲，已经有一些名不见经传的政治人物，因在这场新型社会抗议运动中积累了政治资本而被选上台。在 2013 年意大利的大选中，2009 年才成立的极左政党“五星运动”的领导人、喜剧演员格里洛（Beppe Grillo）意外崛起，成为可以左右组阁的政治力量。“愤怒运动”也大大地改变了西班牙政治生态，到 2014 年催生出了一支有代表性的政治力量。马德里康普顿斯大学学者创立了一个左翼的年轻人政党“我能党”，综合不同社会运动的主要诉求，在当年 6 月欧洲议会选举中，赢得了国内 11.29% 得票，跃升为全国第四大政治势力。

其三，极端民粹主义兴起。民粹主义是在历史上经常出现的思潮，可以和各种其他思潮相结合，其核心特征是：强调民众的中心地位、批评精英、将民众视为一个统一的整体、以及认为出现了危机。② 欧洲的极端民粹主义分右翼和左翼，危机中右翼民粹主义最为突出。右翼民粹主义政党（right-wing populist）还有其他许多不同称呼，如极右党（far-right、extreme-right）、新激进右派党（new radical right）、激进右派党（radical right）、反移民政党（anti-immigration）等。到 20 世纪 90 年代中期，学界已将这些不同称呼的政党归为同一类——如有学者指出：“虽然我们不

---

① Guya Accornero and Pedro Ramos Pinto, “‘Mild Mannered’? Protest and Mobilisation in Portugal under Austerity, 2010 – 2013”, *West European Politics*, Vol. 38, No. 3, 2015, pp. 491 – 515.

② Matthijs Rooduijn, “The Nucleus of Populism: In Search of the Lowest Common Denominator”, *Government and Opposition*, Vol. 49, No. 04, October 2014, pp 573 – 599.

知他们是什么，但已知道他们是谁”，[①] 并普遍认为这些“现代”极右党与二战时的纳粹不同。[②]纳粹主张国家控制经济、加大政府权威、等级制领导，而如今的极右党主张自由市场和小政府、反国家主义；[③] 纳粹崇尚赤裸裸的种族暴力，而如今的极右党纷纷与种族歧视和暴力活动保持距离，如2011年7月22日挪威发生大型极右恐怖袭击案后，英国的“保卫英国联盟”、荷兰的“自由党”、法国的“国民阵线”、以及“丹麦人民党”、“瑞典民主党”和“真正芬兰人党”等极右党纷纷表示反对恐怖袭击。此外有大量证据表明，选民也并不认为这些极右党是“纳粹”，而是把其当作传统正常政党看待。[④]

在右翼民粹主义思潮的影响下，过去被认为是“过街老鼠”的极右政党纷纷跻身主流。欧洲绝大部分国家都见证了反精英、反移民、反欧盟的右翼民粹主义政党的迅速崛起。法国“国民阵线”在2010年大区选举中获近10%的选票，在2012年第一轮总统选举中得到17.9%的选票，在2017年第一轮总统选举中得到21.3%的选票。“奥地利自由党”候选人霍费尔在2016年4月的总统选举中以36.4%高得票率赢得了第一轮选举。世纪初还相对沉寂的英国、德国、瑞典、芬兰极右党，皆在地区、国家或欧洲选举中有所斩获。

---

① Cas Mudde, “The War of words: defining the extreme right party family”, *West European Politics*, Vol. 19, No. 2, 1996, p. 233.

② Herbert Kitschelt, *The Radical Right in Western Europe*, Ann Arbor: University of Michigan Press, 1995, pp. 35 – 42; and Roger Karapin, “Review article: Radical-Right and Neo-Fascist Political Parties in Western Europe”, *Comparative Politics*, Vol. 30, No. 2, January 1998, pp. 216 – 221.

③ Cas Mudde, *The Ideology of the Extreme Right*. New York: St. Martin's Press, 2000.

④ Jean Tillie and Meindert Fennema, “A Rational Choice for the Extreme Right”, *Acta Politica*, Vol. 33, No. 3, Autumn 1998, pp. 223 – 49.

在2009年6月欧洲议会选举中，丹麦、荷兰、英国、法国、芬兰、希腊、意大利、立陶宛和斯洛文尼亚的极右党议员组成的“欧洲自由与民主”党团（EFD），成为欧洲议会七大党团之一。而在2014年5月的欧洲议会选举中，法国的国民阵线、英国独立党（UKIP）、丹麦的人民党出人意表一举跃升为国内得票最高的政党，最终全欧有176位极右议员进入欧洲议会，占议员总数的23%。除了9个国家外，其他所有欧盟成员国都有极右代表进入欧洲议会。新一届的欧洲议会中出现了两个极右党团：欧洲议会第三大党团“保守与改革者的欧洲”（ECR）、以及由“欧洲自由与民主”党团改革而来的“欧洲自由与直接民主”（EFDD）。2015年6月16日，欧洲极右势力的领军人物——法国国民阵线领导人勒庞在统合起了足够数量的极右议员后，又在欧洲议会建立极右党团“民族与自由党”（ENF）。[①]

表2—2　2009年、2014年欧洲议会选举中部分右翼民粹主义政党

政党名称	得票率 2014（2009）	席位 2014（2009）	国内排次 2014（2009）
丹麦人民党（DF，丹麦）	26.6%（14.8%）	4（2）	第1（4）
国民阵线（FN，法国）	24.85%（6.3%）	24（3）	第1（5）
奥地利自由党（FPO，奥地利）	19.7%（12.71%）	4（2）	第3（4）
更好的匈牙利运动（Jobbik，匈牙利）	14.68%（4.77%）	3（3）	第2（3）
民族联盟/为了祖国与自由（VL/LNNK，拉脱维亚）	14.3%（10.26%）	1（1）	第2（5）
自由党（PVV，荷兰）	13.2%（16.97%）	4（4）	第3（2）
芬兰人党（芬兰）	12.9%（14%）	2（1）	第3（4）
瑞典民主党（SD，瑞典）	9.7%（3.27%）	2（0）	第5（10）
金色黎明（希腊）	9.38%（/）	3（0）	第3（/）

① 根据规定，必须要有来自7个国家25名以上的议员才能组成党团。

续表

政党名称	得票率 2014（2009）	席位 2014（2009）	国内排次 2014（2009）
北方联盟（LN）	6.15%（10.2%）	5（9）	第4（3）
佛兰德利益（VB）	4.14%（9.85%）	1（2）	第10（4）
德国国家民主党（NPD）	1%（/）	1（0）	第12（/）

资料来源：N. Brack and N. Startin，“Introduction：Euroscepticism，from the margins to the mainstream”，*International Political Science Review*，Vol. 36，No. 3，June 2015，p. 243.

与右翼民粹主义政党“席卷欧洲”相比，左翼民粹主义政党（或称极左党）主要出现在希腊、西班牙、意大利、葡萄牙、法国等有较深厚激进社会主义传统的南部欧洲国家。右翼民粹主义者本是一个斑驳的群体，左翼民粹主义的构成则更加复杂。但是在危机中，左翼民粹主义政党却有一个过去不曾有过的共同点——反欧盟。在反欧盟问题上，左翼民粹主义与右翼民粹主义政党竟是一致的。危机中意外崛起的极左党派——2012年法国大选的“左翼阵线”、2012年和2015年希腊大选的“激进左派政党联盟”、以及2013年意大利大选的“五星运动”，都得益于同一个策略——反欧盟。其中希腊激进左派政党联盟在2015年1月的希腊议会选举中胜出成为执政党，震动欧洲政坛。

2014年欧洲议会选举中，欧洲议会中的左派党团“联合的欧洲左翼—北欧绿色左翼”（GUE/NGL）席位增多，一些国家的极左代表席位大增。最引人注目的是西班牙。西班牙极左政党“联合左翼”（IU，由西班牙共产党在1986年创立）得票率从2009年欧洲议会大选的4.2%飙升至10%。但其风头仍不如西班牙的另一个新创立的极左党“我能党”。“我能党”仅在2014年1月成立，在5月份参与选举时其组织仍很不完善，但却赢得了8%

的选票。这两个极左党的得票相加，超过了西班牙历史上任何一次选举极左党的得票。[①]

欧洲债务危机期间，欧洲极端右翼与极端左翼的活动方式和策略非常相像，如利用民众的不满情绪、利用新型社交媒体、打造魅力型领导人、紧抓单一议题、组织社会抗议运动等。

上文列举了欧洲的几个政治乱象——政坛不稳、抗议运动、民粹主义等，这些政治乱象也导致人们认为，欧洲的民主出了问题。2012 年后，西方媒体上开始频频出现“民主赤字”“合法性危机”“民主危机”等说法。[②] 德国社会学家、公共知识分子哈贝马斯在接受访谈时沉痛地表示：“2008 年之后，我明白了，（欧盟）的扩大、一体化和民主化都不是自动前行的，而是可逆的。在欧盟历史上，头一次，我们真正经历民主的瓦解。过去我没想过这也是可能的。我们走到了一个十字路口。”[③] 民意调查也显示，欧洲民众对民主运作的满意度、对本国政府及欧盟机构的信任度都在危机后大幅下降。[④]

---

① Jaime Aja and Luís Ramiro，“The Left in the Storm：The Radical Left and the Elections in Spain”，*Transform*！Yearbook 2015。

② “The euro crisis：An ever-deeper democratic deficit”，*The Economist*，May 26，2012；Amrtya Sen，“The Crisis of European Democracy”，*New York Times*，May 22，2012；Marcus Walker and Charles Forelle，“Economic Gloom Deepens Europe's Political Crisis”，*Wall Street Journal*，April 23，2012；“A flawed temple：The loss of legitimacy may now be the biggest threat to the European project”，*The Economist*，Mar 16th 2013；“When not in Rome”，*The Economist*，Mar 9th 2013；Tony Barber，“Europe must confront crisis of legitimacy”，*The Financial Times*，April 23，2012.

③ Georg Diez，“Habermas，the Last European：A Philosopher's Mission to Save the EU”，*The Spiegel*，Nov. 11，2011.

④ Klaus Armingeon and Kai Guthmann，“Democracy in crisis? The declining support for national democracy in European countries，2007 – 2011”，*European Journal of Political Research*，Vol. 53，No. 3，August 2014，pp. 423 – 442；European Commission，“Public Opinion in the European Union”，Standard Eurobarometer 80，Autumn 2013.

四、民主资本主义矛盾的高峰

如按资本的逻辑，南欧重债国将必须严格地执行紧缩政策，而且如执行效果不好，仍会破产。如按民主的逻辑，南欧重债国将宁可债务违约，也绝不会施行紧缩政策。但现实事态的发展介于二者之间。资本和民主都努力伸张自己的逻辑。在二者的斗争中，民主资本主义的两个核心矛盾——“平等”与“边界”凸显出来，二者紧紧地交织在一起，颉颃而行，互促互动，都达到了一个新的高峰。

（一）平等问题

民主珍视“平等”，与此同时尽量保障“自由”；而资本主义珍视“自由”，对平等的追求则仅限于法律上的，对民主制度下的政治平等、经济平等毫不感兴趣。可以说，民主是一个平等的制度，而资本主义却恰恰是个不平等的体系。

民主资本主义内关于“平等”的矛盾，在欧洲债务危机期间有明显表现，集中体现在欧盟内部“紧缩”与“增长”的政策之争。

关于如何应对欧洲债务危机，欧盟内部有两大不同主张：一是主张“紧缩”；二是主张“增长”。语言能够揭示事实，但在很多情况下，语言掩盖事实。欧洲政坛上的流行术语大多美好动听，若非内行不易听出真实含义，“紧缩”与“增长”正是这一类术语。所谓“紧缩”，其具体措施是削减福利、减少政府开支，支持者大体上包括欧盟、以德国为代表的北欧国家、中右派政党。“紧缩”一词听上去犹如“节俭度日”、“共克时艰”，给人以正面的想象，掩盖了紧缩政策对社会中下层群体的损害。所谓

“增长”，其具体措施是增加公共开支，特别是有助于刺激经济增长的基建、科研、培训等开支，支持者大体上包括以法国、希腊、意大利等为代表的南欧国家、中左派政党、以及大部分参与抗议游行的民众。“增长”一词听上去犹如“繁荣”的同义词，也给人以正面的想象，掩盖了增长政策必然带来更多的政府债务这一事实。可以说，“紧缩”更反映资本的逻辑，更符合资本主义关于自由的追求；而“增长”更反映民主的逻辑，更符合民主关于平等的追求。

紧缩政策是欧洲债务危机爆发之后首先起用的危机应对举措，在数月内占据了绝对的话语权高地。2012 年 5 月，法国社会党人奥朗德以“反紧缩”为口号竞选总统成功，拉开了以“增长”对抗“紧缩”的序幕。在法国的带动下，2012 年 6 月的欧盟夏季峰会上，为了协调“紧缩”与“增长”之间的矛盾，各国领导人通过了“增长与就业契约”，推出促进增长的一揽子计划，同时宣布允许欧元区救助工具直接注资银行业、以及可以购买实行紧缩政策的国家的国债。2014 年新一届欧委会班子上台后，为了平衡过分严苛的“紧缩”政策，在年底推出 3000 亿欧元投资计划（“容克投资计划”）——投入资金 210 亿欧元，官方预计对经济产生的净效益将达到 3150 亿欧元，欧洲投资银行全面负责，为期三年。2014 年底希腊大选，极左党派“激进左派政党联盟”异军突起成为执政党，进一步推动欧盟放松紧缩政策。

然而，虽然法国、意大利、希腊等国不断挑战紧缩政策，甚至在 2013 年之后国际货币基金组织、世界银行、美国等也对欧盟施行的紧缩政策提出批评，但紧缩政策始终是欧盟最主流、最严格、最认真贯彻的反危机政策。在南欧重债国，养老金占工资的比例持续下降，大量公共设施、国有企业也被火速出售。不但重债国要“紧缩”和“改革”，几乎所有欧洲国家都或主动或被动地进行了“紧缩”和“改革”。[①] 英国成为全球金融危机后最早、最坚定推进自由化改革的西方国家。[②] 2012 年以“反紧缩”为口号的法国社会党总统奥朗德不得不继续推行削减赤字和提高退休年龄的政策，只是幅度有所减缓。德国总理默克尔不但在国内继续坚持改革，还一度考虑要推动各成员国与欧盟签订“改革契约”。[③]

欧洲的社民党是反对紧缩政策的主流政治力量。欧洲的福利国家、“欧洲社会模式”是在欧洲社民党的推动下逐渐建立的，危机中的紧缩政策要求控制政府开支、减少福利，与欧洲社民党向来主张的福利政策相悖。因此从逻辑上说，欧洲的社民党应是紧缩政策的反对者，并且将从中获益。然而事实上，在危机中胜出的是主流中右政党，欧洲中左政党要不就是在导致“大半个欧洲都换了政府”的“反现任”抗议中下台，要不就是即便重新上台也难以实质改变政策。全球金融危机发生后，中右执政党增加公共开支，保护就业，刺激经济，形同中左政府；主权债务危机后，削减赤字、减少福利成为共识，中右政党又占优势。2009 年德国大选，基民盟总理默克尔连任。2010 年英国保守党上台，彻底结束了工党自 1997 年以来的“第三条道路”。在 2009 年的欧洲议会选举中，社民党团只获得欧洲议会四分之一议席，为历史

① 关于欧盟及各国紧缩政策及影响，参见：Viviane Gravey，“Austerity at EU level? How the crisis impacted EU budget and policies”，*Political Perspectives*，Vol. 8，No. 2 (4)，2014，pp. 1 – 19；Stella Ladi and Dimitris Tsarouhas，“The Politics of Austerity and Public Policy Reform in the EU”，*Political Studies Review*，Vol. 12，No. 2，May 2014，pp. 171 – 180。

② 英国政府的政策可参见：Emma Dowling and David Harvie，“Harnessing the Social：State，Crisis and (Big) Society”，*Sociology*，vol. 48，No. 5，October 2014，pp. 869 – 886。

③ Honor Mahony，“EU officials flesh out ‘reform contracts’ plan”，EUObserver，19. 11. 2013.

上最低。到2011年年中时，在欧盟27国中，只有奥地利的社民党参与执政（联合执政），西班牙、希腊、斯洛伐克等国的社民党均已在危机中下台。

随着民众对过分严苛的紧缩政策的反感情绪日益高涨，欧洲的中左力量才逐渐有所起色。2011年9月的丹麦大选是金融危机后第一次“向左转”事件——丹麦中右翼政党集团在连赢三届选举执政10年后落败，社民党与社会自由党、社会人民党组成的中左翼集团获胜。2012年5月法国社会党人奥朗德当选总统，则是更具轰动效应的“向左转”事件，法国也因此成为危机后第一个社会党执政的欧洲大国。法国的“向左转”拉开了欧洲左派色彩增多的序幕。2013年2月意大利大选，中左联盟“意大利共同利益”（Italia. Bene Comune）赢得众议院的绝对多数，左派党民主党人莱塔成为意大利总理（10个月后莱塔辞职，由伦齐接任）。2013年9月的德国大选中，基民盟虽然获得统一后20余年来的最高票数，但却没有达到独立组阁的绝对多数，因而与社民党组成大联合政府。到2014年，法国总统奥朗德、意大利总理伦齐、德国副总理加布里尔以及欧洲议会议长舒尔茨等几位欧洲重量级的政治家都是社民党人。

然而，社会党即便当选，也难以实质改变政府政策，更难改变欧盟的政策。丹、法、德、意的社会党领导人上台前都以“反紧缩”为自己的政策卖点，但上台后无一不执行严格的财政纪律，最多只是达标时间稍延迟一些；各国也都推出了削减福利、改革劳动力市场、鼓励私营企业的政策，力图兼顾“左”与“右”。法国的例子颇具代表性。法国总统奥朗德上台前“反紧缩”最为高调，甚至声称要重新谈判欧盟的“财政契约”。但实际上，奥朗德上台后虽也推动欧盟在紧缩之外重视增长问题，但并未真正挑战德国和欧盟推行的紧缩政策。在国内层面，在长期摸索而国内经济仍无起色之后，奥朗德在2014年的新年致辞中承认低估了衰退的严重程度，并表示法国税太高、福利被滥用、企业环境需要改善等。这番讲话被法国社会党人称为“转折”“叛变”。①

法国社会党在2014年3月的地方选举中大败，是1983年以来的最大败绩。地方选举遇挫后，2014年4月，奥朗德任命瓦尔斯担任法国总理，瓦尔斯一上台便任用前银行家马克龙担任法国经济部长，并且开始大刀阔斧的改革，其中包括降低劳动力成本、提高市场的灵活度、降低公共开支（马克龙后来脱党并在2017年当选总统）。为了绕过议会来推动改革，奥朗德甚至不惜在2015和2016年多次动用法国宪法第49—3条款强行执行自由化改革方案。奥朗德在2012年竞选时曾允诺，将按75%的税率向年收入100万欧元以上的富人征税，即所谓的“巨富税”，这被认为是奥朗德的一个标志性政策。奥朗德当选后，根本无法实现这个承诺，最终不了了之。

“紧缩”和“改革”政策其实是新自由主义政策的延续。新自由主义是20世纪七八十年代以来在全球兴起的思潮，重市场效率而轻社会公平，在这种思潮影响下，国家为市场护航，社会则被挤压。这种思潮发源于美英，欧洲大陆半推半就地跟随——“英美准备好了意识形态和工具，欧洲满怀期待又颇为尴尬地跟随”。② 从后来的实践看，欧洲大陆所采取的自由化措施不比美英为少。③ 新葛兰西学派认为，80年代以来的欧洲一体化是精英推

① “Francois Hollande, liberal? The French president promises serious supply-side reforms—again”, *The Economist*, Jan 11 2014.

② Loukas Tsoukalis, “Markets, Institutions, and Legitimacy”, *Journal of Democracy*, Vol. 23, No. 4, October 2012, p. 47.

③ Jon Pierre, “Varieties of capitalism and varieties of globalization: comparing patterns of market deregulation”, *Journal of European Public Policy*, Vol. 22, No. 7, Aug 2015, pp. 908 – 926.

行新自由主义的策略，其主要目的是以跨国模式绕开国内民主制度，在全欧层面削减福利和推行自由化改革。[①]

危机发生后，欧盟政策进一步向新自由主义靠拢，从“兼顾经济增长和社会融合”变成“通过经济增长追求社会融合”。[②] 国际劳工组织（ILO）报告指出，在贫困边缘徘徊的欧洲人比2008年时增加了660万人；报告称“欧洲社会模式所取得的成就——在二战后大幅减少贫困人口、提高生活水平——已经被短期的改革调整所破坏”。[③] 德国社民党基金会艾伯特基金会指出，“对南欧的干预意味着欧洲社会模式的自由化——危机前还主要是在西欧和东欧观察到的现象，推行到了欧盟整个层面。”[④]

尤其值得指出的是，危机对不同群体的冲击不一样，因此加剧了欧洲本已存在的贫富分化、地区分化、政治分化。紧缩与改革总体而言有利于资本家和出口业，而不利于工人和弱势群体；有利于北欧国家，而不利于南欧国家。英国2010—2014年的福利和税收改革计划对低收入家庭伤害最大，而高收入无子女家庭受

---

① Otto Holman, “The Primacy of Domestic Politics: Neo-liberal Restructuring, the EU's Crisis of Governability and Social Imperialism”, in Andrew Gamble and David Lane eds., *The European Union and World Politics: Consensus and Division*, Hampshire: Palgrave Macmillan, 2009, pp. 177 – 213.

② Beryl Philine Ter Haar and Paul Copeland, “What are the Future Prospects for the European Social Model? An Analysis of EU Equal Opportunities and Employment Policy”, *European Law Journal*, Vol. 16, No. 3, May 2010, pp. 273 – 291.

③ Nikolaj Nielsen, “Austerity measures destroying EU social model: report”, EU-Observer website, 3 Jun, 2014.

④ Klaus Busch et al, *Euro Crisis, Austerity Policy and the European Social Model*, Friedrich Ebert Stiftung, International Policy Analysis, February 2013. 关于危机后南欧国家福利制度的变革情况，参见《南欧社会与政治》（South European Society and Politics）2014年第3期专刊“南欧的经济危机与紧缩政策：福利国家的威胁或机会?”。

到的冲击最小。[①] 在西班牙，与"国家"关系密切的群体受到了更多的保护。[②] 青年成为欧洲主要失业群体，欧盟25岁以下失业青年从2008年到2010年增加了100万，该群体失业率达20%，个别成员国甚至超过40%。此外，贫困儿童、社会排斥、无家可归现象有所增多，靠救济金和养老金生活的人以及单身母亲的生活状况有所恶化。[③] 有研究表明，民众对议会的信任度下降最多的是在葡萄牙、意大利、爱尔兰、塞浦路斯、希腊、西班牙等受危机冲击最严重的欧洲边缘国家，而且较低社会阶层的民众对议会的信任度下降得尤其明显。[④] 在认为"民主不灵"的人中，81%是失业者，78%的人住在郊区，74%的人是低收入者，72%的人每月家庭可支配收入在1200欧以下。[⑤]

（二）边界问题

民主在民族国家之内才能有效施行，而资本主义却天然地蔑视任何行政边界。边界问题是民主资本主义内部的一个核心矛盾。欧洲债务危机中，在欧盟多层治理结构之下，这个核心矛盾

---

① James Browne and Peter Levell, "The Distributional Effect of Tax and Benefit Reforms to Be Introduced between June 2010 and April 2014: A Revised Assessment", Institute for Fiscal Studies, IFS Briefing Note BN108, 2010.

② Jacint Jordana, "Multiple Crises and Policy Dismantling in Spain: Political Strategies and Distributive Implications", *Political Studies Review*, Vol. 12, No. 2, May 2014, pp. 224 – 238.

③ European Commission, *Annual Growth Survey*, COM (2011) 815 final, Vol. 1/5, November 23, 2011.

④ Giulia M. Dotti Sani and Beatrice Magistro, "Increasingly unequal? The economic crisis, social inequalities and trust in the European Parliament in 20 European countries", *European Journal of Political Research*, Vol. 55, No. 2, May 2016, pp. 246 – 264.

⑤ Joachim Bischoff, Elisabeth Gauthier and Bernhard Müller, "Right-Wing Extremism and Modernised Right-Wing Populism in Europe", *Transform! Yearbook* 2015.

以尤其复杂多样的形式爆发出来。

第一种形式是“国际决策”压倒“国内民主”。投资者信心的来源是欧盟团结。投资者认为，单个国家无法应对债务问题，而欧盟团结行动则能够度过危机。因此当他们看到欧盟一致的、有力的行动之后，便增加了对债务国的信心。[①] 但是，欧洲债务危机之后的“欧盟团结”并非建立在真正共识的基础上，而是建立在“以强压弱”的基础上。纵观欧洲债务危机，欧洲债务问题的相关决策基本上由德国总理默克尔、法国总统萨科齐/奥朗德、欧盟理事会主席范龙佩、欧盟委员会主席巴罗佐、欧洲央行主席特里谢/德拉吉、国际货币基金组织主席卡恩/拉加德、欧元集团主席容克做出。在很多欧洲民众眼中，他们被认为是“外部势力”“资本”“欧盟”的代表。

“国际决策”压倒“国内民主”这一现象集中体现在南欧国家。2011 年是南欧重债国政府危机集中爆发的一年。2011 年 10 月 31 日，希腊总理帕潘德里欧迫于国内压力，突然宣布要对救助方案进行全民公投。这是自 1974 年希腊废除君主制以来首次举行全民公投，震动全球市场。鉴于希腊民众对救助方案的普遍不满，公投结果难以预料，欧元区形势随时可能会因希腊公投急剧恶化。德国、法国及欧盟领导人极为重视，在二十国集团峰会前夕将帕潘德里欧紧急召至戛纳，警告其公投后果，并暂时撤回 80 亿欧元的援助贷款。在外界重压之下，希腊取消公投。时任西班牙总理萨帕特罗在回忆录中称，戛纳会议上弥漫着“民主在面对市场时的一种无力感”；欧洲领导人除了向希腊施压，还同时向西班牙和意大利施压，甚至已经开始讨论“换人”。时任法国总

① Michele Chang and Patrick Leblond, “All in: Market expectations of eurozone integrity in the sovereign debt crisis”, *Review of International Political Economy*, Vol. 22, No. 3, 2015, pp. 626 –655.

统萨科齐对美国总统奥巴马说："疯狂的帕潘德里欧想要公投，因为他受不了压力了，没必要再让他遭这个罪。他已经屈膝投降了，淘汰。"①

戛纳会议后三周内，希腊、意大利、西班牙总理纷纷下台，继任者们开始实行欧盟所要求的系列改革政策。西班牙的反对党在大选中获胜，希腊和意大利则分别由在美国受过教育的经济学家帕帕季莫斯和蒙蒂接管，成立技术官僚过渡政府。《纽约时报》透露，法国总统萨科齐和德国总理默克尔曾"私下敦促"意大利总统纳波利塔诺选择蒙蒂。② 意大利的过渡政府内阁部长均由专家担任，未起用任何有党派背景的政治人士。英国广播公司（BBC）援引学者称，"市场和这两个国家的国际伙伴希望看到一致的、有力的回答，但是政治家给不了他们这些。"③

在欧洲债务危机中，希腊"民主"之无力最为显著，极具代表性。"公投"被取消以及成立"技术官僚政府"仅为开头，随后情节越发复杂，戏剧性事件不断上演，直到最终证明希腊实为一个"民不能做主"的国家。

帕帕季莫斯出任过渡政府总理后，希腊政局并未稳定，而是陷入持续动荡。2012 年年中又出现了一次政府危机，一个多月内希腊连续举行两次大选。5 月 6 日大选后（是债务危机爆发以来的第一次大选），由于赞成和反对紧缩政策的政党势均力敌，多轮组阁谈判失败，不得不再次大选。自 1974 年希腊民主化以来，

---

① Paul Taylor, "Merkel tried to bounce Spain into IMF bailout: ex-PM", Reuters, Nov 25, 2013; Andy Dabilis, "Sarkozy Called Papandreou 'F—king Psycho!'", Greek Reporter, November 26, 2013.

② Nelson D. Schwartz and Liz Alderman, "France Keeps a Watchful Eye on Turmoil in Italy", *New York Times*, November 13, 2011.

③ "Who, What, Why: What can technocrats achieve that politicians can't?" BBC, November 14, 2011.

新民主党和泛希腊社会运动这两大政党一直轮流上台或共同执政，政坛如此“碎片化”的情况前所未见。

希腊政局不明使市场陷入恐慌，德国总理默克尔5月18日与希腊总统帕普利亚斯通电话时，建议希腊在下次选举时，同时就留在欧元区与否举行全民公决。这虽是默克尔的巧妙施压，但也使“希腊退欧”之事成为真实选项，事态一时之间紧张而微妙。6月17日，希腊再次举行大选。大选刚结束，欧洲各领导人便迫不及待地发声施压。这次组阁比较迅速。支持紧缩政策的两个传统政党——新民主党与泛希社运议席刚好过半，此二党在联合了民主左派后，在20日组成了三党联合政府，新民主党领导人萨马拉斯当天宣誓就任总理。新政府甫一上任便表明不会“退欧”，而要继续紧缩和改革，市场遂逐渐趋于平静。

但仅一年半后，第二次政府危机又起。2014年年底，希腊议会三番努力也未能选出总统，致议会解散，提前大选。在翌年1月25日的大选中，民众“倒戈”，极左政党“激进左派政党联盟”（Syria）异军突起，得票从5年前的5%飙升至36%，成为希腊第一大党。极左政党早已淡出欧洲政坛多年，极左政党主政更是闻所未闻。年仅40岁的党魁齐普拉斯是一个不穿西装、不打领带、骑摩托车、崇拜古巴革命英雄格瓦拉的新生代政治家，在26日出人意料地与右翼小党“独立希腊人”实现组阁，并于当天下午宣誓就任，成为希腊150年来最年轻的总理。齐普拉斯竞选时誓言不再削减政府开支，取消部分改革。希腊新政府成立后，全球屏息静观，一场希腊与外部势力讨价还价的拉锯战开始上演。

希腊“变天”是有社会支撑的。齐普拉斯当选，充分表现了希腊民众“忍无可忍”“求新”“求变”的迫切心理。债务危机爆发5年多来，希腊政府全凭欧盟、欧洲央行和国际货币基金组织这“三巨头”提供的贷款，才得以勉力维持，而不至于违约破产。但“三巨头”的贷款附加了很严苛的条件，要求希腊必须实行严格改革措施，即政府大幅缩减开支，削减社会福利。希腊人口仅1000多万，但所欠外债高达3200多亿欧元，相对GDP比率高达175%，人均32000多欧元，每年需要偿还的贷款利息约为GDP的4.5%，显然无以为继。由于要不断地借新债、偿旧债，致使国库空虚，产业萧条，整个国民经济几近崩溃。从2008—2013年短短5年之间，实际GDP下跌了26.4%。据统计，2015年希腊有400余万人口靠老一辈退休金生活，失业率高达25%，年轻人失业率超过50%。[①] 很多年轻人对现状感到愤懑、绝望，纷纷背井离乡，到其他国家谋求生路。面对如此严峻的经济状况，希腊民众自然要求政府采取措施，设法摆脱困境。

许多希腊人认为，希腊已经落入了国际金融家所设置的陷阱，其所受到的惩罚，几乎看不到尽头。如果继续按照“三巨头”所设置的条件，不断地借款还款，国家经济根本无望恢复元气，只能逐步走向崩溃。在希腊民众和精英中，早就出现了一个“反救助”群体，他们对欧洲债务危机看法非常简单——希腊民众没有错，所以希腊民众不应为欧洲债务危机买单。希腊国内的政治辩论中已经充斥着“爱国”悲情——谁敢牺牲民众利益，谁就是卖国贼、“默克尔的人”，与1941—1944年间与纳粹分子合作的叛国者无异。

如此便不难理解齐普拉斯的种种“惊世骇俗”之举：他在前往总统府宣誓就职前，拜谒了全国抵抗者纪念碑，向二战中死于纳粹屠杀的希腊人致敬；上任后又称要向德国索求二战赔款；拒绝欧盟官员像过去那样进入希腊政府大楼进行谈判，而非要将谈判安排在医院病房中进行。齐普拉斯政府谋求与“三巨头”和国

① 王于渐：“希腊与香港——理财异法、政治同途”，《信报》，2015年2月1日。

际债券人通过谈判重新安排债务，重建国家尊严，并援引英美等国在二战后勾销大部分西德债务的历史，呼吁欧盟将希腊外债减半，以改善其信用等级，吸引国际投资，从而重建经济。该项提议得到许多西方经济学家的赞同，但“三巨头”对此极力反对，认为延期还债可以，勾销债务不行。

齐普拉斯上台后虽然表示不会“退欧”，但在2015年1月28日中止了多项私有化进程，在2月8日首个议会重要演讲中抛出了一系列举措：恢复养老金分红、取消财产税、终结大规模裁员、把最低薪资提高至危机前水平等。这等于抛弃了希腊与“三驾马车”达成的改革协议，吓坏了国际投资者。据报道，激进左翼联盟上台仅3天时间，希腊银行业损失总额就超过80亿欧元，流失金额相当于其市场价值总额的40%左右。在此情况下，欧洲央行分别于2015年2月和3月采取了两个措施对希腊施压：宣布不再接受以希腊政府“垃圾级”国债作为担保为希腊商业银行提供资金；决定希腊债权人增购希腊短期政府债券为非法。不过为了显示“善意”，欧洲央行仍然向希腊提供短期高息紧急资金支持。事实上，在希腊与外界谈判随时可能崩盘的日子里，希腊银行基本上靠这些资金勉力维持。

希腊新政府与外界最核心的博弈体现在其与“三驾马车”的谈判上。齐普拉斯心中有“如意算盘”：希腊一旦“破产”“退欧”，欧元区和欧盟也会被拖下水，因此希腊有谈判资本。他疾呼欧洲领导人要尊重“人民”的决定，要削债、给钱。殊不知，欧盟经过了几年整顿，抗风险能力已有所提升，且法德银行也不似过去那样持有大量希腊政府债券，因此无论是欧盟还是法德等国，对希腊的威胁已并不那么在意。

在这种情况下，希腊政府同“三巨头”和国际债权人缠斗了大半年时间，但进展甚微。希腊政府、希腊民众、法德等欧洲大国政府、乃至美、俄等域外国家以及全球知名经济学家等等，都参与到了这场漫长的讨价还价大戏中。希腊几乎动用了所有能用的办法。

2 月 20 日，希腊与欧元区财长历经 11 小时协商后达成协议：希腊救助计划延期四个月（本于 2 月 28 日到期），但作为交换，希腊政府须拟定改革措施呈交国际货币基金组织和欧盟审核。市场暂时松了口气。几天后，希腊新政府向欧元区各国提交改革清单，承诺任何措施都不会影响原有的财政预算目标，表示不会叫停出售国有资产，不再执行调高最低工资的竞选承诺。协议达成后，希腊国内非常失望，出现了反政府游行示威，齐普拉斯的主要经济顾问米洛斯（Giannis Milios）辞职并敦促政府“为了民主和民众的决策参与而重建福利国家”。然而，欧盟领导人仍嫌改革清单不够细致。3 月 20 日，齐普拉斯与法德及欧盟领导人举行了 3 个多小时的会谈，会上法德施压：“越快改革，越早拿钱”（外界认为希腊政府的钱将于 3 月底用完），齐普拉斯同意尽快提交一份更详细的改革清单。为避免齐普拉斯空手而归难与国人交代，欧盟给了希腊 20 亿欧元的社会援助。3 月 28 日，希腊政府向欧盟又提交了一份新的改革清单。但这份清单被认为“不够完整”。

此后两个月，希腊与外界的谈判进入了充满煎熬的“难产”。4 月 18 日，希腊与国际债权人谈判未果，全球股市再次大泻。4 月 23 日，齐普拉斯与德总理默克尔、法总统奥朗德及欧委会主席容克会谈，作出一定和解姿态；但在翌日的欧元区财长上，各国财长对希腊的不满集中爆发，痛批希腊财长“不负责任”“赌徒习气”，一致表示不交完整改革清单妄想拿钱。5 月 11 日，欧元区财长再次开会，未果。5 月 22 日，希、德、法三国首脑在拉脱维亚首都里加举行会晤，未果。6 月 9 日，希腊再次提交一份改革建议。10 日，齐普拉斯再次与法德领导人会晤。11 日，国际货币基金组织觉得多谈无益，干脆退出了谈判。12 日，欧元区财长会议首次正式谈论希腊债务违约的可能性。14 日，希腊与欧委会被称为“最后一次努力”的谈判因“双方差距实在太大”而迅速破裂。

齐普拉斯眼看突破无望，想了两个办法。第一个办法是与已因乌克兰危机而与整个欧洲势同水火的俄罗斯拉近关系，“声东击西”。他于 2015 年 4 月 7 日飞赴俄罗斯，要与俄“重建合作伙伴关系”。齐普拉斯直言，一旦欧盟不再对希腊进行经济援助，就只能转而向俄罗斯或者中国寻求帮助。6 月 18 日，齐普拉斯携经济部部长、财政部副部长和希腊的一些商界领袖飞赴圣俄罗斯彼得堡出席国际经济论坛。他的发言耐人寻味：“我们处在暴风雨的中央，但希腊人是一个擅长航海的民族，我们不惧怕暴风雨。我们随时准备着前往新的海域、到达新的安全港口”。[①] 希腊虽未明确向俄索求资金援助，也并不真心想脱欧入俄，但希俄走近仍令欧美侧目。

第二个办法则是演足“民主”戏码，直至再次诉诸公投。6 月 17 日，希腊议会议长和数千民众在欧元区财长会议前夕游行支持希腊政府；同日，希腊议会成立了两个月的“关于公共债务的真相委员会”发布报告，称希腊的债务是“非法的”“肮脏的”，不应该再偿还。但这些做法帮助不大，根据 2 月希腊与欧元区达成的协议，救助计划将延期四个月，因此希腊必须在 6 月结束前与“三巨头”和国际债权人达成第三次救助方案，否则就只有债务违约了。6 月 18 日，欧元区财长在卢森堡开会，经过 4 小时谈判仍未能就希腊债务问题取得突破。22 日，欧元区在布鲁塞尔举行紧急峰会继续讨论，以“最高政治级别”处理希腊问题。25 日，希腊与欧元区的谈判发起最后“冲刺”，希腊在公务员削减

① Manos Matsaganis, “To the Brink and Back in Greece”, *Current History*, Vol. 114, No. 779, March 2016, p. 111.

资薪、退休金问题上的立场十分强硬，双方仍达不成协议。眼看6月马上结束，而谈判仍然没有突破。齐普拉斯26日召开紧急内阁会议讨论应对之策。27日凌晨，齐普拉斯宣布将在7月5日就救助方案举行全民公投。与此同时，希腊还要进行资本管制（储户每天只能取款60欧元），在公投之前关闭银行。

这次公投决定虽然也震惊世界，但与近三年前“公投未遂”不同，并未遭遇阻挠，反而顺利进行。然而，整个过程及结果却充满了戏剧性。

第一，公投的准备时间只有8天，并不符合希腊宪法和国际标准；公投的问题竟然是一段谁也看不懂的话：“这个由欧委会、欧洲央行和国际货币基金组织在欧元集团在2015年6月25日提出的协议草案应被接受吗？这个完整的建议由两部分共同组成，第一个文件的名称是‘为了完成当前计划的改革’，而第二个文件是‘债务可持续性的初步分析’。”这段话本已足够让人费解，而欧委会主席容克为了报复齐普拉斯而撤回协议草案，让这个公投问题更让人费解。

第二，齐普拉斯本指望通过公投来获得谈判优势，却不料被将计就计。本来，欧元区财长打算7月1日开会作最后一次“冲刺”努力，但看到希腊的公投决定后，众人纷纷表示，既然如此，开会也枉然，一切只有公投后再说了。欧洲各国领导人虽纷纷出面劝希腊民众投下“同意”一票，然而持“随它去吧”态度者也非少数。就这样，希腊成为了历史上第一个对国际货币基金组织债务违约的发达国家。

第三，齐普拉斯并不希望退出欧元区（各项民意测验皆显示大部分希腊民众希望留在欧元区），因此精心设计了只围绕某一具体救助方案的公投，不料却遭到一众“退欧”鼓噪，一时骑虎难下。各著名极右政党领导人（包括法国国民阵线的勒庞、英国独立党的法拉奇、意大利北方联盟的萨尔维尼）纷纷为希腊公投拍掌叫好，鼓励希腊再前进一步大胆“退欧”；两位美国著名经济学家、诺贝尔经济奖得主——斯蒂格利茨和克鲁格曼，力主希腊“退欧”比留在欧元区有前途；德国财长塑伊布勒干脆表示，愿意出资帮助希腊渡过重启本国货币后的人道主义危机。

第四，最重要也最具讽刺意味的是，公投的结果似乎并不重要。公投似乎只是进一步证明，希腊已没有选择。公投的最终结果是“否”（61.3%的民众投下了反对票），一时希腊民众倍受鼓舞，纷纷上街游行庆祝。然而，想想贬值、通胀、生活水准大跌、失去“欧洲”国家身份的种种前景，齐普拉斯岂敢顺势宣布退欧？在公投结果出来的第二天，齐普拉斯的态度就出现了180度大转弯。在与总统和反对党领导人见面后，齐普拉斯宣布希腊已经准备好了接受新的救助协议。法国这时做了一个外交上非常漂亮的举动——法国财政部派遣了一个10人专家小组前往雅典，协助希腊确保改革方案符合债权方的要求。7月13日，希腊签署了第三份经济改革方案，再启紧缩与结构性改革。齐普拉斯此举让其党内支持者瞠目结舌，25名极左翼联盟的议员干脆退党，重组主张希腊退欧的新政党“人民团结党”（Popular Unity）。大部分希腊民众心中则五味杂陈，既庆幸国家并未走向前景难测的脱欧之旅，又饱含了对政治深深的失望。

在齐普拉斯态度大转变之后，希腊议会顺利通过改革方案和救助方案，承诺在税收、养老金、统计、司法、银行等方面进行一系列改革，并出售总额500亿欧元的国有资产。欧元集团和欧洲稳定机制（ESM）则分别于8月14日和19日通过了对希腊的第三轮救助协议，总额860亿欧元，三年分批发放。

故事到此似乎已经结束。殊不料，就在8月20日第一笔救助款发放当晚，齐普拉斯为了获得日后落实救助协议的合法性，再次放手一搏，宣布辞职并要求提前举行大选。齐普拉斯又赌对了。9月20日大选后，政党格局未变，齐普拉斯重新当选。一些智库学者认为，这标志着希腊政治危机的解决，也标志着欧洲债务危机的最终结束。[①] 然而，对希腊民众而言，这意味着民主已经彻底沦为了一种手段、一种工具、一种可被玩弄和操纵的东西。事情发展至此，希腊的民主制度已经耗尽了它的潜力，未来，无论是希腊与外部的博弈，还是希腊内部仍然此起彼伏的反紧缩游行，都已经与“民主”关系甚微。

希腊是欧洲债务危机期间国内民主逻辑不敌跨国资本逻辑的一个经典样本，是名副其实的“希腊悲剧”。希腊自从成为欧元区一员以来，在经济上与西欧高度融合，最初大受益处，可以以低息向法国和德国银行借来巨额欧元款项。希腊债务危机背后的矛盾，触发了许多矛盾和冲突，甚至触及到德国民众与希腊民众之间的利益冲突，更加清楚地显示出政治始终不脱本土特色，民主政治尤其如此。希腊民众即使能通过投票，让激进的左派联盟政府胜出，以宣泄心中愤懑，却无法凭选票解决经济问题。一本写欧洲债务危机的书，如缺希腊，实不为美，故上文不嫌冗细，记录下希腊的这段悲剧的历史。

上文写的便是欧债危机中关于边界矛盾的第一种凸显形式——“国际决策”压倒“国内民主”。下面再讲关于边界矛盾的第二种形式——反移民、反欧盟的排外思潮。

在很多民众眼中，“外部势力”是危机的罪魁祸首。但“外部势力”与欧洲债务危机的关系错综复杂，即便专业人士也难以厘清。民众排外情绪发泄的对象显示出了一定的“选择性”。比如，美国、新兴国家、国际评级机构等“外部势力”也引起了欧洲部分人的不满，但这种不满未能成为全欧性的主导情绪。在欧洲债务危机期间，成为危机替罪羊的“外部势力”是欧盟和移

① Jacob Funk Kirkegaard, “A Greek Election Result that Signals the End of the Euro Crisis”, the Peterson Institute website, September 21st, 2015.

民。危机中欧洲民粹主义的特点是“反穆斯林（移民）、反精英、反全球化、反欧盟”。[①] 对欧洲国家的大量案例分析都表明，欧洲民众间弥漫着对移民、欧盟、全球化的不满，而且民众和精英间对这些问题的认识存在差距。[②] 这些情绪成为了右翼民粹主义思潮的土壤。右翼民粹主义思潮对主流政治已经产生了影响：在2010年英国、荷兰、瑞典大选，2012年法国大选、2015年丹麦大选中，移民都成为重要议题，而民众对穆斯林等“异质”移民的排斥尤为突出。在巨大压力之下，一些国家的政府也推出了限制移民的政策，有的颇具争议：2009年瑞士（非欧盟成员国）全民公决禁建清真寺宣礼塔；2010年法国禁止在公共场合穿戴伊斯兰罩袍；2010年法国强行驱逐罗姆人；2011年，丹麦宣布恢复常设边境检查；2013年和2014年，英国和德国分别增加了欧盟移民申请福利的限制。

此外，几乎所有的欧洲国家都有疑欧势力冒头。疑欧势力在德国声势较小、出现较晚，但2011年9月，仅成立半年多的反欧元政党“德国选择党”（AfD）在大选中获得4.7%的选票。英国甚至采取了极端的“疑欧”做法，卡梅伦首相2013年1月宣布将于2017年底前举行“脱欧公投”。结果，2016年6月英国举行的“脱欧公投”，决定了英国与欧盟分手，掀起了另一场超级风

---

① “Anti-EU backlash: Beyond the fringe”, *The Economist*, November 12, 2011.

② José Fernández-Albertos, Alexander Kuo and Laia Balcells, “Economic Crisis, Globalization, and Partisan Bias: Evidence from Spain”, *International Studies Quarterly*, Vol. 57, No. 4, December 2013, pp. 804 - 816; Barbulescu and Laurie Beaudonnet, “Protecting Us, Protecting Europe? Public Concern about Immigration and Declining Support for European Integration in Italy”, *Perspectives on European Politics and Society*, Vol. 15, No. 2, 2014, pp. 216 - 237; André Freire, Eftichia Teperoglou andCatherine Moury, “Awakening the Sleeping Giant in Greece and Portugal? Elites ‘ and Voters’ Attitudes towards EU Integration in Difficult Economic Times”, *South European Society and Politics*, Vol. 19, No. 4, 2014, pp. 477 - 499.

暴。英国人也不是不知道留在欧盟可以带来经济效益，真正催出“脱欧”票的，是反对移民的宣传，认定移民会抢夺工作机会、破坏社会安定、带来恐怖主义隐患。这些宣传有效地动员了民众。①

虽然“反移民”思潮是由对移民的观感所导致，但只有在对国家的经济前景悲观时，民众才会“反移民”，担心移民抢走自己的工作机会。② 虽然极右的支持者分散于各个社会阶层，但失业者、手工业者、教育程度较低的人更倾向于投极右党的票。③在2012年6月的希腊议会选举中，极右党“金色黎明”的投票者中，24.5%是非技术性工人，23.5%是失业者，20.3%是小企业主，皆高于平均数；而不直接面对市场竞争的人如公务员、家庭妇女、大学生、退休人员投给“金色黎明”的比例就较低。关于法国极右党的研究也表明，住在城市边缘地带的人和社会不安全感较强的人，如中小企业的雇员，更倾向于成为“国民阵线”的支持者。随着经济形势的恶化，过去过着稳定富裕生活的中产阶级也感受到了经济和社会地位上的不安全，这导致极右党选民数量迅速增加。④

---

① “尤戈夫”民调显示，英国脱欧是移民与经济问题的选择：支持留欧的，主要理由是经济；支持脱欧的，主要理由是移民，见 Freddie Sayers，“Campaign Memo：It's the economy versus immigration”，Yougov，April 28，2016。而公投一年后的“尤戈夫”民调进一步显示，投票脱欧的民众中，六成认为只要能脱欧，经济严重受损也值得；四成甚至宁可自己失业也要脱欧，见：Eszter Zalan，“Leave voters would accept economic woes to ensure Brexit”，EUObserver，1. Aug，2017。

② Alexandra Filindral and Shanna Pearson-Merkowitz，“Together in Good Times and Bad? How Economic Triggers Condition the Effects of Intergroup Threat?” *Social Science*，Vol. 94，No. 5，December 2013，pp. 1328 – 1345.

③ Han Werts，Peer Scheepers and Marcel Lubbers，“Euro-scepticism and radical right-wing voting in Europe，2002 – 2008”，*European Union Politics*，Vol. 14，No. 2，June 2013，pp. 183 – 205.

④ Joachim Bischoff，Elisabeth Gauthier and Bernhard Müller，“Right-Wing Extremism and Modernised Right-Wing Populism in Europe”，*Transform*！*Yearbook* 2015.

边界矛盾的第三种形式则是欧盟的分化和分裂。

二战后，特别是冷战后，欧洲一直坚定地走在一体化的道路上，虽也有争吵和曲折，但总体说来，欧洲人的生活方式、思想、情感都越来越靠近。作为一项前所未有的政治构想，欧洲一体化进程在1957年起步时，只有6个国家参加（法国、西德、意大利、荷兰、比利时、卢森堡）。到1991年苏联解体时，成员已有12个（再加上英国、爱尔兰、西班牙、葡萄牙、丹麦、希腊）。冷战后，东欧十余国又陆续加入，欧盟的成员国数目增加到了28个。欧洲政治经济普遍认为，欧盟发展的最终目的是在欧洲建立联邦或邦联式的永久政治联合体。但债务危机爆发以来，欧洲持续向前的统一进程出现了逆转。

首先，“多速欧洲”“板块欧洲”成为了主流的、合法的欧洲发展方向。在欧洲债务危机爆发以前，随着欧洲一体化的参与国家越来越多、多样性越来越突出，“多速欧洲”的提法也偶有出现，但一直是欧洲一体化主流话语中的禁忌。1994年时，德国基民盟外交政策发言人拉默斯与基民盟主席朔伊布勒共同发表了一篇论文，呼吁包括法德荷比卢在内的“核心欧洲”作为未来一体化的火车头。该文指出，在“核心欧洲”，经济政治一体化已经上路，只要孕育一个“多速欧洲”出来，就能启动进一步的一体化进程，整合欧盟中其他一体化进度较为缓慢吃力的成员国。①2003年，美国入侵伊拉克，法德反对，欧洲对美政策严重分化，欧洲大陆的知识分子再一次提出“核心欧洲”概念，主要指在欧盟外交政策上要由“核心欧洲”带动。

欧洲债务危机后，欧洲政治家日益认识到，只有进一步推进一体化，才有可能从根本上化解单个欧洲国家的主权债务风险。

---

① 尤尔根·哈贝马斯等著，邓伯宸译：《旧欧洲、新欧洲、核心欧洲》，中央编译出版社，2010年版，第5页。

但27个欧盟成员国（克罗地亚2013年加入，成为第28国）心有隔隙，让所有欧盟国家一致发力推动一体化已不现实。2011年11月，以敢言而著称的法国总统萨科齐首次明确提出，今后将出现一个双速欧洲：欧元区国家致力于进一步融合，余者则结成较松散的联盟。在当年12月被认为是“拯救欧元的最后一次机会”的欧盟峰会上，英国首相卡梅伦动用否决权，迫使欧盟放弃修改《里斯本条约》，促使法德加速推动“欧元区先行”。2012年5月，法国新总统奥朗德上台，他虽然挑战德国力主的紧缩政策，但认可“欧元区先行”。2012年6月，在奥朗德上任后的首次欧盟峰会上（这次峰会法德求大同存小异取得重大成果，被IMF声明评为“迈向货币联盟的正确措施”），法德两国领导人都表示，共同前进更好，但有意愿的国家可先行推进一体化。从此，“欧元区先行”成为了欧盟应对欧洲债务危机的“灵感”来源，欧委会主席范龙佩在2012年9月12日的一份“问题文件中”甚至提出了一系列大胆建议，其中包括在欧元区建立共同的预算和议会。[①]

至此，再执著于“欧洲团结”的一体化鼓吹者，都已无法不再正视“多速欧洲”这一事实。“多速欧洲”也逐渐成为了合法的、可公开倡导的的欧盟主流话语。而由于“多速欧洲”的最大特征是“欧元区先行”，因此欧元区外的国家、特别是英国，对“多速欧洲”颇感不安。2014年6月欧盟峰会的决议对“多速欧洲”作了确认：“英国提出了关于欧盟未来发展的一些担忧。这些担忧需要得到解决。在这种情况下，欧洲理事会指出，不断走向更紧密的联盟这一概念，允许不同的国家采用不同的一体化路径，允许那些希望深化一体化的国家先行一步，同时也尊重那些

---

① “Van Rompuy paper floats eurozone budget, parliament”, Euobserver, Sep 13, 2012.

不希望进一步深化的国家。”①

除了“欧元区先行”，“多速欧洲”还有很多其他表现方式。一种是不同的欧洲国家在不同的具体议题上建立灵活的一体化组合。比如，2014 年开始实行的“金融交易税”，因无法在欧盟范围内达成一致，只在 11 国率先推行（德国、法国、意大利、西班牙、奥地利、葡萄牙、比利时、爱沙尼亚、希腊、斯洛伐克以及斯洛文尼亚）。另一种是同处于相近地域的国家搞“盟中盟”“会中会”，形成所谓的“板块欧洲”。比如，维谢格拉德集团（波兰、捷克、斯洛伐克、匈牙利）不但未被欧盟“吞噬”，反而日益有活力；中东欧国家领导人与中国、美国领导人都举行过峰会；英国、北欧和波罗的海国家 2011 年以来召开了多次“北方未来论坛”；北欧国家大幅加强了经济和防务合作，使北欧理事会焕发了新的生机。

其次，一些国家出现了“退欧”的前景。欧洲一体化发轫以来，就在量（扩大）和质（深化）上追求成长，在欧洲债务危机以前，几乎没有任何欧洲政治家考虑过有成员国“退欧”的可能，欧盟条约就“退欧”所作的规定也十分模糊。但现在，“退欧”已经成为了一种事实选项。这意味着欧盟和欧元区的边界不但是变动的，而且是可逆的。

关于“希腊退欧”上文已有论述。需补充说明的是，希腊虽在形式上留在了欧元区，但却出现了“实际退欧”的情况。希腊为了还债，提高了公司税，2012 年公司税的税率是 20%，2015 年是 29%。除约 20 万家企业倒闭外，估计约 1 万家企业转移到了邻近的保加利亚、塞浦路斯、阿尔巴尼亚等地（这些地方的税率都比希腊低很多，分别为 10%、12%、15%）。仅 2009—2014 年间，希腊从企业收到的利润税大概减少了 50—100 亿欧元。

① European Council Conclusions EUCO 79/14, 26/27 June 2014.

2016年时记者披露，希腊三分之一的企业已经转移或正考虑转移。[①]

与“雷声大雨点小”的“希腊退欧”相比，“英国退欧”则成为了现实。英国动念头“退欧”，肇始于欧债危机。一方面，欧元区不但麻烦成堆，还要设“银行联盟”等种种制度来监管英国金融业，令英国人觉得“单干”未必不好；另一方面，欧元区先行深化一体化，也导致英国在欧盟被边缘化，损害了英国的利益。欧洲债务危机后，英国“疑欧”声浪越来越大，主张脱离欧盟的“英国独立党”从一个无名小党跃升为英国的主流政党。到了2012年底，就像《经济学家》杂志所指出的那样，“布鲁塞尔的每场谈话都难免有人问到，英国会离开欧盟吗”“英国就其欧盟成员身份举行公投似乎只是个时间问题”。[②]

果然，在2013年1月23日，英国首相卡梅伦首次提到了脱欧公投。他在伦敦发表欧盟政策演讲时宣布，如果自己领导的保守党在2015年的大选中获胜，将会就是否脱离欧盟举行全民公投。2015大选期间，卡梅伦又表示，如赢得大选，将提前举行原计划于2017年进行的公投。选举结果出来后，保守党出人意料大获全胜，卡梅伦不得不兑现自己的承诺。卡梅伦连任后，马上将英欧关系摆上重要议事日程，以公投为要挟频频前往欧洲大陆游说“英国特殊地位”。2016年2月19日，欧盟峰会经历两天艰难谈判后，卡梅伦与欧盟其他国家领导人就英国在欧盟的“特殊地位”达成一致，部分满足了英国在移民福利、成员国议会权力、欧元区一体化和非欧元区“话语权”等问题上的诉求。次日，卡梅伦宣布，将于6月23日就英国是否继续留在欧盟的问题举行全民公投。

---

① “Greek businesses: An actual Grexit”, *The Economist*, Feb 20th 2016.

② “Europe’s British problem”, *The Economist*, Nov 17th 2012; “Britain’s future: Goodbye Europe”, *The Economist*, Dec 8th 2012.

6月23日公投如期进行，公投的问题是："英国应该保持其欧盟成员国身份还是离开欧盟？"观察家普遍认为公投结果将是英国留在欧盟：一是因为卡梅伦已与欧盟谈判就英国留欧条件达成一致；二是6月16日（公投前一周）英国亲欧工党女议员考克斯（Jo Cox）遇害，利于留欧派拉同情票。虽然各民调结果胶着，但博彩公司的赔率却明显看好留欧。[①] 公投结果却大出意外。51.9%的英国人投票选择脱离欧盟。而投票率高达71.8%，是1992年以来英国最高的投票率。

虽然英国公投结束后英欧关系还存在诸多变数，但英国"脱欧"已成定局。1994年，当英国退出欧洲汇率机制（欧元的前身）时，有三分之一的保守党人支持欧洲一体化，有四分之一的保守党人支持联邦欧洲。[②] 而现在整个保守党如果以二十年前的标准来看，都算得上是反欧的。即便是留欧派，也认为英国应该处于欧盟的最外围。

边界矛盾的第四种形式则是民族主义情绪在欧洲的普遍高涨。

危机期间欧洲各国"算计"多、"情谊"少：德国、奥地利、芬兰等债权国政府纷纷向重债国索要额外的贷款担保；希腊、塞浦路斯等重债国则以"欧元前途"相要挟索要援助；东欧国家则不满自己刚一入盟就不但失去"被救助"的特权，还要掏钱救人。民族情感与各国政治博弈相交织在一起。南欧国家"人为刀俎我为鱼肉"的屈辱感自不待言。东欧国家认为，"我们也不富，比南欧还穷，为什么让我们掏钱？"北欧国家认为，"我们节衣缩食，南欧人又懒又馋，为什么我们要帮他？"这些言论充斥着街

---

① 威廉希尔（William Hill）在6月19日开出的留欧和脱欧的赔率分别为1赔0.28和1赔2.5，立博（Ladbrokes）同日开出的赔率则分别为1赔0.33和1赔2.25。

② "Unity in disunity: Conservative splits on Europe belie the reality", *The Economist*, Mar 5th 2016.

头媒体和电视辩论，是一种很真实的大众情感流露。

前文所提“脱欧”言论、“疑欧”政党、“反德”思潮等等，都是欧洲民族主义上升的一种表现。此外还有一些重要表现和后果，在此也值得一提。一是“法德轴心”的变化。德国与法国是欧洲大陆最强大的两个国家，被认为是欧洲一体化最重要的推动力量。法德在两次世界大战之后握手言和、共推一体化，成为国际关系史上罕见的“化敌为友”佳话，也成为“建构主义”最强有力的论据之一。欧洲债务危机也是靠法德联手才得以解决。不过，法德关系也出现了一些微妙变化。

一是德国在危机中强势崛起，成为“欧洲的中国”，打破了法德间的权力平衡。2007 年时，德国按美元计算的 GDP 是法国的1.29 倍，到2014 年，这个数字扩大到了1.36 倍。法德之间的经济实力的消涨也许并不算明显，但德国因“被迫”要处理欧洲债务危机以及随后的难民危机，而走到了欧盟决策的前沿，逐渐树立了欧盟“管家”的形象，使得法国过去引以为傲的“敢想敢出头”的政治优势不复存在。此外，法德两国的民族主义情绪都有所上升，尤其法国更为严重。危机后，法国国内弥漫着“衰落主义”情绪，不少人认为欧洲债务危机只是法国不断衰落、走向边缘化的新篇章而已。但和上世纪90 年代的衰落论不同，如今法国的衰落论者不再认为新自由主义是制止法国衰落的药方，而是认为法国的衰落是开放过度而导致的，因此要重建边界、将外部威胁阻挡在国门之外。这种民族主义思潮在法国史上的历次经济危机中都并不鲜见，法国的极右政党“国民阵线”在欧洲债务危机期间不断壮大成长，和这种思潮关系甚大。[①] 与法国相比，德

① 参见：Sarah Waters，“The 2008 Economic Crisis and the French Narrative of National Decline：Une causalité diabolique”，*Modern & Contemporary France*，Vol. 21，No. 3，2013，pp. 335 –354.

国虽然国内也有民族主义情绪，“德国选择党”成为选举“黑马”就是很好的说明，但德国领导人默克尔谨言慎行，并不轻易出头。欧洲国家基本认可德国通过欧盟来“领导”欧洲的做法，因此法国国内的民族主义情绪在未来对“德法轴心”可能有更大的影响。

二是东欧国家的民族主义情绪。在欧洲债务危机中，由于东欧并非处于舞台中央，其动向不太引人注目。但实际上，东欧国家也出现了一些比较重要的变化，其中之一便是民族主义的重新抬头。东欧各国几乎都兴起了极右政党，如匈牙利的“为了更好的匈牙利运动”（Jobbik）、波兰的“新右派大会”（New Right Congress）、保加利亚的“攻击党”（Ataka）、捷克的“公共事务党”（the Public Affairs）、罗马尼亚的“新生代党”（New Generation Party，PNG）、斯洛伐克的“斯洛伐克民族党”（Slovak National Party）等。这些政党的纲领形形色色，从反犹到歧视女性不一而足，但多少都带有一些民族主义的成分，而且这些政党所倡政策在很大程度上已为主流党派所吸收。其中，匈牙利和波兰的情况特别值得注意，因为这两个国家极右党派已夺得政权，上台执政。在匈牙利执政的是右翼政党“青年民主主义者联盟”（Fidesz），该党主席兼匈牙利总理欧尔班（Orban Viktor）自2010年出任总理以来（2014年连任），不屑欧盟反复提出的警告，采取强硬措施，对媒体、法院、非政府组织施行各种“威权主义”的做法，并在布达佩斯市中心的自由广场修建“德国占领纪念碑”，在欧盟制裁俄罗斯之际与俄修好。2014年，欧尔班公开宣称“自由民主制没有全球竞争力”“福利制度已经终结”，他要领导国家走上“非自由主义民主”的道路，引起西方舆论一片哗然。至于波兰，危机期间经济表现尚可，“崛起”势头仅次于德国，但选民并未买账。2015年大选，宣称“移民为欧洲带来寄生虫”“波兰人优先”的极右政党“法律与公正党”（PiS）大胜执政8年的“公民纲领党”，成为自20世纪末波兰社会转轨后第一个一党执政的政党。“法律与公正党”曾在2005—2007年短暂执政，被认为是“社会保守分子、天主教民族主义分子、疑欧派、反腐狂热人士、阴谋论者、保护主义者和重农论者的混合联盟”，执行“非自由主义的外交和文化政策以及国家主义和短视的经济政策”。[①]“法律与公正党”再次上台执政后，曾担任过波兰总理的党魁卡钦斯基选择留在幕后操盘，推行的政策与欧尔班几乎同出一辙：重组司法体系、打击非政府组织、控制传媒以对抗国内反对派、扶持民族企业。

匈牙利和波兰的共同点是挑战欧盟所提倡的价值观，而面对欧盟介入追究，两国都拒绝屈服。中东欧各国虽然经历了政权更迭和体制民主化，但民主制度的社会基础薄弱，因为民众对“自由”和“法治”等概念的理解，与西欧相比仍有很大的落差。[②]早在2007年，保加利亚政治学者克勒斯特夫（Ivan Krastev）就撰文警告，中东欧自铁幕倒下后的“自由主义年代”正步向终点，民粹主义和非自由主义正开始令地区分裂。[③]面对波兰和匈牙利的挑战，欧盟多方研拟适当方式，对其展开法律追究程序，却苦无良策。以波兰为例，欧盟威胁暂停其欧洲理事会投票权，

① “Poland: Europe's new headache”, *The Economist*, Dec 5th 2015.

② 斯洛伐克前总理伊维塔·拉迪乔娃（Iveta Radičová）2017年5月为“维谢格拉德观察”（Visegrad Insight）撰文指出，波兰、匈牙利、捷克和斯洛伐克这中欧四国经历政权改变和体制民主化后，在巩固民主制度这一步滞足不前。她总结了6项内部文化障碍的因素：1. 自由被理解为国家提供有限度的福利支持；2. 政治被矮化成提供安全以及社会经济管理，而非提供任何价值观；3. 法治疲弱，尤其是有缺陷的司法系统带来社会不公义的形象；4. 社会分化过程带来新型的社会不平等；5. 中产阶级薄弱，社会信任滑落，政治稳定难以保证；6. 政治局势不稳。这些因素使民众对社会现状深感不满，导致激进运动走上主流。Iveta Radičová, “Unconsolidated democracy”, Visegrad Insight, 31 May 2017。

③ Ivan Krastev, “The Strange Death of the Liberal Consensus”, *Journal of Democracy*, Vol. 18, No. 4, October 2007, pp. 56－63.

但按规定必须得到其他成员国一致同意，而匈牙利立即表态站在波兰一边，使得欧盟的惩戒想法落空，说明欧盟的决策者也低估了区内保守民族主义者的反弹能力。[①]

① James Dawson and Sean Hanley, "The Fading Mirage of the Liberal Consensus", *Journal of Democracy*, Vol. 21, No. 1, January 2016, pp. 20 – 34.

第三章

欧洲债务危机的历史性解释

一代人的成功，往往成为下一代人的包袱。人类，总是在解决前人积累下来的问题中前进。欧洲当前的民主资本主义困境，某种程度上也是前辈的成功所导致的结果。

上章描述了欧债危机下民主资本主义内部矛盾爆发的表现，下面两章将从民主资本主义内部矛盾来分析欧债危机爆发的原因。本章主要聚焦于“平等”这个内部矛盾。为了更好地说明，本章将分析二战后西方社会是如何围绕这个矛盾来作调整的，历次经济危机将成为主要的观察点。

这几次危机既是经济危机，也是政治社会危机，它们都是民主资本主义矛盾的体现，且主要是关于平等这个矛盾的体现。欧洲债务危机与二战后西方资本主义世界的几次危机——滞胀、财政赤字、次贷危机——有系统性联系：上一次危机的解决方案往往成为下一次危机的原因。在所有的经济危机中，政府都面临两难：民众要求政府提供增长与福利，而政府囿于市场限制而难以做到。

本章主要依时间顺序来叙述，故称之为“历史性解释”。

一、战后的妥协

二战结束后的半个多世纪时间里，西方的政治和经济、政策和思想都出现了几番重大变化，每次变化都与经济危机相联系。在当前西方主流经济学家看来，经济危机是经济政策失误所致，民众抗议“经济规律”，是缺少教育，而政治家不按“经济规律”说话办事，则是投机取巧。这种看法，是因为当前的主流经济学过于“纯经济”，不关心经济与政治、社会的关系。下文关于二战以来西方世界民主与资本主义四轮调整的分析，建立在政治经济学和社会学分析传统之上，特别是参考了德国社会学家施特雷克的观点。①

（一）增长与福利

第二次世界大战结束了一个旧时代，开启了一个世界经济体系的新时代。战后西方各国逐渐建立起一种在西方世界具有普遍意义的“民主资本主义”，或曰“资本主义民主”。这个词的出现，代表着资本主义改头换面，与民主实现了和平共处。而其实质，则是资本的力量为了自己的长远发展，对社会作了妥协，把自己的一部分利润拿出来用于照顾民众对“平等”的诉求。这时的西方政府，既有责任保证资本主义的有效运行，也有责任根据大多数选民的期待来干预市场，保证社会的稳定与公正。

国家介入经济事务的计划与管理，在当时不仅仅是“欧洲特色”，而是一种全球性趋势。从50年代到70年代，世界各地都兴

---

① 欧债危机爆发后，施特雷克撰写了大量相关文章，其主要观点可参见：Wolfgang Streeck，“The Crises of Democratic Capitalism”，*New Left Review* 71，Sept-Oct 2011，pp. 5 – 29；Wolfgang Streeck，*Buying Time*：*The Delayed Crisis of Democratic Capitalism*，London and New York：Verso，2014；Armin Schafer and Wolfgang Streeck (eds.)，*Politics in the Age of Austerity*，Cambridge：Polity，2013；［德］沃尔夫冈·施特雷克著，常晅译：《购买时间：资本主义民主国家如何拖延危机》，社会科学文献出版社，2015 年版。

起了轰轰烈烈的“社会工程”。在西方，社会民主力量主导建立了福利国家，与此同时，在西方阵营中的其他一些发展中国家，以及苏联在内的社会主义国家，各种国家建设都在大踏步前进。无论西方（资本主义阵营）、东方（社会主义阵营）、还是南方（发展中国家），都受到了马克思主义、凯恩斯主义的鼓舞。经过二十年的发展，全球多地面貌为之一变。

欧洲战后的“黄金二十年”正是上面这幅图景中的一角。从1950年到1970年，法国的经济规模增长了7倍多，而英国的经济规模增长了3倍多。[①] 在50年代，意大利还有8%的失业率，而到了60年代，欧洲的失业率普遍降到了1.5%的水平，历史上第一次出现了全面就业现象。所谓的“富裕社会”（affluent society）正是在这一时期开始形成。特别是苏联在60年代经济增长放缓，资本主义变得明显地领先于社会主义了。[②] 正如美国政治经济学家伯曼（Sheri E. Berman）所指出的那样，“进入现代以来，头一次，欧洲同时取得了经济增长和政治社会稳定”。[③]

经济发展改变了欧洲的面貌，最可见的是传统小农经济的死亡。自古以来，绝大多数人都依土地为生。即使到了二战前夕，农牧渔业人口低于总人口20%的国家，世界上只有英国和比利时而已，连美国和德国这两大工业化国家，农业人口仍占总人口的1/4左右，法国、瑞典、奥地利三国都在35%—40%之间。而在东欧，像保加利亚和罗马尼亚这样的国家，还有80%的人口依然靠土地为生。到80年代初期，在英国和比利时，只有不到3%的人口从事农业生产。西欧国家，除爱尔兰、西班牙和葡萄牙这三国外，已经没有一个国家的农业人口超过10%以上。马克思关于

① 据经合发组织（OECD）数据库数据计算得出。

② ［英］艾瑞克·霍布斯鲍姆著：《极端的年代：1914—1991》，第325页。

③ Sheri E. Berman, “What Happened to the European Left?” *Dissent*, Summer 2010, p. 27.

小农经济必将从地上消逝的预言，在西欧变成了现实。[①]

战后包括西欧在内的西方发达国家，之所以能够在工业化大道上一路往前猛冲，实现了经济高速增长，从农业国向工业国转型，原因有很多，但主要说来得益于以下几个制度性的因素。（1）生产机制，如企业组织、生产流程。大规模、分工化、标准化的流水线生产——也就是所说的福特主义，是这个时期生产机制的特点。福特主义的生产方式大大提高了劳动生产率，同时也在很大程度上解决了战后严重的失业问题。（2）产业关系的机制，如工会组织、劳资谈判。如果对投资回报没有稳定的预期，福特主义的大规模生产方式就难以施行。由于劳资关系制度化，资本家也乐得满足工会的涨工资要求，以求得稳定的利润。工会的影响力在这段时间不断扩大。（3）社会经济政策机制，主要是再分配制度。在战后二十年间，发达国家通行凯恩斯主义的经济原则，国家普遍对经济进行了一定管控，如法国的指令性经济、德国的社会市场经济，瑞典的“瑞恩—梅德纳（Rehn-Meidner）模式”。此外，现代福利国家制度也是在这段时间确立的。福利制度完善后，工人更愿意花钱消费，因此福利政策也拉高了国内消费，从而带动经济增长。（4）国际机制，包括贸易、汇率、国际金融制度等。关税及贸易总协定（GATT，世界贸易组织前身）、欧洲经济共同体等促进了国际贸易；国际货币基金组织、欧洲支付同盟/欧洲货币协定促进了汇率的有效管理。这套国际机制是与当时西方各国通行的国内政策相配套的。[②]

---

① ［英］艾瑞克·霍布斯鲍姆著：《极端的年代：1914—1991》，第364—366页。

② Peter Hall, “The Political Origins of Our Economic Discontents: Contemporary Adjustment Problems in Historical Perspective”, Miles Kahler and David Lake eds., *Politics in the New Hard Times: The Great Recession in Comparative Perspective*, Ithaca: Cornell University Press, 2013, pp. 129 – 149.

因此，战后二十多年的繁荣，既有经济制度方面的因素，如福特主义、凯恩斯主义等，也有阶级、社会、国际等其他方面的因素，如集体劳资谈判、社会福利国家、外向型的国际体系，这些因素共同促成了西方战后二十多年的繁荣。这段时间的经济繁荣的突出特点是民主与资本主义达成了历史性妥协："民主资本主义"允许工人阶级争取和扩大福利，作为交换，工人阶级并未推翻资本主义，而是争取改革资本主义。这种妥协作为一种制度落实了下来，其具体表现就是福利国家（在西欧格外突出）、工会（工人可以通过独立的公会自由进行集体谈判）、以及凯恩斯主义（政府通过凯恩斯主义经济政策保证充分就业）。

这种妥协之所以能出现，某种程度上也是因为西方的资产阶级对两次世界大战之间的阶级冲突心有余悸。两次世界大战期间的阶级冲突造成了俄国布尔什维克革命和德国魏玛共和国解体。二战结束后苏联作为超级大国存在，更使阶级冲突"警钟长鸣"。从某种意义上说，如果没有苏联的社会主义实践即西方眼中的"苏联威胁"，西方也不会变成今天的福利国家。正如历史学家朱特（Tony Judt）所说："后民族主义、福利国家、合作、和平的欧洲……是焦虑和不安全感的产物。"[①] 此外，二战后政党政治的新趋势也有利于达成阶级妥协。当时西方的政党选举竞争关注阶级分配等议题，为了获得更多选民的支持，无论左右政党都尽量向中间靠拢，"计划经济""福利国家"成为左右共识。[②] 这种共识，实质上是对战前思潮的一个重要调整，在二战前，西方的主流政治思想是相当"自由主义"的——反对国家干涉，强调市场和企业的主体性，认为个人消费对国家利益没有什么帮助。

---

① ［美］托尼·朱特著，林骧华等译：《战后欧洲史：旧欧洲的终结》，北京·中信出版社，2014年版，第8页。

② Seymour Martin Lipset, "The Changing Class Structure and Contemporary European Politics", *Daedalus*, Vol. 93, No. 1, Winter 1964, pp. 271–303.

在经济高速增长的基础上，福利国家、凯恩斯主义等政策缓和了阶级矛盾，欧洲的共产主义、社会主义政党纷纷转入“体制内”。哈贝马斯描述道：“第二次世界大战之后的几十年里，最发达的资本主义国家都成功地在关键领域中使阶级冲突保持在潜在状态，这里撇开1968年的巴黎五月事件不论；成功地延长了经济周期，把周期性的资本贬值变成了比较和缓的持续通货危机，并且还广泛地消除了经济危机的功能紊乱副作用，把副作用分散到准集团中（如消费者、学生及其家长、交通使用者、病人、老人等），或没有什么组织的自然人群中。通过这种方式，各阶级的社会身份就被打破了，阶级意识也变得支离破碎。阶级妥协成为了晚期资本主义结构的一个组成部分……”①

当然，二战后民主与资本主义的完美结合并未消除民主与资本主义之间的根本矛盾。二者所遵循的原则毕竟是不同的：资本主义尊崇“自由市场”——这样一来就必然出现竞争和不平等；而民主尊崇“天赋权利”——这样一来每个人原则上都是平等的。西方政府要同时遵循这两个原则，既保证“自由市场”，又保证“天赋权利”。西方政府不敢忽视其中的一端，而且即便忽视也只能是暂时的：如果忽视来自民众的再分配需求，那么就会被多数民众选下台去；而如果忽视生产资料拥有者的需求，那么就会导致生产力下降、经济难以为继，最终也会失去执政地位。西方政府一直处于市场和选民这两种压力之下，战后多次经济危机都是试图在这两种压力下找平衡的表现和结果。现在回头看，战后二三十年更像是一种例外，而此后出现的各种危机才是常态。也就是说，民主与资本主义的平衡总是短暂的，要陷入不断的调整之中。

① ［德］尤尔根·哈贝马斯著，刘北成、曹卫东译：《合法化危机》，上海世纪出版集团，2009年版，第43页。

（二）第一轮调整与通货膨胀

60年代末，西方战后二十多年持续不断的高经济增长逐渐进入尾声。随着经济增长下滑，既有的民主与资本主义的平衡方案——福利国家、工会集体谈判、凯恩斯主义经济政策——难以为继。但是战后的二三十年也确立了西方现代资本主义的“标准形象”，以致于民众认为，持续不断的经济增长是公民权之一，政府有责任保证经济持续增长、福利不断增加。不管实际经济情况如何，工人在与资方的谈判中总坚持涨工资的立场。福利政策和凯恩斯主义经济政策又使得工人在和资方的谈判中处于有利的地位，因为工人可以在要求涨工资的时候不用担心失业。而六七十年代的西方政府一般也认为，如果通过失业率上升来迫使公会软化立场，即便不是对“民主资本主义”的破坏，也是政治上非常危险的招数，将会导致自己被选民选下台。因此一旦经济下滑，西方国家便面临一个难题，就是如何既坚持凯恩斯主义经济政策，又让工会软化立场。

既然政府不敢改变全民充分就业的政策，就只好动用货币手段。西方政府普遍施行了宽松的货币政策，也就是扩大信贷，多发行货币，并最终导致了通货膨胀。持续的高通胀虽是“不健康”的经济现象，但在一段时间内却有效解决了政府的难题。宽松的货币政策本质是“创造”出比实体经济更多的、原本不存在的钱来，或者说，是在提前消费和分配未来的资源。用这创造出来的钱，政府便可以“花钱买平安”，维持民主与资本主义的和谐。因为在通胀的情况下，钱越来越“不值钱”，因此工人就能像过去一样接着“涨工资”；而且通货膨胀主要损失的是有钱人的利益（因为钱在贬值），因此工人一开始并不介意通货膨胀。也就是说，在经济增长逐渐放缓的时候，原有的战后民主与资本主义的平衡难以持续，为了避免出现激烈的社会冲突，西方政府不得不重新摸索使其平衡的办法。宽松的货币政策就是在这种情况下引入的。

这就是为什么说通货膨胀可以被看作是民主与资本主义矛盾的体现——工人要求充分就业和高收入，资本家追求尽可能的高利润，二者难以在现有政策框架下达成共识，最后只好通过通货膨胀来缓和矛盾。英国著名社会学家戈德索普（John Goldthorpe）在70年代就指出，不断恶化的高通胀，是民主资本主义市场经济不可分割的一部分，是工人和民众纠正市场的集体行动的结果。①

然而，高通胀所带来的和谐是暂时的。随着时间的推移，高通胀必然导致经济扭曲。最终，就会出现卡莱斯基所说的情况：投资者认为政府政策有损于其投资预期，于是减少投资，最终导致经济失灵。② 因此，在70年代，西方的“民主资本主义”经历了其战后的第一次危机。这次经济危机，也就是人们通常所说的“滞胀”：通货膨胀率迅速攀升，同时伴随着经济不景气。③

在经济不景气的情况下，工人失业迅速增多，原本对工人阶级有利的高通胀也就变成了有害。既然高通胀对资方有害，对劳方也有害，那么政府也就不能再靠宽松的货币政策来维持民主与资本主义的平衡了，而必须改弦更张，寻找新的办法。

（三）第二轮调整与政府债务

在20世纪70年代末，西方世界进入了战后的第二轮调整。

① John Goldthorpe，“The Current Inflation：Towards a Sociological Account”，Fred Hirsch and Goldthorpe，eds.，*The Political Economy of Inflation*，Cambridge MA：Harvard University Press，1978.

② Michal Kalecki，“Political Aspects of Full Employment”.

③ 1973年和1979年两次“石油危机”，也加剧了西方经济危机。

1979 年，美联储主席沃尔克（Paul Volker）实行货币紧缩政策，将利率大幅提高以遏制通胀。但是，高利率导致投资愈发低迷，失业率随之大幅攀升，达到了滞胀以来的最高点。过去西方政治家担心工人失业会导致自己被选下台，不敢采取导致工人失业的政策，沃尔克的新政策堪称一场革命。1984 年，里根再次当选美国总统，继续采取通缩的做法。而在里根之前一年（1983 年），学习美国做法的“铁娘子”撒切尔夫人再次出任英国首相。除了美英之外，整个欧洲大陆都逐渐放弃了传统的凯恩斯主义经济政策，不再以通胀为政策手段。美国和英国在采取通缩政策的同时，都大力削弱工会的影响力。1981 年，里根成功压制了美国联邦航空管理人员大罢工；英国撒切尔夫人则成功压制了 1984 年的英国矿工大罢工，关闭了大量煤矿，导致数万煤矿工人失业。以至于近 30 年后，撒切尔夫人 2013 年去世时，不少英国矿工仍难忘旧恶，游行相庆。随着工会权力不断削弱、罢工日益罕见，一些国家甚至不再对罢工进行统计。

美国和英国的新自由主义政策等于是抛弃了战后民主与资本主义形成的平衡。政界、学界形成了一种新共识，那就是在高失业和高通胀之间，如果非要选择的话，那么宁可选择高失业。美英的这种做法受到了全球各国政府的关注，众多国家跟随美英进行了自由化改革，内容包括紧缩财政、私有化、税务改革、竞争性汇率、贸易自由化、金融自由化等等。[①] 新自由主义很快就成为主导全球经济政策的一股思潮，以致于“自宗教改革以来第一次出现这种情况……在整个西方，甚至是全世界的思想界，已经

① 关于新自由主义的历史，参见：David Harvey，*A Brief History of Neoliberalism*，Oxford：Oxford University Press，2005；［意］阿里吉著，路爱国等译：《亚当·斯密在北京：21 世纪的谱系》，北京．社会科学文献出版社，2009 年版。

听不到任何显著的系统化的反对呼声了”。[①]

上文提到，西方在二战结束后初期建立起“民主的资本主义”与当时的历史环境有关：西方对两次世界大战期间的阶级冲突心有余悸，而苏联的存在犹如“警钟长鸣”；福特主义大规模、标准化生产方式大幅提高了生产力，不断扩展的福利制度因此有了坚实的物质基础。同样的，80 年代以来新自由主义政策占据主流，也有其时代背景：福特主义生产模式逐渐耗尽了其经济和社会发展的潜力；西方民众富裕后崇尚后物质主义价值观而不再热衷阶级斗争；信息技术革命和全球化推动了社会经济变革；以及冷战的结束使得“社会主义”不再成为现实威胁。[②]

然而，虽然通胀抑制住了，经济却未能恢复秩序。随着通货膨胀率降低，公共债务开始上升。其根本原因是：当通货膨胀不能再作为调和民众需求（民主）和市场逻辑（资本主义）的手段，维持社会稳定的重任便落在了政府身上，政府只好动用国家财政去调和民主与资本主义，因此财政赤字不断攀升。早至上世纪 50 年代，就有学者“预测”，在民主国家，民众对公共服务的需求将会超过政府资源所允许的程度，最终导致政府入不敷出、大量举债，出现财政危机。[③] 除了“民主”这个原因外，80 年代政府负债增多的具体原因有很多：经济放缓导致民众对税收比过去更为反感，政府很难增税；越来越高的失业率导致政府的福利支出增加，等等。总之，政府开始借入越来越多的钱以支付公共

① Perry Anderson, “Renewals”, *New Left Review*, Vol. 2, No. 1, 2000, p. 17. 转引自［英］阿列克斯·卡利尼科斯著，罗汉等译：《反资本主义宣言》，上海世纪出版集团，2005 年版，第 3 页。

② Peter A. Hall, “The Political Origins of Our Economic Discontents”.

③ Anthony Downs, “Why the Government Budget Is Too Small in a Democracy,” *World Politics*, Vol. 12, No. 4, 1960, pp. 541 – 563; James O’ Connor, ‘The Fiscal Crisis of the State,’ *Socialist Revolution*, Vol. 1, Nos 1and 2, 1970.

服务的开支。这时候低通胀对政府有利，因为这样的话债权人认为币值相对稳定，愿意给政府借钱。

在一段时间内，公共债务起到了和通胀一样的效果。公共债务的本质也是“创造”出尚未存在的资源用以再分配，等于是政府提前使用未来的钱。虽然过高的财政赤字会把私人投资挤出市场，导致高利率和低增长；但在具体操作中，在一段时间内，通过金融自由化尚能保持低利率，而通过打击工会尚能保持低通胀。因此，通过增加公共债务，西方政府暂时缓和了社会矛盾，赢得了一段时间的经济繁荣。

但就像通胀一样，不断积累的公共债务也是不可持续的。在一些居民储蓄率偏低的国家，政府除了将国债卖给本国居民外，还得卖给外国投资者，包括外国的主权财富基金。随着负债越来越多，政府开始借新债还旧债，债务的利息也成为公共支出的一部分。长此以往，国际债权人就开始担心政府还不起债了。于是市场给政府施压，让其整顿财政赤字、执行严格的财政纪律。

（四）第三轮调整与金融自由化

在20世纪90年代，西方世界进入了战后的第三轮调整。1992年的美国总统竞选的一个重要议题就是“双赤字”——财政赤字和贸易赤字。民主党候选人克林顿当选之后，就开始向“双赤字”开刀。开始时，克林顿政府通过进行社会改革（如增加公共投资和教育投入）来发展经济，从而逐渐减少财政赤字。但民主党在1994年中期选举落败后，克林顿转而采取紧缩措施，减少公共开支，削减福利。从1998年到2000年，美国政府罕见地出现了财政盈余。但这并不是说，克林顿政府不需要额外的资源就缓和了社会矛盾、重新实现了民主和资本主义的平衡。事实上，克林顿政府非常倚重自里根时代就开始的金融自由化，甚至将金融自由化又推到了一个新的高度。

金融自由化的实质，也和通胀、财政赤字一样，都是“创造”出实体经济所没有的钱，用未来的资源来缓和民主和资本主义的矛盾。严格地说，金融自由化进程在上世纪70年代初已露端倪。1971年，英国进行了“第一次金融革命”，取消了对存款利率的限制。1979年，英国制定新的《银行法》，创设储蓄保险制度，取消外汇管制。80年代中期后，金融自由化进程逐渐加快，步步升级。美国于1983年取消了对定期存款利率的限制，1986年利率完全自由化，1994年通过《洲际银行效率法》，允许银行跨州经营。英国于1981年进行“第二次金融革命”，使利率完全自由化。1986年实施证券业“大变革”为“第三次金融革命”，1987年修改《银行法》允许银行参与证券业。德国1985年使马克外债市场自由化，1990年开设期货交易所，1991年通过《第一次资本市场振兴法》免除有价证券交易税，1994年通过《第二次资本市场振兴法》制定《证券交易法》，1997年通过《第三次资本市场振兴法》，信息进一步公开化。法国1984年通过《银行法》，采纳德国“综合性银行”制度，允许银行兼营证券业。1988年实施“法国版大变革”改革证券市场，1989年实行证券交易自由化，1996年通过实施《金融现代化法》。[①]

客观地说，金融自由化是经济全球化背景下，金融业发展的必要要求，很多人也都从金融自由化中直接受益。富人不但避免了高税收，还从日益复杂的金融投资中赚取了财富。广大民众也通过股市、信贷等各种金融手段，轻易地获得资金，弥补了由于

① 宿景祥：“美欧日金融监管体制的改革”，《现代国际关系》，1998年第11期，第36—39页。

福利削减、工会不力而造成的生活困难。[①] 过去是政府借债为个人提供住房、教育、培训，现在是个人能够很容易地在金融市场上筹得资金去给自己提供住房、教育和培训。有学者很精辟地指出，金融自由化相当于把政府债务变成了私人债务，是“私人的凯恩斯主义”。[②]

金融自由化并不是没有副作用。由于获得房贷非常容易，原本很多买不起房子的人也纷纷买房子，房产价格被推高。在工资增长不多的情况下，不少房主接着投资房产市场，或拿房子去抵押贷款以支付生活中的其他费用。也就是说，人们允诺把自己将来的大部分收入交给金融机构，而作为回报，金融机构让这些人马上有钱买所需的东西。2001 年后，美联储为了防止经济衰退而施行低利率政策，由此带动就业，金融自由化得以持续，金融机构获得了空前的利润，美国经济呈现出一派欣欣向荣的景象。美国的成功使得美国模式成为很多欧洲国家学习的对象。但是，这种政策是很危险的。美国在 2008 年底爆发次贷危机后，这种模式便被打回了原型——房价不涨反跌、个人资产缩水而还不起银行贷款、银行倒闭。此外，金融自由化也使贫富差距进一步拉大。在“以钱生钱”的竞赛中，虽然穷人也能得益，但富人毕竟本金更多。在金融自由化时代，富人的钱迅速地变为股市中的“天文数字”，即便几十年前的富人也难以想象。

更严重的是，在金融危机爆发后，负债累累的人们突然发现，借贷的风险也早已“个人化”了。自己一旦还不起房贷，房

---

① 有研究指出，贫富差距某种程度上是私人信贷增多的原因。参见：Cristiano Perugini，Jens Hölscher and Simon Collie，“Inequality，credit and financial crises”，*Cambridge Journal of Economics*，Vol. 40，No. 1，2016，pp. 227 – 257.

② Colin Crouch，“Privatised Keynesianism：An unacknowledged Policy Regime”，*British Journal of Politics and International Relations*，Vol. 2，No. 3，2009，pp. 382 – 399.

产就要被银行或其他金融机构收走。美国、西班牙街头都出现了因还不起房贷而流浪的人，正是借贷风险个人化的生动体现。

随着美国次贷危机及随后的全球金融危机爆发，战后的民主资本主义进入了继通胀、财政赤字、私人债务之后的第四轮调整。欧洲债务危机就发生在这个调整关头，当前也仍然处于此阶段。下文将叙述这个“第四轮调整”。

二、危机后新一轮调整

全球金融危机导致了两个后果：一是金融自由化政策受到诟病；二是财政赤字急剧上升。就像过去的危机一样，全球金融危机也迅速改变了过去的主流意识形态，使曾备受推崇的金融自由化受到了普遍的抨击。[①] 二十国集团领导人和各国的中央银行都大幅加强了对银行业和金融业的监管，国际协调也明显加强。

（一）金融改革

2008 年 11 月，二十国集团（G20）领导人在华盛顿举行会议，G20 取代过去的七国集团（G7）成为全球领导人讨论应对金融危机的平台。法国总统萨科齐、德国总理默克尔、英国首相布朗提出应改革国际金融体系。华盛顿峰会达成金融改革行动计划，内容包括强化金融市场透明度、加强现有监管体系、提升国际金融市场诚信度、强化国际合作、改革现有国际金融机构等。

2009 年 4 月，第二次 G20 峰会决定将过去 G7 框架下的金融稳定论坛（FSF）成员扩展至包括所有 G20 成员国，更名为金融

① Stuart P. M. Mackintosh, “Crises and Paradigm Shift”, *The Political Quarterly*, Vol. 85, No. 4, October - December 2014, pp. 406 - 412.

稳定委员会（FSB）。2009 年到 2010 年短短一年间，G20 在金融稳定委员会的提议下达成了多项具体改革措施。2010 年 9 月，由 27 个国家银行业监管部门和中央银行高级代表组成的巴塞尔银行监管委员会就《巴塞尔协议Ⅲ》的内容达成一致，协议要求银行提高资本充足率，严格资本扣除限制，扩大风险资产覆盖范围，引入杠杆率，以及加强流动性管理。[①] 如此迅速有效的大范围国际合作为二战后仅见。在实际操作中，银行银根吃紧、个人和企业也因经济不好而不敢多贷款，导致银行贷款比过去有所下降。据欧洲央行的统计，在 2008 年第三季度，65% 的银行大幅提高了信贷标准。[②] 一些在 90 年代后高度倚重金融业的国家（如爱尔兰、冰岛）金融业受重挫乃至崩溃，国家的产业结构因此进行了大幅的调整。[③]

另一方面，金融危机使各国政府支出大幅增加。金融危机之后，各国纷纷采取了以下措施：救助金融机构、出台经济刺激计划、扶持受冲击严重的产业、救助社会弱势群体，导致各国政府债务出现了“跳跃式发展”。美国政府开支占 GDP 的百分比，从危机前 2007 年的 37% 增至 2009 年的 42%，英国从 44% 增至 52%，德国从 44% 增至 48%，法国从 52% 增至 56%。[④] 欧盟 27 国的政府赤字，从 2007 年占 GDP 的 0.9% 升至 2009 年

---

① “Basel III: A global regulatory framework for more resilient banks and banking systems (revised version)”, Bank for International Settlements, June 2011.

② “The EU ‘sresponse to support the real economy during the economic crisis: an overview of Member States’ recovery measures”, *European Economy*, Occasional Papers 51 | July 2009, p. 75.

③ 有关爱尔兰与冰岛的情况，参见：Daniel Finn, “Ireland on the Turn? Political and Economic Consequences of the Crash”, *New Left Review*, No. 67, Jan-Feb 2011, pp. 5 – 39; Robert Wade and Silla Sigurgeirsdottir, “Lessons from Iceland”, *New Left Review*, No. 65, Sept-Oct 2010, pp. 5 – 29。

④ OECD Dataset: National Accounts at a Glance, 2010 edition.

的6.6%。[1]

上述是全球金融危机之后第一个阶段的情况。在这个阶段，金融自由化手段失去合法性，财政赤字重新成为调和民主与资本主义的手段。出于对危机后果的恐惧，西方政府宁可“重蹈覆辙”背负巨额债务，也不敢放任经济、社会自生自灭。

但险情稍微缓解后，各国政府开始考虑“退出”经济刺激政策。2009年9月的二十国匹兹堡峰会上，各国首次讨论了经济刺激方案退出机制，并同意应着手拟定退出策略，以免加重财政负担，引发通货膨胀风险。年底欧债危机爆发后，希腊、西班牙、葡萄牙等欧洲国家被迫加快退出步伐，提早结束经济刺激，转向紧缩财政，以重塑市场信心。就连财政状况相对较好的德国也计划从2011年起削减财政开支。在2010年的二十国集团多伦多峰会上，欧洲国家与美国唱反调，认为峰会焦点应从继续刺激经济复苏转向巩固财政。2011年后，欧盟开始施行严格控制政府开支的紧缩政策。欧盟通过“欧元附加条约”“六部立法”“财政契约”“两部立法”等建立了一套新的加强成员国财政纪律的制度。

至此，金融自由化和财政赤字这两个手段都失去了“合法性”。

（二）负利率与量化宽松

既然金融自由化和财政赤字这两个手段都失去了“合法性”，西方政府便需要寻找新的手段来缓和民主与资本主义的矛盾。正当各国政府一筹莫展之际，中央银行走到前台，提出了出人意料的、极具创造力的新办法。

第一个新办法是实施低利率、零利率乃至负利率。降低利率

① Eurostat database：General government deficit/surplus.

通常是刺激经济复苏的有效办法，因此，危机之后各央行纷纷将基准利率降至1%以下，并长期徘徊在零附近。但经济复苏却非常迟缓。为了加强对经济的刺激力度，过去被认为不可能的“负利率”出现了。一位银行从业人员如此描述“负利率”的新奇程度：“笔者首次经历负利率，是在2011年瑞士央行突然实施盯住欧元的汇率制度。由于汇率与利率之间的关系，即期利率在市场中以负数成交。一时间笔者工作的银行所有计算于对数正态分布模型的服务器都瘫痪了，因为在这些模型中，利率不可能为负。当时在同事中这被认为是昙花一现的笑话。”[①] 负利率在首次出现后即迅速蔓延。2014年6月，欧洲央行宣布实行负利率。到2016年初，就像《经济学家》所评论的那样，“几乎这个世界上四分之一的GDP来自实施了负利率的国家”。[②] 丹麦、瑞典、瑞士、日本、欧元区的央行都实施了负利率。在央行的负利率政策之下，德国国债和日本国债从1年期到10年期的利率都跌到了负数。

一般个人和公司存在银行的钱利率即便再低，也只是接近零，而不会是负值。央行实施负利率，代表银行放在央行的钱不但没有利息，还必须付钱给央行，这相当于央行鼓励银行把钱外借。政府实施负利率有两个目的：一是鼓励民众和企业消费、创造需求、提高通膨率和经济成长；二是减少储蓄和公债等安全资产的收益率，减轻政府和金融机构的经济负担。

另外一个更值得一提的办法是“量化宽松（Quantitative Easing)”。“量化宽松”是一种非常规的货币政策。当央行的名义利率已经是零或接近于零的时候，理论上就再无法通过降低利率来

① 熊赟：“英国退欧：流动性泛滥终结前奏”，《金融时报》中文网，2016年07月4日。

② “Interest rates: Negative creep”, *The Economist*, Feb 6th 2016.

刺激经济了。虽然各国实施了负利率，不过负利率的政策空间是十分有限的——负利率即意味着要付钱给银行才能在银行存钱，其荒谬之处显而易见。因此，“量化宽松”的货币政策便应运而生。所谓“量化宽松”，指的是央行通过公开市场从商业银行和其他金融机构购入金融资产（比如说住房抵押贷款证券、担保债务凭证等）。此举将直接导致市场的货币供应量增加，相当于变相“印钞”。在本质上，量化宽松与此前的通货膨胀、财政赤字、金融自由化也没有区别，都是通过“创造”出本不存在的资源来缓解危机。

2008年起，美国开始实施这一过去所不为人熟悉的量化宽松政策：2008年11月25日推出第一轮，购买5000亿美元的抵押贷款支持证券和1000亿美元的债券；2009年3月18日推出第二轮，购买3000亿美元的美国国债、7500亿美元的抵押贷款支持证券和1000亿美元的债券；2012年9月13日，推出第三轮，按至少每月400亿美元的频率购买抵押贷款支持证券。英国从2009年起也开始实施量化宽松政策，包括三轮资产购买计划和“融资—贷款计划”（FLS）。[①]

欧洲央行实行量化宽松政策晚于美国，而且和美国不同，一般不使用“量化宽松”一词。2009年以来，欧洲央行实行了各种不同类型的量宽政策——包括担保债券购买计划（CBPP）、证券市场计划（SMP）和完全货币交易计划（OMT）等，力度逐渐加

---

① 2009年5月5日，英格兰银行宣布将购买750亿英镑的金融资产，随后增加购买金额至2000亿英镑。2011年10月6日，英格兰银行宣布继续购买750亿英镑的金融资产，2012年2月9日将购买总金额增至3250亿英镑。2012年7月5日，英格兰银行再次宣布购买500亿英镑的金融资产。三轮资产购买计划的总金额达到3750亿英镑。此外英国还推出“改良版”的量化宽松政策。2012年7月，英格兰银行引入了“融资——贷款计划”（FLS），从2012年8月1日起的18个月内，英国各银行能够以非常便宜的资金价格融入长期资金，但前提是要增加贷款规模。

大。2009 年 5 月 7 日，欧洲央行宣布执行担保债券购买计划。该计划包含了两次购买行动，即 2009 年 7 月至 2010 年 6 月间，欧洲央行在一级、二级证券市场中购买 600 亿欧元的、以欧元计价的担保债券，以及 2011 年 11 月至 2012 年 10 月间购买 400 亿欧元债券。2010 年 5 月，欧洲央行引入证券市场计划，欧洲央行及 17 个欧元区国家的中央银行在二级市场购买财政问题较严重国家的政府债券，以降低这些问题国家的融资成本和还款压力。2012 年 7 月，欧洲央行行长德拉吉表示，将会“不惜一切努力救欧元”。此言论被市场解读为欧洲央行终于“出手”，市场信心有所恢复。9 月，欧洲央行宣布启动完全货币交易计划以取代证券市场计划：欧洲央行在二级市场中“无限量”地购买剩余期限在一至三年的问题政府债券，以改善欧元区问题国家的金融财政状况，确保国债违约风险为零。与此同时，欧洲央行通过出售其他资产来“冲销”流动性，避免因货币供应量增多而引发通胀。欧洲央行在 2012 年 9 月的这个举动大大增强了市场信心，成为欧洲债务危机的“分水岭”，此后欧洲债务危机逐渐缓和。

（三）央行统治力强化

可以说，全球金融危机之后，各国的央行都在国内决策中获得了新的话语权，地位有所上升，而欧洲央行更是如此。在推行量宽政策之后，欧洲央行实际上与“欧洲稳定机制”一道，充当了欧盟成员国的“最后贷款人”。[①] 与其他国家的央行不同，欧洲

① 参见：Paul De Grauwe and Yuemei Ji，“Correcting for the Eurozone Design Failures：The Role of the ECB”，*Journal of European Integration*，Vol. 37，No. 7，2015，pp. 739 – 754；Kun Hua，“The Institutional Innovation of the Lender of Last Resort Facility in the Eurozone”，*Journal of European Integration*，Vol. 36，No. 7，2014，pp. 627 – 640。

央行的“最后贷款人”角色并非理所当然。欧洲央行有没有实行量化宽松的权力，完全属于欧盟法律规定中的灰色地带。《欧盟条约》第125条规定，欧盟不得为成员国的政府担保承担责任。[①]很多人据此认为，欧洲央行无权直接购买成员国的债务。欧洲央行2012年宣布实施完全货币交易购债计划后，德国35000多人集体诉讼要求取消购债计划。2015年，欧洲法院宣布购债计划合法，但在解释裁决的声明中设定了一些条件，称必须有保障措施，确保此类计划不会违反禁止央行为政府融资的原则。[②]

欧洲央行的量宽政策，实际上是要欧元区所有国家一起承担重债国的融资成本，这对债权国德国显然不利。此外，德国也担心量宽政策的“道德风险”，也就是说担心重债国经济形势好转后就不再推行结构性改革。正是由于德国的阻挠，欧洲央行迟迟未能“走到台前”。但在紧迫的形势下，德国最后还是作出了一定妥协，因为一旦欧洲债务危机得不到及时控制而导致欧元崩溃，德国也无法置身度外。可以说，欧洲债务危机导致了欧洲央行的意外“崛起”，欧洲央行成为了克服欧元区机构性矛盾的一个出路。

2012年欧洲央行“出手”导致危机缓和，但欧洲经济却迟迟未见起色，甚至还面临通缩风险。于是，欧洲央行在2014年再次

---

① 原文为：“在不影响为共同实现某一特别项目而相互提供财政担保的情况下，联盟不得为成员国的中央政府、地区或地方政府，其他公共机关以及其他公共组织或企业提供的担保承担责任，也不得为上述政府、机关、组织和企业提供担保；在不影响为共同实现某一特别项目而相互提供担保的情况下，一成员国不得为另一成员国的中央政府、地区或地方政府，其他公共机关以及其他公共组织或企业的担保承担责任，也不得为上述政府、机关、组织和企业提供担保。”参见欧洲联盟官方出版局著，苏明忠译：《欧洲联盟基础法》，北京，国际文化出版公司，2010年版，第302页。

② Court of Justice of the European Union, “According to Advocate General Cruz Villalón, the ECB's Outright Monetary Transactions programme is compatible, in principle, with the TFEU”, PRESS RELEASE No 2/15 Luxembourg, 14 January 2015.

密集出台量宽政策：6月宣布实施定向长期再融资操作（TLTRO），10月中旬启动担保债券（covered bond）购买，11月开始资产支持证券（ABS）购买计划。到了2015年初，鉴于量宽政策已成全球主流，欧洲央行不再在量宽问题上“犹抱琵琶半遮面”，而是明确推出量宽政策（为与过去的几次量宽政策相区别，媒体也称为“全面量宽”“重磅量宽”等）。1月22日，欧洲央行宣布引入总规模达1.1万亿欧元的量宽政策——计划在至少19个月内每月支出600亿欧元，在购买资产担保债券和资产担保证券的原有计划之余还要再大量购买国债（此政策在3月9日正式启动，并延长至2017年3月）。到2016年3月10日，欧洲央行再推出新一轮刺激经济措施，把每月回购债券的金额由原来的600亿欧元增加到至800亿欧元，相当于把量化宽松的规模扩大了33%，而且将回购债券的范围扩大到高质量公司债。除此之外，从6月起实施总规模高达1.7万亿欧元的“第二轮定向长期再融资操作”（TLTRO－2）。欧洲央行这一轮量宽措施可谓“猛药”，超出了国际经济界预期，猛烈程度前所未见。

三、更微妙而艰难的平衡

战后20年西方世界的经济繁荣和福利扩张，说明资本主义与民主能够达成妥协，但这种妥协是建立在社会生产力不断提高的基础之上的。从上世纪60年代末开始，西方经济增速放缓，资本主义与民主原有的妥协便被打破了。在此后的数十年间，西方不断摸索重新平衡资本主义与民主的办法。然而，西方的生产力提高速度、经济增长速度再也没能达到战后初期的水平。西方政府用来满足民众需求的资源已不足以满足民众的期待。为了避免出现剧烈的社会冲突，西方政府用了各种办法来“创造”额外的资源以满足民众需求、延缓社会冲突的发生。

如前所述，西方资本主义国家创造资源以延缓危机的办法主要有以下几种：通货膨胀（货币手段）、财政赤字（财政手段）、金融自由化（金融手段）、量化宽松（货币手段）。在20世纪70年代第一轮调整时，“药方”是通货膨胀；在八九十年代第二次调整时，“药方”是财政赤字；在90年代进入第三次调整时，“药方”是金融自由化；在2008年全球金融危机之后，“药方”是量化宽松。无论是货币手段、财政手段还是金融手段，其实质都是“花未来的钱”——也就是说通过各种创新的方法筹集本不存在的、超出了实体经济的钱；这些钱既然本不存在，那么就要用未来的收入来偿还，因此相当于是将未来的钱提前使用。

在“第四轮调整”中，量化宽松成为新的缓和民主和资本主义矛盾的手段。此外，本轮调整体现了以往几次调整所没有的突出特点：一是多种手段同时使用——在使用新手段量化宽松的同时，金融自由化（在全球金融危机中丧失了“合法性”）和财政赤字（在欧洲债务危机中丧失了“合法性”）都不会在短期内退出历史舞台；二是调整具有鲜明的国际维度——无论是金融自由化、财政赤字还是量化宽松，都伴随着全球协调和博弈。这说明民主与资本主义的调整愈发微妙、复杂和困难。

量化宽松是全球金融危机之后西方世界合法性最高、最流行的反危机、促增长政策。从全球金融危机后带头实施量宽的美国看，量宽政策对美国经济起了一定积极作用，特别是对金融市场的作用非常明显。欧洲央行实施量化宽松计划之后，欧元对美元汇率创近年新低，有助于欧元区对外出口。但是，量化宽松和通胀、财政赤字、金融自由化一样，也是一个将问题尽量往后延的“拖延战略”，只能收一时之效。如果欧盟各国的长期偿债能力未能恢复，那么欧洲央行的量化宽松政策还会压抑真正的商业活动，长远看有负面后果。此外，量化宽松政策虽有助于稳定市场从而让广大民众受益，但其直接受益人却是拥有最多资产的人。

英格兰银行的报告显示量化宽松措施主要使富人获益，英国的量化宽松措施使证券市场市值增加了26%，约6000亿英镑，其中40%进入了英国前5%的富裕家庭。在普通家庭关系最密切的就业改善方面，量化宽松措施作用很小。[①]

此外，虽然金融自由化和财政赤字这两个手段被限制使用，但却无法完全废弃。事实上，此二手段在丧失"合法性"的情况下仍在发挥重要作用。在全球金融危机爆发之后初期，金融自由化政策被大幅回调，但此政策并未被完全否定，在危机缓解之后甚至继续盛行，金融自由化所依托的新自由主义也仍为决策者所器重。从国际货币基金组织近年数份《全球金融稳定报告》看，全球金融活动的活跃度和风险并未见减少。另一方面，虽然高赤字被认为对经济增长不利，但是各国的债务在短时间内难以完全降下来。对欧洲多数国家来说，经济增长乏力、高失业率还将持续一段时间，而老龄化趋势更是难以逆转，这意味着政府收入少开支多，财政赤字在未来数年恐怕难有本质改善。[②] 这导致资本主义世界不得不同时地、最大限度地动用各种手段来延缓危机、缓和矛盾。

最后，全球金融危机之后，民主资本主义困境的国际维度更为突出。美国的金融自由化导致了全球性的危机，也促成了空前迅速的全球协调；因为金融是最能体现美国霸权的领域之一，关于全球金融机制改革的问题折射美欧之间、新兴大国与西方守成大国之间的权力博弈。再者，主权债务不只是政府管理宏观经济的一种中性政策工具，它"本质上所体现和承载的是对一个国家

---

① 王志芳："从欧美经济看量化宽松政策实施效果"，《中国银行业》，2014年第10期，第54页。

② 参见以下报告："High Government Debt Threatens Growth Prospects", *IMF Survey Magazine*, January 8, 2013, "Fiscal Sustainability Report", *European Economy*, 8 | 2012; "Report on Public finances in EMU", *European Economy*, 9 | 2014.

长期稳定与繁荣具有决定性意义的融资能力——大规模、低成本和可持续地吸引全球资本”，因此融资能力具有排他性和竞争性。[①] 作为一国融资能力最为重要的载体，主权债务也就不可避免地成为大国间权力博弈的重要领域。评级机构与国家之间的矛盾、美欧之间的矛盾、欧元区各成员国之间的矛盾都在博弈中凸显。

此外，量宽也是一个具有国际性影响的政策。美国实行量宽后，货币与美元不挂钩的国家，由于美元贬值，出口受到严重打击；货币与美元挂钩的国家，出口不受影响，但美元贬值引发国内通货膨胀，导致经济混乱。固然，自从进入近代世界以来，西方国家的经济政策就彼此关联，上世纪初的经济危机还导致了两次世界大战，但此次的国际联系更为紧密和细腻。这说明，随着全球化的深入，无论是资本主义还是民主所涉及的因素都在增多，而所面对的风险也在增大，二者之间的协调越来越微妙和困难。

① 丁一凡、赵柯：“主权债务、融资能力与国家兴衰——应对全球债务格局之变”，2014年01期，第38页。

第四章

欧洲债务危机的空间性解释

民主资本主义有两个核心的内在矛盾，一为平等，二为边界。在上一章，我们讲述的是二战后欧洲如何协调平等这个矛盾，及其与欧洲主权债务危机的关系。在本章中，我们将用民主资本主义的另一个核心矛盾——边界的矛盾来解释欧洲债务危机。在本章，地理范围成为重要的变量，因此称之为“空间性解释”。

欧洲各国虽都是民主资本主义政体，但彼此却有所差别，这种差别使它们具备不同的优势和劣势。欧元区的诞生固化了它们之间存在着的不对称的相互依存关系，某种程度上成为欧洲债务危机久拖不决的一个重要原因。与此同时，随着欧洲经济区在全球经济中竞争力下降，欧洲逐渐从全球资本主义体系的核心区偏移，已无力主导和掌控全球政治经济的发展，进一步加重了危机。

一、资本主义模式的多样性

资本主义的发展在本质上是不平衡的。俄国革命家托洛茨基（Leon Trotsky）在20世纪初期就指出，资本主义的发展不是单线条的，而是“不均衡的和统合的发展”（uneven and combined development)。[①] 欧盟堪称世界上经济同质程度最高的国家集团，但即便如此，欧洲资本主义的多样性仍然十分突出。

（一）欧洲的多样性

无论是文化的边界，还是政治的边界，欧洲的范围都是变动的、模糊的。但欧洲确有一些使其一统为“欧洲”的东西。城邦、圣经、帝国、人文主义、自由民主，塑造了欧洲和欧洲人，也使得欧洲有别于地球上别的大陆。

即便如此，欧洲的内部也可以分几大块。

英国和法国可谓启蒙运动和现代化的发祥地，在18世纪建立了世界上最早的现代民族国家，这两个国家也构成了最早的“西方”。德国在地理上处于英法之东，最早感受到现代性的冲击，并在痛苦的自强运动中走向了现代化。德国的政治家和哲学家也对西方的发展作出了重大贡献。经过数十年发展，欧洲西北部和中部的国家无论在经济上还是在政治上、文化上、哲学上都建立了紧密的联系。这些国家在过去几百年间主导和塑造了全球经济和政治。

欧洲南部，包括希腊、塞浦路斯、西班牙、葡萄牙和意大利，也是欧洲的重要组成部分。希腊和意大利在早期资本主义发展过程中曾发挥过重要作用，而西班牙和葡萄牙则是早期的殖民者。意大利是14—16世纪文艺复兴的重镇，但却未能在日后的启蒙运动中占据重要位置。和北欧相比，南欧有浓重的“拉丁”“天主教”特色。自16世纪以来，南欧的很多地方沦为欧洲的穷

---

① 关于“不均衡的和统合的发展”这一概念的综述，参见：Marcel van der Linden, “The Law of Uneven and Combined Development: Some Underdeveloped Thoughts”, *Historical Materialism*, No. 15, 2007, pp. 145 – 165。

乡僻壤，今天的欧洲债务危机也多集中在这些国家。

欧洲也包括广大的东部地区，特别是奥匈帝国和俄罗斯，它们也是广义上的基督教国家，数百年间一直是欧洲基督教与中东伊斯兰势力相抗衡的前沿。巴尔干半岛的大部分国家，如今天的塞尔维亚、克罗地亚、斯洛文尼亚、波斯尼亚、保加利亚和阿尔巴尼亚等国，直到19世纪末或20世纪初才摆脱奥斯曼帝国的统治。

战后欧洲一体化进程启动之后，开始逐渐将不同类型的欧洲国家纳入到一个组织之内，并使这些国家出现了一个“趋同”。最明显的表现是欧盟国家间的经济不平等大幅缩小。今天，欧盟内各国经济发展程度已远比二战以前接近。一个欧盟公民的收入，更多是由其教育背景、从事行业等因素决定，而不是由在哪个国家工作来决定。另一方面，欧盟与其周边地区的差别在拉大。在1950年，埃及、摩洛哥和土耳其的人均GDP相当于葡萄牙的80%，而在1988年，降到了只有46%。欧洲南部最重要的5个邻国在1965年时人均GDP还相当于葡萄牙的65%，但到了1988年只有49%。[①] 东南欧与中亚的对比也比过去更明显。

欧洲一体化背后有两大推动力量：一是军事上的和平；二是经济上发展。法国、西德、意大利、荷兰、比利时、卢森堡六国在20世纪60年代建立煤钢联营、原子能共同体和欧洲经济共同体的时候，心中所想的正是这两点。后来随着冷战局势缓和、苏东解体，欧洲一体化的动力中，经济发展就逐渐占了上风。欧共体和欧盟之所以能数次扩大，就是因为不少国家认为，加入了欧洲一体化，在经济发展水平上就能与“老六国”趋同。为了获得这个经济上趋同的好处，各国甘愿牺牲一些自己的特色。比如，

① Goran Therborn, *European Modernity and Beyond: The Trajectory of European Societies* 1945—2000, London: Sage, 1995, p. 35.

所有成员国都要遵守债务不超GDP的60%、赤字不超3%的标准，都要尊重人权、施行民主，都要推进结构性改革。

只不过，欧洲经济趋同的成就，大多是在20世纪的50—60年代取得的。在此期间，欧共体消除了成员国间的贸易壁垒，成员国间的不平等迅速缩小。此后不平等缩小的速度则没那么明显。自2004年之后，由于欧盟东扩，将广大东欧国家纳入，欧盟成员国间的不平等反而有所增加。[①] 欧债危机之后，欧盟的"趋同"势头逆转，欧洲的分化成为了众所周知的事实。

欧洲分化最突出的表现是南北分化。在欧债危机之后，南欧沦为欧盟内的"第三世界"，欧洲南北经济差距成为突出现象。南欧不再向"老六国"看齐，而是向东欧"新盟友"看齐。在欧元诞生的1999年，希腊和葡萄牙的人均GDP大概相当于当时欧盟15国平均数的70%。但到了2013年，希腊和葡萄牙的人均GDP已经在平均数的70%以下。与之相比，在1999年时，波兰和斯洛伐克的人均GDP是平均数的42%和43%，捷克的是60%。而到2013年，分别增至65%、72%和75%。[②] 南欧经济表现差，还连累了南欧形象。德国媒体多次提及希腊"做假账"、"逃税"、希腊人比德国人早退休十年。到2010年，欧洲媒体为显礼貌，不再称"欧猪"，而造出"边缘国家"一流行词，专门委婉指代南欧国家。[③]

欧洲的分化还表现在其他方面：一是"核心欧洲"也出现了分化。比如法国、比利时、芬兰等国过去是欧洲经济的"金字招牌"，但连年单位劳动成本上涨，竞争力下滑，几乎被媒体定为

---

① Jason Beckfield, "European Integration and Income Inequality", *American Sociological Review*, Vol. 71, No. 6 Dec., 2006, pp. 964 - 985; Jason Beckfield, "The End of Equality in Europe?" *Current History*, Vol. 112, No. 752, March 2013, pp. 94 - 99.

② Simon Tilford, "The eurozone is no place for poor countries", Centre for European Reform, 27 June 2014.

③ "The myth of the periphery", *The Economist*, Mar 25th 2010 .

新的“边缘国家”。[①] 二是与经济相关的社会指标也出现了分化。2011 年，失业率超 15% 的省市集中在西班牙以及法国的海外省，西班牙、爱尔兰、波罗的海国家和希腊的就业情况恶化最严重，而奥地利、德国、意大利北部和荷兰一些省市的失业率则低于5%。[②] 欧盟官方民调机构“欧洲晴雨表”发现，自欧洲债务危机以来，欧洲民众对现状的满意度呈现显著的地区差异——北高南低，西高东低。[③] 三是各国自身发展道路的特色比以往更为突出。德国向来重视出口，欧债危机后欧元贬值，反而有利于德国出口，导致德国出口及经济增长水平在欧洲独树一帜。英国向来重视金融，全球金融危机之后一度加强金融管控，不料丝毫无损英国金融业独占鳌头的局面。东欧的匈牙利和波兰等国向“国家资本主义”靠拢，大幅增加了国家对市场、媒体、司法等领域的管控，导致欧盟多次酝酿制裁。

（二）资本主义模式

要分析欧洲如此复杂的“多样性”和“分化”势头，需要更好、更具有解释力的理论工具。“资本主义模式”（Varieties of Capitalism）学说可作为这样一种工具。

20 世纪 90 年代起，有学者不满“全球化拉平论”“历史终结论”，遂提出，资本主义模式并非只有一种。美国经济学家艾伯特（Michael Albert）在其 90 年代初《资本主义反对资本主义》

---

① Holly Ellyatt, “Are these countries the ‘new periphery’ in Europe?”, CNBC, 21 Oct 2014.

② Rocco L. Bubbico and Lewis Dijkstra, “Unemployment rates in European Regions, 2010”, Short Note 03/2011, Regio. c. 3 (2011) 936361.

③ European Commission, *Social Climate Report*, Special Eurobarometer 370, October 2011.

一书中，提出了“新美国模式”和“莱茵模式”两个原型（见表4—1）。[①] 2001 年，美国政治经济学家霍尔（Peter A. Hall）和索斯凯斯（David Soskice）发表《资本主义模式》一书。此书成为“资本主义模式”的经典之作，“资本主义模式”逐渐成为最流行的国际政治经济学研究路径之一。霍尔二人将资本主义模式分为两种：一种为盎格鲁—撒克逊模式，或曰“自由市场经济”（Liberal Market Economy）；另一种为莱茵模式，或曰“协调市场经济”（Coordinated Market Economy）。前者崇尚完全的自由市场经济，社会主流观念是个人主义和自由主义，美国、英国是典型，加拿大、澳大利亚、新西兰和爱尔兰都属于这一类型；而后者则在注重市场竞争的同时，强调竞争秩序和社会责任，社会主流观念是社会民主主义或基督教民主主义，德国、瑞典、奥地利等欧洲大陆国家是典型，日本也属于这一类型。前者的比较优势在高技术产业和服务业，后者的比较优势在制造业。[②]

表 4—1　莱茵模式与新美国模式

	莱茵模式	新美国模式
价值	平等主义，重视社会再分配，集体利益先于个人利益	个人主义，有一定的社会再分配，个人利益重于集体利益
意识形态	社会共识	“赌场经济”
企业	有如社区	有如商品
雇佣	企业愿意保障那些对企业忠诚的员工的工作，愿意在教育与培训上作长线投入；工资水平受约束	企业之间、工人之间存在激烈竞争，工资和工作内容由个人和企业之间协商，工资按“市场水平”支付

① Michael Albert, *Capitalism against capitalism*, London: Whurr, 1993.

② Peter Hall and David Soskice, *Varieties of Capitalism: The Institutional Foundations of Comparative Advantage*, Oxford: Oxford University Press, 2001.

续表

	莱茵模式	新美国模式
工资	与资历、资格、协商的资薪范围相挂钩	与个人生产力以及市场力量相挂钩
金融	银行主导，长线投资，银行与企业之间存在战略合作关系	股市主导，短线投资，华尔街经纪人高度关注每季度的收入
金融与产业的关系	战略性：金融与产业资本的融合	以市场为中介，金融资本与产业资本相分离
教育	混合型经济	日益市场主导
医疗	社会化，公营	私营
住房	政府提供并规管住房	完全市场化
宗教	没有经济作用；半公营	宗教机构往往也是混合型的经济机构

资料来源：Jamie Peck and Nik Theodore，“Variegated capitalism”，*Progress in Human Geography*，Vol. 31，No. 6，2007，p. 734.

熟悉欧洲的学者不满足于上述对资本主义模式的两分法，提出了更细致的分类。美国波士顿大学的欧洲专家施密特（Vivien A. Schmidt）在《欧洲资本主义的未来》一书中，新增了“国家资本主义”这一分类，以突出国家在资本主义中的作用。施密特将欧洲的资本主义分为三种：自由资本主义、管控资本主义和国家资本主义，分别以英国、德国和法国为代表。在经济政策上，英国是传统的自由主义，德国是合作主义，法国是中央集权主义；在经济实践上，英国是市场资本主义，德国是管制资本主义，法国是国家资本主义。[①]

有学者把欧洲各国分归到两种或三种模式之内，还有的学者认为大部分欧洲国家是“混合型”的资本主义模式。无论在媒体

① Vivien A. Schmidt，*The Future of European Capitalism*，Oxford：Oxford University Press，2002.

还是在学界，欧洲的一些混合型资本主义模式的名气并不小。以高福利和创新见长的北欧模式，在欧债危机后一度被看作欧洲的榜样。南欧模式（或说地中海模式），以中小家族企业多而闻名。东欧地区虽然处于“转型”，也仍有学者认为东欧可自成一格。

无论何种分类，标准大多根据生产的方式、企业与国家的关系、资本与劳工的协调方式等，而这些东西，各国又是在长期实践中根据具体情况摸索出来的。资本主义模式的多样性不但反映了经济制度的多元，也反映了一国经济情况背后政治、社会、甚至文化传统的多元。

既然每个国家的情况不一样，各国对欧洲一体化的考虑自然不尽相同。下文将分别谈一下主要欧洲国家的政经特点及其与欧洲一体化的“共振”。

（三）各国政经特色

德国作为欧洲经济大国（8000 万人口，占欧盟 16%；GDP 为 2.5 万亿欧元左右，占欧盟两成），在各种“资本主义模式”的学说中，基本上都被视作某一资本主义类型（如“协调市场经济”）的典型，这充分说明了德国经济模式独具特色。德国的资本主义模式体现了有管控的新重商主义特点。1976 年，德国社民党在竞选时提出了“德国模式”（das Modell Deutschland），主要指德国的新重商主义出口模式。二战结束后，在美国的支持下，德国建立起了出口导向型的经济模式。这种模式经历了 20 世纪 70 年代的危机，经历了欧洲一体化和欧元的诞生，经历了欧洲债务危机，仍显示出极强的活力。德国 GDP 中，出口所占的份额非常高，不但高于美国、日本等出口大国，甚至与被称为“世界工厂”的中国也不相上下。中国在 2009 年后一度取代德国成为世界最大的商品出口国，但 2014 年德国又反超中国，成为世界上头号贸易盈余国。

德国出口主要是金融产品和各种各样的高技术、高质量的机械设备和日用品，这类产品在国内的消费有限，因此主要针对国外市场。这种“出口导向”的思维很大程度上塑造了德国的欧洲一体化战略。德国支持建立欧元区的主要考虑是换取法国对“两德统一”的支持，但欧元区建立后，德国实际上受惠很大。德国马克的含金量高于欧元，德国加入欧元区后相当于货币贬值，刺激了德国向欧元区其他国家以及区域外国家的出口。

德国经济实力在欧洲首屈一指，故在欧洲经济事务上较有发言权。欧洲央行模仿德国央行而建，且就坐落在德国城市法兰克福。1997 年欧盟通过的《稳定与增长公约》（规定欧元区各国财赤不得超过 GDP 的 3%、公债不得超过 60%），也充分体现了德国对财政纪律和货币稳定的重视。欧债危机后，德国成为“欧洲的中国”，其快速崛起的势头和高顺差的经济结构都迥异于其他欧盟成员国。德国模式的走向将深刻影响欧盟未来发展，这在后文还将展开论述。

法国是欧洲一体化的另一个重要推动力量。法国的经济模式与德国有类似的地方，故常在资本主义模式分类中被归为与德国同类。但是，作为欧洲最早的封建中央集权国家和唯一一个经历过彻底革命的欧洲强国，法国的中央集权传统强于德国。在法国的资本主义运行中，国家一直发挥重要作用，法国因此也被一些学者视为“国家资本主义”的典型。法国政府的税入占 GDP 一半左右，比重仅略低于北欧国家。

法国出口竞争力不如德国，在加入欧元区前比德国更习惯于用货币贬值作为刺激出口的手段。法国之所以同意建立“德国版本”的欧元区，盖因想用多边体制牵制统一后的德国。通过一体化拉住德国，从而保住其在国际舞台上的特殊地位，是法国积极参与领导欧洲一体化的主要考虑。但欧元区成立之后，法国经济表现不济，而且改革难以推进。相比持续飙升的德国出口，法国出口则停滞不前。由于无法再通过货币贬值来刺激出口，法国的贸易赤字越来越大。法国劳动人口中的失业率近30年来一直处于较高水平，少有低于7%，近十年更是在10%徘徊。

法国虽然重视国家的作用，但受全球盛行的新自由主义影响，国内“亲市场”力量也非常强大。欧债危机后，法国的资本家对德国所倡议的紧缩政策表示欢迎，认为紧缩政策有助于改善法国的投资环境。另一方面，由于法国的经济情况不如德国，所以法国政府也有心以“南欧老大”自居，敦促德国出资救欧。与德国相比，法国更支持“增长”（即刺激经济）和“共同债券”（即各国在财政上互助）等倡议，其实质用意是让德国承担更多的救欧成本。

英国曾是“日不落帝国”，其经济与全球联系很紧密，也是自由主义传统最深的国家，是“自由市场经济”资本主义主义模式的典型。英国经济的突出特征是倚重金融业。这与其帝国历史有关。在19世纪，英国资本家在全球殖民获得大量利润。后起的国家为了发展，觊觎英国的流动资金，为英国银行业携英镑优势在全球开展金融业务提供了机遇。①

在战后初期，与德国的强劲复苏相比，英国经济较为逊色：投资不足、制造业增长乏力、出口长期处于逆差状态。英国资产阶级接受了这个制造业衰退的事实，转向金融业。英国向金融业的转型非常成功，伦敦金融城成为可以与美国华尔街相媲美的全球金融中心。为了保持自己的全球金融中心地位，英国拒绝加入欧元区。

和美国一样，金融业大发展之后，英国经济增长提速，甚至

---

① David Coates, “The UK: Less a liberal market economy, more a post-imperial one”, *Capital & Class*, 2014, Vol. 38, No. 1, p. 175.

高于德国；但与此同时，居民储蓄减少、房地产价格攀升、信贷消费增加。因为英国经济高度依赖金融业，因此全球金融危机爆发后，受到的冲击比别的国家更大。为了应对危机，英国出台了大规模的经济刺激计划，因此财政赤字上升，赤字水平与美国以及南欧国家相当。发现自己处于这种情况后，英国又及时地痛下决心削减赤字，率先搞起了紧缩与改革。到2014年，英国改革收效，经济增速在西方发达国家中一枝独秀。

金融危机后，英国虽有心重拾制造业（2013年英国政府科技办公室推出面向2050年的制造业战略研究报告《制造的未来：英国的机遇和挑战新时代》），但其高度倚重金融业的格局并没有实质改变。欧债危机后，欧元区加快一体化，建立在英镑之上的英国金融业越发难以融入欧元区的规划中。出于对“自由主义”特色的坚持、对“帝国遗产”的自信以及对欧盟经济发展前景的悲观，不少英国精英认为应彻底退出欧盟。

意大利经济发展势头不如英法德等国，是“地中海模式”的代表。意大利内部经济差别很大，北部已经融入西欧的产业链，中小企业众多，竞争力很强，但是南部却很弱。这成为长期困扰意大利政府的难题。在20世纪60年代，意大利的资产阶级希望通过凯恩斯主义经济政策弥合南北差距，但因为意大利的资产阶级也有南北分歧，因此未能达成一致。意大利的左翼政治力量希望通过产业政策推动意大利从凯恩斯福利国家向社会主义逐渐转型。但是，和法国社会党、法国共产党、英国工党一样，意大利左翼的战略也失败了。20世纪70年代末，新自由主义在全球兴起之后，意大利也开启了向新自由主义的转型。在新自由主义影响下，意大利不再通过政治手段缩小南北差距。意大利北部融入了全球产业链，意大利南部却一如既往地依靠财政拨款，南北鸿沟成为意大利地区主义、政治冲突、政府赤字、“吃福利饭”等种种现象的根源。

因此，当欧洲各国讨论组建欧元区的时候，意大利的资产阶级和社会主义政党都把加入欧元区看作融入全球产业链的手段，看作逃脱政治动荡、赤字上升、货币贬值的手段，换句话说，看作解决南北差距问题的手段。加入欧元区对于意大利来说结果有好有坏。意大利加入欧元区之后虽然财政赤字有所下降，但经济增长率也下降了，并且失业率上升。意大利的南北分化仍然严重，只是这个问题变成了欧盟框架下的“地区发展”问题。

爱尔兰和英国一样属于自由市场经济模式，被认为是欧洲内创造了经济奇迹的国家，就像亚洲“四小龙”“四小虎”一样，有“凯尔特之虎”之称誉。20 世纪 70 年代以来，爱尔兰的经济一路狂奔，到 1996—2000 年间经济增长率甚至达到 9.6%。欧洲单一市场成立后，爱尔兰吸引了大量外部投资，成为欧洲内部低成本商品生产基地。因为爱尔兰宽松的投资政策，美国企业将爱尔兰当作进入欧洲市场的跳板。爱尔兰加入欧元区之后，也避免了汇率不稳定的问题。这些优势导致了爱尔兰经济的快速发展，不过，这同样也导致爱尔兰经济日益依赖外部资本，社会贫富分化日益严重。

爱尔兰的经济繁荣主要靠外部投资、房地产、信贷消费，因此当 2008 年全球金融危机爆发时，爱尔兰国内的资本流出，房地产市场崩盘，经济一落千丈，失业率也从 2007 年的 4.7% 上升到 2009 年的 11.9%。经济不景气导致税收减少，再加上刺激经济的巨额财政支出，爱尔兰的财政赤字水平甚至比希腊还高，政府债务从 2007 年占 GDP 的 25% 蹿升至 2009 年的 64%。和其他陷入主权债务危机的欧洲国家不同，爱尔兰早在 2008 年年底就主动地实施了紧缩政策以控制政府赤字。和其他国家的危机久拖不决不同，爱尔兰在 2013 年 12 月 15 日正式退出欧盟与国际货币基金组织的纾困机制，成为第一个走出危机泥潭的国家。爱尔兰也因此成为靠紧缩政策成功战胜危机的“模范生”。

希腊也是靠欧盟“上位”的欧洲边缘国家。1981 年，希腊成为欧共体第 10 个成员国。但希腊却一直没有经历像其他欧洲边缘国家那样的高速增长。希腊的经济发展轨迹与欧洲核心国家非常同步：战后复兴、70 年代和 80 年代增长放缓、90 年代之后增长速度稍有回升。希腊的增长主要是靠国内消费拉动，但国内家庭储蓄率已降至负数，大部分人的消费在相当程度上依赖的是信贷。因为国内投资与生产不足，消费主要靠外债支撑，贸易逆差也很大。可以说，通过加入欧盟和欧元区，希腊表面上成功跻身资本主义核心区，但实际上仍具有典型的边缘国家特征。希腊在加入欧元区时，宏观经济指标并未完全达标；但欧洲大国看重希腊在经济和地缘上的重要战略地位，对希腊“开了后门”。

二、多种资本主义模式的共处

上文主要谈了欧洲的多样性和分化，资本主义模式学说有助于我们理解欧洲不同国家因其国情不同、历史发展不同，而有不同的经济特色。但经济发展除了有“不均衡”的一面，还有“统合”的一面。资本主义模式学说未能回答以下问题：不同的欧洲国家是如何在一个更大范围的经济体系中（如欧元区）共处的呢？这种共处对每个欧洲国家来说是有益的还是有害的？这些不同欧洲国家的经济今后必然趋同吗，当前的分化究竟是暂时还是长期的？

（一）“多元化资本主义”

资本主义模式学说的长项是给资本主义分类，但不注重考察不同资本主义模式之间的共处，“多元化资本主义（variegated

capitalism)”学说正好能补充这点不足。这一学说的主要倡导者为英国兰卡斯特大学的左翼政治经济学家杰索普，他用“世界市场”的视角，把唯物主义与历史制度主义相结合，创造性地发展了资本主义模式学说，并据此成功地解释了欧债危机的源起。①

杰索普对资本主义模式学说的不满主要有三点。首先，资本主义模式学说只关注市场经济背后的历史特性，如私有产权、雇佣劳动、竞争、利润等，而不承认经济剥削和阶级控制。这就使得资本主义模式学说无法解释资本的矛盾和危机。其次，资本主义模式学说对金融的角色看得太正面，忽视了金融所带来的经济政治动荡，也忽视了世界经济中的其他变化。最后，资本主义模式学说忽视了全球市场中的等级秩序、中心—边缘秩序、依附和排斥规律。②

---

① 杰索普的文章参见：Bob Jessop, “Capitalist diversity and variety: Variegation, the world market, compossibility and ecological dominance”, *Capital & Class*, Vol. 38, No. 1, 2014, p. 45 – 58; Bob Jessop, “Variegated Capitalism, das Modell Deutschland, and the Eurozone Crisis”, *Journal of Contemporary European Studies*, Vol. 22, No. 3, 2014, pp. 248 – 260; Bob Jessop, “The world market, variegated capitalism, and the crisis of European integration”, in P. Nousios, H. Overbeek, and A. Tsolakis, eds, *Globalisation and European Integration: Critical Approaches to Regional Order and International Relations*, London: Routledge, 2012, pp. 91 – 111; Bob Jessop, “Rethinking the Diversity of Capitalism: Varieties of Capitalism, Variegated Capitalism and the World Market”, G. Wood and C. Lane eds., *Capitalist Diversity and Diversity within Capitalism*, London: Routledge, 2011, pp. 209 – 237。此外，早于2007年，两名经济地理学家派克（Jamie Peck）和西奥多（Nik Theodore）最早提出了“多元化资本主义”这一说法，但其用意是对资本主义模式学说的单一国家视角、静态分析法和制度功能主义假设提出批评，并未发展出新的理论体系，见 Jamie Peck and Nik Theodore, “Variegated capitalism”, Progress in Human Geography, Vol. 31, No. 6, 2007, pp. 731 – 772。

② Bob Jessop, “Capitalist diversity and variety”, pp. 56 – 57.

表 4—2　资本主义模式与多元化资本主义

资本主义模式	多元化资本主义
考察在同一规模层级的不同资本主义模式的竞争	考察在日益全球化、但仍存多样性的资本主义体系中，各种不同规模的资本主义模式之间的互补和互斥关系
认为每种资本主义模式内部有一贯逻辑，能够相对孤立存在，也有内生的稳定性	考察相对稳定的某一地区，如何逐渐地与一个经济空间内外的不稳定因素相联系，而这个经济空间内的各种积累机制和监管模式构成了复杂的经济生态
对资本主义模式的纵向和横向的考察都是内部的、具体的、中短期的，与全球市场更长期的动态无关	分析由于转移和拖延矛盾、冲突以及危机的能力的差别所导致的成本的不同
认为如果一种模式更“有生产力”、“高效”和“进步”，这种模式就会通过竞争、被模仿、输出甚至强行推广而扩张	认为确有一些模式更占优势（在经济生态中处主导地位），但是这个模式不能在别处被随便复制

资料来源：Bob Jessop，“Capitalist diversity and variety：Variegation，the world market，compossibility and ecological dominance”，*Capital & Class*，Vol. 38，No. 1，2014，p. 49.

杰索普认为，欧洲经济区内最占优势的是“德国模式”，其他国家和德国挤在同一个货币区内，限制了自己的政策选择，这是欧债危机爆发的原因；德国虽然向区内推广自己的模式，但实则这种模式是建立在自身特性和一定历史条件基础上的，其他国家根本无法随意复制。①

为便于说明，可将欧元区内国家大略分为两大类：一类主攻出口，如德国；一类依赖国内消费，如希腊。这两类国家的发展模式有互补的地方，但也彼此制约。先说第一类国家。这类国家追求的是出口主导的增长战略，其经济状况取决于国际需求。以

① Bob Jessop，“Variegated Capitalism，das Modell Deutschland，and the Eurozone Crisis”.

出口求增长的国家通常施行相对中性的宏观经济政策，因为这些国家的经济不依赖国内需求，而且扩张性的政策反而会导致高工资，从而降低出口的国际竞争力。这些国家的成功取决于国内企业在国际市场上的竞争力。总体而言，企业要提高竞争力有三个办法：一是降低劳工成本；二是通过不断研发生产高附加值的产品；三是从劳动密集型向资本密集型转变。但任何企业实现这三点都不易。企业的表现有赖于其所置身的政治经济环境，而这个环境又是在很长时间内缓慢形成的。

德国是出口导向型的典型国家，它的共同协调工资谈判方式可以有效地控制劳工成本。作为协调型市场经济的代表，德国在改进创新和生产高附加值产品方面有优势，而且德国的企业也习惯于用资本取代劳动力。高效的金融系统、以培养高技术劳工闻名的职业培训制度，都有助于德国企业用资本取代劳动力。荷兰、奥地利、丹麦、芬兰都和德国一样，也属于此类协调型市场经济。对于这些国家来说，加入欧元区问题不大。固定的内部汇率使这些国家向邻国的出口更有竞争力，而相对较低的欧元汇率又使这些国家向欧元区外出口更有竞争力。

另一类国家通过国内消费追求增长，希腊、西班牙是典型。这些国家在自由市场经济与协调市场经济的经典分类法中一般属于自由市场经济模式，经常施行扩张性的宏观经济政策，对房地产泡沫也更为宽容。这些国家通常缺少协调工资、鼓励渐进式创新的办法，所以出口不占优势。为了平衡财政开支，这些国家会周期性地降低汇率以利出口、以削进口。在2000年以前，几乎所有的南欧国家都属于这个类型。南欧国家的政治经济环境使它们难以追求出口导向的增长策略：西班牙、葡萄牙、希腊和意大利的工会力量太分散，难以达成可持续的工资协调协议；而且它们也缺少技术培训和鼓励渐进式创新的机制；这些国家的企业通常使用低成本的劳动力，不太容易生产高附加值的产品。对这些国家来说，加入欧元区既有好处也有坏处：加入欧元区之后，交易成本下降，工资增长受到一定限制；但另一方面，加入欧元区又使得这些国家无法再把本国货币贬值以提高出口竞争力。

可以说，欧元区成立之初，区域内的经济关系就已经是不平衡的了。北欧国家的发展模式很适合欧元区，加入欧元区使其竞争力更显著。而南欧国家的发展模式则并不那么适合，加入欧元区使它们丧失了一直使用的货币贬值手段。这两种模式在欧洲经济区内共存，引发了欧洲债务危机，而欧洲债务危机又进一步使欧洲南北差距拉大。

（二）欧洲一体化中的多元化

其实，自欧洲一体化进程开启以来，欧洲就一直在不断摸索如何在欧洲经济区内调和各种不同的资本主义模式的办法。欧洲一体化虽然是精英规划的产物，但并非有可依的原型，也并非有严格精确的安排，它是一步步走到今天的。为了理解欧盟是如何变成出口国和消费国两类国家“共治”的局面，还需要回顾历史。

欧洲一体化的起源要从法德煤钢联营谈起。二战结束后，欧洲各国的社会主义党派及各种工会势力纷纷兴起，掀起了一股强烈的改良资本主义的潮流，强调国营和计划经济。与此同时，欧洲政治家也在苦苦探寻和平共处、防止类似战争再次发生的办法。当时的法国政府对计划性的现代化大计表现得很积极。法国外交部长舒曼（Robert Schuman）和法国政治家让·莫内（Jean Monnet）想到了一个创意，即将法国和德国（西德）两国的煤钢工业共同管理，因为煤和钢都是重要的战略物资，因此此举有助于避免法德两国日后再生冲突。意大利、比利时、荷兰、卢森堡也参与了法德两国的谈判，这六国在 1951 年 4 月 18 日缔结的

《巴黎条约》，成立了欧洲煤钢共同体。

法、德、意、荷、比、卢这六个欧洲国家成为了欧洲一体化最早的核心发动机，这六国也被称为“老欧洲六国”“欧盟创始国”。1957 年 3 月 25 日，六国代表再次聚首罗马，签订了名噪一时的《罗马条约》。欧洲经济共同体由此诞生，欧洲原子能共同体也同时成立。十年后，欧洲煤钢共同体 、欧洲原子能共同体和欧洲经济共同体这三个机构合并，统称欧洲共同体，即是欧盟的前身。

随着欧洲一体化的深入展开，欧洲一体化的参与者越来越庞杂，发展路向也越来越多。在老欧洲六国中，除意大利之外，其他五国（法国、西德、比利时、荷兰、卢森堡）基本上是属于莱茵模式，或者说是协调市场经济、有管控的资本主义模式。也就是说，欧洲一体化一开始是由几个相对来说经济上相似度高、相互联系密切的国家发动的。此后，欧共体和欧盟每扩大一次，它内部的多样性就增加一分。新加入欧洲经济共同体的成员国，往往有着不同的增长、监管和福利模式。1973 年，丹麦、爱尔兰和英国加入欧共体。这三个国家的经济都比老六国更为“自由”。英国的加入影响很大，它把美英自由市场的影响力推伸进了欧共体，80 年代之后更是将金融自由化推广到了欧洲大陆。接下来的几次扩大使一体化内部的资本主义模式更加庞杂：南欧国家（希腊、西班牙）于 1981 年和 1986 年加入，北欧国家（奥地利、芬兰、瑞典）1995 年加入，中东欧国家（捷克、匈牙利、波兰、斯洛伐克、斯洛文尼亚、保加利亚、罗马尼亚、克罗地亚）2004 年、2007 年和 2013 年加入，小岛国塞浦路斯和马耳他 2004 年加入，波罗的海国家（爱沙尼亚、拉脱维亚、立陶宛）2004 年和 2007 年加入。

1999 年欧元区的创立，则把欧洲的各种不同模式捆绑在了一起。货币具有塑造经济边界和政治认同的功能，欧元堪称欧洲一体化发轫以来的成就高峰。欧元区的成立，把出口导向模式的国家和消费拉动模式的国家结合在了一个货币区内，这使得不同国家之间本已存在的不对称的相互依存关系进一步固化。而欧元本质上是个政治工程，并未从经济根子上考虑如何解决不同模式之间的共处。

早在1969年12月，在法国总统蓬皮杜的倡议下，欧盟六个创始国举行首脑会议，作出了建立欧洲经货联盟的原则性决定，并于1970年提出了“维尔纳报告”，提出在10年间分三阶段建立经货联盟。根据经济学的“最优货币区”理论，欧洲不具备建立共同货币的条件，所以在长时间内欧元并不被看好。苏东剧变后，德国总理科尔推进两德统一。法国总统密特朗将德国加入欧元区作为承认两德统一的条件，希望用欧洲一体化制约统一后的德国。德国民众和德国央行当时对欧元兴趣不大，但最终同意在签署《稳定与增长公约》的前提下加入（《稳定与增长公约》规定，欧元区各国政府赤字不能超过GDP的3%，债务不能超过GDP的60%）。此外对德国来说，加入欧元区也有一定好处——能够阻止德国的贸易伙伴通过对马克贬值来获得出口优势。但对德国来说，加入欧元区最主要的动机是政治——换取其他欧洲大国对两德统一的支持。这样一来，推动欧洲经货联盟成立的政治意愿已经具备，只差经济理论的支持了。

恰好，在80年代末，主流经济学的观点发生了变化：一是从“计划”转向“市场”。在50年代，各国对凯恩斯主义、福利国家等各种“计划经济”比较热衷，欧洲一体化所采用的也是“计划”的办法——通过积极地创设新的经济一体化领域（煤钢联营），然后，经济的一体化自然“溢出”到政治领域，最终导致政治一体化。这种一体化方式也被称为“共同体方式”或“莫内方式”。到60年代末，欧洲出现了所谓“福特主义的危机”，为了摆脱危机，到70年代末、80年代，欧洲各国都向新自由主义进行了程度不一的转型。在自由主义理念的引导下，欧共体通过扫除货物、服务、资金、劳动力自由流动的障碍来推动一体化，不再强调政府的主动作为，从“积极的一体化”转向“消极的一体化”。由于“计划”不再重要，稳定经济的手段也从凯恩斯主义、积极的财政扩张政策转为货币政策——要通过货币来调节通胀。这就很自然地要考虑到欧洲层面的货币政策。根据80年代流行的“央行中立”观点，欧洲央行被设计成一个完全独立的机构，而且也没有能力来协调各国的财政政策（《稳定与增长公约》的规定被认为已经足够）。二是从“需求”转向“改革”。在战后初期，经济学普遍认为，只有保住民众的消费需求，才能保住经济增长。但到了80年代，需求被认为并不重要，而“供给侧”才是重要的；只有进行“结构性改革”，加强商品、劳动力和资金的竞争力，才能保住经济增长。根据这种看法，欧共体的各个成员国就都要或主动或被动地进行结构性改革，而到最后各国的增长模式都会趋同。1992年的《马斯特里赫特条约》和1999年的欧元都是在这个背景下出台的。欧元区国家使用欧元之后，相当于失去了对自己货币的汇率调控权，无法再通过降低汇率来刺激出口（从而提高国内企业的竞争力、保住工人的就业），而只能进行“结构性改革”。

80年代后欧洲的一体化进程其实与经济全球化进程同步。在新自由主义理念的指导下，全球市场逐步打破封锁和限制，最大限度地发挥了市场所能激发的人类潜力。在很长一段时间内，人们认为这个趋势会无限继续下去——欧元的建立，无疑将强化这一趋势。大家默认，随着欧洲一体化的推进，市场的力量终究会把所有的欧洲国家的主要政策都“管”起来，而只要还有国家愿意加入欧盟，欧盟就可以无限扩大下去。

直到欧债危机之后，欧洲人才首次正视一体化的边界和极限，首次认识到一体化所带来的经济增长和“趋同”并非一定永远持续；而且同在一个货币区内的国家，有的获益多，有的获益少，有的甚至恐怕要长期受损。不少经济学家和民众将矛头指向了德国。

（三）德国模式的主导地位

在欧洲债务危机纷乱的情势中，如以民族国家为单位进行横向比较，德国无疑是最大赢家。

由于债务问题使欧元疲软，德国制造的机器、设备和汽车等产品在欧元区以外的市场变得相对便宜，德国产品出口因而受惠。在持续低迷的欧洲经济中，德国仍能维持轻微增长，成为支撑欧洲经济的重要支柱，其强大的工业生产及出口能力，有力地减缓了欧洲的经济衰退速度。此外，德国也是欧洲重债国的主要“债主”和“金主”，欧洲债务问题的解决离不开德国的参与。因此，无论是在政治领域还是在经济领域，德国都掌握着欧元区的大权。欧债危机期间，德国总理默克尔、法国总统奥朗德、意大利总理蒙蒂、西班牙首相拉霍伊四位领导人商议问题时，经常是默克尔独自坐于会议桌一边，法、意、西三国领导人坐在另一边，正是德国领袖地位的生动写照。

德国在危机中“逆流而上”，是上文所提的欧洲分化、失衡的表现之一。欧洲危机很大程度上就是北欧（债主）和南欧（负债人）这种不平衡的结构导致的。这是一个结构性问题，是不同的政治经济模式被困在同一个货币联盟中的后果。但在这种失衡的结构中，德国相对而言成为受益者。下面我们将分析“德国模式”的特点及其与欧洲债务危机的关系。

“德国模式”源自德国独特的历史经验、文化特点、社会关系等等，涵盖很多侧面。其中，与欧洲债务危机相关度较高的因素有两个：一是“秩序自由主义（ordoliberalism）”；二是依赖出口。前者是德国国内经济政策的特点，后者是对外经济政策的特点，两者相辅相成。

“秩序自由主义”一词是由德国弗莱堡学派提出的，是战后德国重建依据的主要经济理念，迄今仍在德国经济生活中发挥重要影响。秩序自由主义同时强调“秩序”和“自由”，即为了保障市场有序运行，政府要为市场制定和实施规则，要维护和监管市场。它对市场和国家都设立明确限制，提倡“社会市场经济”——市场竞争之余，重视公民权利和基本的社会保障。在德国人看来，“秩序自由主义”思想同时符合韦伯提出的两种伦理观：责任伦理（Verantwortungsethik）和信念伦理（Gesinnungsethik）。根据责任伦理，行动一概定义为导致效果之因，所以后果重于一切。至于信念伦理，重点在于人既有选择手段的自由，也应有选择目的的自由。

“秩序自由主义”具体的经济政策也颇具特色，比如物价稳定至上，严格控制通货膨胀；个人要承担自身风险，银行的损失不应由整个社会承担；国家不应过度干预经济，政府应该施行稳健的财政和货币政策（政府不能乱花钱、乱印钱）。因此也有人将德国国内的经济政策倾向概括为“通缩文化”“稳定文化”。

德国这种独特的经济理念源自其独特的历史经验。德国在20世纪20年代曾经经历过超高的通货膨胀，给德国的经济和国民心理造成了深远的影响。英国历史学家弗格森（Adam Fergusson）在《货币灭亡之时：魏玛共和国崩溃的梦魇》一书中对德国20年代的经历有很细致的描述。据书中所说，1922年，有位叫奥斯丁的人用半磅奶油给女朋友支付每月的房租，到了1923年夏天，月租涨至一磅奶油。鞋厂以鞋券当工资，工人可用领到的鞋券到面包店换面包，或在肉店换肉。有传闻说，有个美国人拿着一张面值5元的美钞，在柏林找不到一处地方有足够马克找换。由于马克的汇率一天内浮动多次，餐牌的价钱也相应调整，以至于一杯点餐时索价5000马克的咖啡，在结账时涨价至8000马克的事也时有听闻。[①] 正是这种惨痛经历导致德国人在经济上谨慎求稳。

“德国模式”的另一个突出特征是依赖出口。从19世纪晚期起，德国就是一个出口大国（虽然中间也有停顿的时候）。作为工业革命的后来者，德国的经济建立在高储蓄、高出口的基础之上。第二次世界大战结束后，德国把这个传统保留了下来。现在，德国是世界上的第四大经济体，一直以西方世界中头号出口大国、贸易盈余大国著称。德国出口的主要是金融产品以及各种各样高技术、高质量的机械设备和日用品，这类产品在国内的消费有限，因此主要针对国外市场。德国国内的通缩倾向（严格控制物价和工资），有助于提高德国产品在国际市场上的竞争力，因此国内的通缩政策与对外的重商主义经济政策正好相结合。

“德国模式”的影响是全欧洲性的。其一，德国很多周边国家都是德国经济区的一部分，这些国家与德国有复杂的经济相互依存关系。比如说，荷兰为德国提供重要的商业服务，中东欧是德国企业的投资乐土。其二，众多欧洲国家愿意学习德国模式或与德国模式进行协调。欧洲汇率机制（ERM）在1979年创立后，法国和意大利的货币与德国的货币“同甘苦、共命运”。意大利在1992脱离ERM后，在1996年重新回到ERM的怀抱。法国在1983年也曾试图脱离ERM，但最终还是放弃了这个念头。由于种种历史和经济原因，法国和意大利都认为应与德国同步，以便共同分享欧洲在国际舞台一展实力的机会。其三，德国还通过欧洲一体化将自己的经济理念贯穿到整个欧盟。德国的稳定文化通

① Adam Fergusson, *When Money Dies*: *The Nightmare of the Weimar Collapse*, London: Public Affairs, 2010.

常被认为是欧洲经济货币联盟（EMU）设计的根源。[①] 在上世纪90年代初期，东西德合并导致德国政府开支大幅增加（财政赤字因此增加）、国内需求高涨（贸易顺差因此变逆差）。为了将财政赤字控制住以及重新实现贸易顺差，德国在当时的欧洲货币联盟谈判中主张：欧洲货币联盟成员应保证政府赤字和债务分别控制在GDP的3%和GDP的60%以内、通货膨胀率保证在2%以内。欧盟1992年的《马斯特里赫特条约》和1997年的《稳定与增长公约》将德国的这些提议制度化了，德国的通缩政策等于推广到了整个欧盟层面。欧盟的经济政策像德国一样谨慎求稳，欧洲央行维护欧元币值稳定，欧盟各国也要执行严格的财政纪律。有学者指出："没有一个国家从欧元中得到的好处比德国更多，没有一个国家在设计欧元方面的贡献比德国更大，没有一个国家对欧洲央行的影响比德国更深。"[②]

德国模式的"欧洲化"对德国有好处。得益于欧盟对政府开支和工资涨幅的严格控制，德国的通胀率和单位劳动成本一直处于较低水平，有力助推了其出口。德国在1993年和2002年有过两次经济衰退，但都很快走出来了。因为紧缩政策同时也抑制了国内消费，因此德国的出口远多于进口，贸易盈余迅速增加。此外还有一些与德国国情比较相像的国家也因加入欧元区而增加了出口。在1999年欧元开始流通之后的十年中，比利时、荷兰、奥地利、丹麦都出现了竞争性通缩现象（低财政开支、低工资增长、技术创新、用资本替代劳工等），这些国家都和德国一样主要靠出口来拉动经济增长。

① David Howarth and Charlotte Rommerskirchen, "A Panacea for all Times? The German Stability Culture as Strategic Political Resource", *West European Politics*, Vol. 36, No. 4, 2013, August 2013, pp. 750 – 770.

② Brendan O' Leary, "Europe's Embers of Nationalism", *Current History*, March 2015, p. 104.

但与此同时，德国模式的“欧洲化”某种程度上却导致了南欧国家的债务。在加入欧元区之前，南欧国家内部通胀，同时通过内部消费拉动经济，两者相辅相成。加入欧元区之后，南欧国家无法靠货币贬值刺激出口，因此更依赖国内消费。为了维持国内消费水平，包括西班牙、葡萄牙、希腊、意大利在内的南欧国家继续实施扩张性的财政政策。加入欧元区之后，南欧国家的国家信用提高，借债利息下降，有利于这些国家借债。欧洲央行不敢通过加息打压南欧的高通胀（因为加息对北欧国家不利），而高通胀使得南欧国家的借债成本进一步下降。与此同时，北欧国家通过出口创造了大量的贸易盈余，因此北欧国家的银行也需要通过购买南欧国家的政府债券来为自己的资金找出路。就这样，在国内资金充足的情况下，南欧国家靠国内消费拉动经济的模式便被进一步强化了。因为国内资金充足，欧元流通后的头十年，南欧国家经济增长较快。但与此同时，南欧国家对外部资金依赖增加、出口能力下降、且所积累的债务也让其在2008年的全球金融危机中更容易受到冲击。

有人认为南欧的悲剧是因为其未能利用加入欧元后的头几年进行改革。这种说法有一定道理，但不完全正确。有学者指出，如果根据OECD的“产品市场监管（product market regulation）”数据（这是个衡量结构性改革的好数据），南欧国家的进步与北欧国家不相上下。而且南欧国家的赤字状况也并非一律很差。意大利在2011年甚至还有财政盈余。①

欧洲债务危机成为德国进一步将德国模式“欧洲化”的契机。第一，德国有推广德国模式的“合法性”。欧洲债务危机爆发后，德国经济稳健，发挥了“榜样的力量”。德国政经精英纷

① Peter A. Hall, “The Economics and Politics of the Euro Crisis”, *German Politics*, Vol. 21, No. 4, December 2012, p. 362.

纷强调德国经济模式的优点，认为这是欧元区各国提升竞争力的万灵药。[①] 而且，由于欧洲央行和欧元的条约都以德国的货币理念为依据，根据有关条约，德国完全有权要求欧洲各国依德国意思行事。德国经常援引所谓的“禁止挽救条款”（《里斯本条约》第125条）来为自己的立场辩护。此外，冷战结束后东德和波兰的转型经验也让不少欧洲人相信，民选政府也能够坚定贯彻紧缩政策并最终取得成功。第二，德国有推广德国模式的实力。德国是债权国，又是潜在的救助方，重债国出于务实考虑也要听从德国意见。德国总理默克尔在欧洲债务危机后承担更强的领导角色，为其他国家作决策。默克尔一度提出要和重债国政府分别签订双边条约，更有力地约束重债国政府遵守财政纪律。此法行不通之后，德国改用了更隐蔽的办法，直接控制重债国内部运作。比如，2015年8月，德国联邦议院批准希腊第三轮救助协议，但与此同时，德国法兰克福机场集团将接管希腊14个机场，作为希腊获取救助的条件之一；2016年1月，希腊总理齐普拉斯与德国北威州的财政部长签署了一份打击逃税的协议，根据协议，德国将帮助希腊训练50名税收官员，并且监督希腊国内打击逃税的落实情况。南欧集团如能“抱团取暖”也许可获得更大话语权，但法国、西班牙、意大利等国都自视为南欧领袖而彼此难以合作；西班牙、葡萄牙、希腊等重债国也多以本国本党利益为重，欧委会还一度调解希腊和西班牙、葡萄牙的口舌之争。[②] 因此各欧洲国家以及欧盟最终还是使用以德国模式为蓝本的反危机办法。

应对欧洲债务危机的措施进一步加剧了南北欧的失衡。欧盟

① Brigitte Young，“German Ordoliberalism as Agenda Setter for the Euro Crisis：Myth Trumps Reality”，*Journal of Contemporary European Studies*，Vol. 22，No. 3，2014，pp. 276 – 287.

② Honor Mahony，“EU commission seeks ‘unity’，after southern states clash”，EUObserver Website，2 MAR 2015.

持续施压要南欧国家进行结构性改革。为了获得欧盟援助，希腊进行了现代史上最严苛的财政紧缩政策。结果，南欧国家失业率飙升、大部分地区收入下降。而北欧国家所承担的成本较小。因为救助款主要是贷款性质，不是真正的“财政转移支付”。而且救助南欧国家也就是救助北欧国家自己的银行。EFSF 和 IMF 给希腊的救助款，三分之二以上相当于用于支付利息（这部分相当于是救助了北欧的银行），只有不到三分之一流入了希腊的财政。[①] 南欧国家也被迫进行“改革”以增加出口竞争力。但是，政经模式的形成不是一朝一夕的，受到很多因素的制约，每个国家的发展模式都有自己的独特性，只能某种程度上学习别人，却无法照搬别人的模式。事实上，据学者考察，欧洲债务危机之后希腊的模式未有根本变化。[②] 南欧国家国内的条件并不利于出口。在缺少整体性的劳资协调的情况下，如果通过控制单位劳动成本来增加出口，那么就只有施行紧缩性的财政政策。紧缩太过，影响国内消费，经济就会停滞。这正是大部分南欧国家所遇到的情形。

最后需要指出的是，德国模式固然是在欧洲经济中占据了主导地位，但获得这种主导地位的前提条件是“共处”——德国模式不能“一枝独秀”，而必须与其他模式共同成长。因此，德国对欧元区宏观经济管理的影响虽然很大，但也是有局限的。欧洲货币一体化的“沉没成本”越来越高，欧元区危机所带来的连带问题越来越庞杂，德国如果只根据本国利益来要求其他欧元区国家，那么欧元区整体问题最终也会连累德国自身。因此，德国也要作出妥协。欧洲央行的降息和量化宽松政策都有违德国“中立

---

① L. Alderman and J. Ewing, “Most Aid to Athens Circles Back to Europe”, *New York Times*, 29 May 2012, pp. B-1.

② Stella Zambarloukou, “Greece After the Crisis: Still a south European welfare model?” *European Societies*, Vol. 17, No. 5, 2015, pp. 653-673.

央行”的理念且有损德国经济利益，本不为德国所喜，但德国迫于形势也同意欧洲央行施行这些政策。①

欧盟内部出口国与消费国的对立已经是结构性的。未来，如果欧盟想要有好的发展，以德国为代表的出口大国、经济大国就要在妥协的基础上再进一步，主动承担起“照顾”消费国的经济和政治成本。只有消费国经济企稳，出口国的经济才能长期向好。假设德国能够同意财政一体化、出台欧元债券，那么德国就相当于是同意了自己无限地为希腊作担保。假设德国能够主动承担欧盟军事、安全上的开支，那么法国就可以更多地将财政收入投入到国内消费中去。作为回报，德国企业可以将欧盟进一步“德国化”，把欧盟打造为自己产业升级的广阔基地。

不同资本主义模式的共处是历史性的，其共处之道并非时时固定。遇到障碍时，经过调整，有可能会找到新的共赢之路。然而，上述思路虽好，却不易实现，其最大阻力来自德国内政——德国民众不太可能同意“给别人掏钱”。因此，实现这种前景需要德国政治精英极强的洞察力和意志力。如果德国无法承担新形势下的历史责任，那么欧元区内部的“二元结构”还将存在相当长的时间。

三、全球化对欧洲的影响

欧洲各种不同的资本主义模式在同一个经济区内共存，

① Federico Steinberg and Mattias Vermeiren, “Germany's Institutional Power and the EMU Regime after the Crisis: Towards a Germanized Euro Area?” *JCMS: Journal of Common Market Studies*, Vol. 54, No. 2, March 2016, pp. 388 – 407; Peter Nedergaard and Holly Snaith, “‘As I Drifted on a River I Could Not Control’: The Unintended Ordoliberal Consequences of the Eurozone Crisis,” *JCMS: Journal of Common Market Studies*, Vol. 53, No. 5, September 2015, pp. 1094 – 1109.

是导致欧洲债务危机的一个重要原因。但欧洲债务危机的发生与发展，并非欧洲自身可左右，因此也无法单独从欧洲经济区理解欧洲债务危机，而需要放宽视界从全球来理解。随着资本主义在全球深化发展，欧洲从全球资本主义的中心地带滑落，欧洲无法再主导和塑造全球政经，而是受到全球大势的深刻影响。

欧洲内部的经济失衡能够部分解释欧洲债务危机，但欧洲内部的经济失衡不全由“欧洲内部”导致。举一例便知。欧元在1999年1月创立之时，意大利曾享有250亿欧元的贸易盈余，但到2010年时却出现了350亿欧元贸易逆差，前后相差600亿欧元。意大利贸易逆差的主因是石油（1999年来已达600亿欧元），中国居次（总值200亿欧元）。扣除石油与中国，意大利实际上享有贸易盈余，占GDP比例一直维持在3%至4%左右。由此可见，南欧国家的贸易逆差并不是主要因为欧元区内的贸易失衡。同理，德国的出口也并不都是流向南欧国家，德国21世纪头十年的出口升幅中，只有13%得益于南欧市场。[①] 国际学界对于欧元区的观察与分析，通常聚焦于欧元区内部的结构，严重低估了同期新兴大国崛兴、全球经济版图变化等事实。外部世界的变化对欧元区经济的影响往往比人们想象的更为深远。

除了经济之外，欧洲社会也受到了外界的深刻影响。欧债危机期间欧洲的福利及就业问题最受关注，姑且从这个问题说起。关于全球化对欧洲福利及就业的讨论由来已久。在20世纪90年代，冷战结束、全球化开始加速的时候，学者就开始热烈讨论全球化对西欧福利国家的影响，有人认为影响很大，有人认为影响

---

① Charles Gave, Francois Chauchat and Anatole Kaletsky, “Sorting Out the Euro Mess”, JohnMauldin. com, December 13th, 2011.

很小，还有人认为视情况而定。[1] 具体研究表明，全球化对就业、社会保险、社会服务等不同政策领域的影响不一样，对就业的影响相对更大。不少经济学家认为，发达国家失业率上升是因为技术进步导致低技术工人被淘汰。但这种看法有疏漏之处：在高就业率时代，西方技术也在不断进步。还有经济学家认为，发达国家失业率上升是因为对劳动力的总体需求下降——特别是欧元区成立后，欧洲央行长期保持高利率、低通胀的货币政策，不利于创造就业。但这种说法也有疏漏之处：欧盟对成员国社会政策并没有决定权，只有建议的权力，欧盟成员国的社会政策并没有明显地趋同。[2] 那为什么欧洲的“福利国家”“充分就业”风光不再？也许最好的理解方式，是德国社会学家哈贝马斯的看法。他认为欧洲在战后建立福利国家，是因为当时特定的时空背景；随着产生福利国家的条件出现变化，福利国家也就难以维持。而这种条件之所以发生变化，很大的一个原因是全球化。哈贝马斯指出：“首先，富裕社会中所面临的经济问题，可以通过全球经济体系的结构性变迁——这个变迁以‘全球化’为突出特征——来解释。其次，这种变迁大幅降低了民族国家的行动能力，民族国家所能做的，已不足以保护其国民不受跨国经济不利的社会和政治后果的影响。”“在世界上一些享有特权的地区，在战后有利的条件下，民族国家……成功地通过规划国民经济将自己改造成福利国家……但这些种种有利条件现在受到了全球经济的威胁，全球经济越来越不受监管型国家的管控。显然，福利国家如果要维

① 全球化与福利之间的关系非常复杂，相关研究结果出入很大，可谓众说纷纭。文献综述参见：Philipp Genschel，“Globalisation and the Welfare State：A Retrospective”，*Journal of European Public Policy*，Vol. 11，No. 4，2004，pp. 613 – 636.

② Walter Korpi，“Welfare-state Regress in Western Europe：Politics，Institutions，Globalization，and Europeanization”，*Annual Review of Sociology*，Vol. 29，August 2003，pp. 589 – 609.

持过去的水平，就必须从民族国家变为能够与跨国经济相适应的更大的政治实体。”①

但是，欧洲学者虽然认识到欧洲经济、政治、社会受全球化的影响，但他们却未能提出一个更深的问题：为什么欧洲未能像近现代以来那样通过全球化推广自己的发展模式，反而是自己的发展模式要受到冲击？

这与全球化的发展以及欧洲在全球体系中地位的变化有很大关系。

很长时间以来，现代化的“成功”就是欧洲的“成功”。从1800年到1900年，欧洲人口从世界总人口的23%上升到36%；工业革命前夕，全球社会生产力最高的五分之一人口与剩下的人口相比，生产力的差距从未超过两倍；但在1900年，生产力的差距达到了20倍。② 在19世纪，欧洲是世界经济和资本主义社会最重要的组成部分，是支配和改变世界的资本主义发展核心。由于帝国主义、殖民主义、商业推广、传教等种种原因，数以百万计的欧洲人离开欧洲大陆，辗转前往全球各地。当时欧洲工业生产额超过美洲两倍以上，重要的科技进步也主要来自于欧洲。③ 可以说，自工业革命以来，欧洲国家整体而言长期占据全球资本主义的中心地带；而且欧洲能够单方面地、无所顾忌地向全球各个角落输出自己的体系，直到把“世界史”化为一部“欧洲史”。

但现在，欧洲要面对全球化给自己带来的制约。德国哲学家斯洛特戴克（Peter Sloterdijk）对全球化的哲思最为发人深省：“从系统意义上讲，全球化也达到了饱和……所有的首创精神都

---

① Jurgen Harbermas, *The Postnational Constellation*: *Political Essays* (Transl. by Max Pensky), Cambridge: The MIT Press, 2001, pp. 51-52.

② Samir Amin, “The Political Economy of the Twentieth Century”, *Monthly Review*, June 2000.

③ ［英］艾瑞克·霍布斯鲍姆：《帝国的年代：1875—1914》，第20页。

必须听从于交互作用的原则，而绝大多数的进攻性力量在一定的时间之后都会反馈到源头那里……在强烈的交互事件中，单个的首创性的精神必然会屈从于不断增长的交互阻碍的法则——最终所有同时的行动累加起来，稳定在一种类似高速震动的胶冻状物体的状态之中……”① 在全球化的深入发展之下，各个国家、各个民族、各个地区都已被编入一张无边密网中，不能轻易动弹。比如说，征税是一国财政的重要来源，各国过去可自行其是，现在却要周全考虑经济竞争力问题、逃税避税问题、税率竞争问题、跨国税收的协调问题。在这点上欧洲和其他地区别无二致。只是欧洲过去曾大刀阔斧地凭一己之意重塑世界面貌，对新情势比别的国家更感不适而已。

另一方面，欧洲尤其还要面对新兴大国的群体性崛起以及自己在全球资本主义体系中的相对衰落。

新兴大国的群体性崛起是一个很新的现象。即便在20世纪，除个别东亚国家成功地追赶上了工业化国家之外，大部分发展中国家的经济增长仍比较缓慢，发达国家与发展中国家的差距仍在拉大。所以在20世纪下半叶，世界经济一直由所谓的“七国集团”（美、日、德、法、英、意、加）主导。即便按购买力平价计算，全球一半的收入也集中在“七国集团”手里。在20世纪80年代和90年代，对世界经济增长贡献最大的国家，除了中国之外，都是“七国集团”成员，而中国对全球经济增长的贡献也仅仅是美国贡献率的13.4%（80年代）和26.7%（90年代）。但是在2000—2009年，中国成为全球经济增长的最大贡献国，甚至超出排在第二名的美国4个百分点。排在美国之后的是印度、韩国、巴西，美国之外的其他“七国集团”国家全部跌出五名之

① ［德］彼德·斯洛特戴克著，常晅译：《资本的内部：全球化的哲学理论》，社会科学文献出版社，2014年版，第16页。

外。发展中国家在全球经济中所占份额，正稳步超过“七国集团”。[①] 中国的发展尤其瞩目。中国 GDP 按美元汇率计算在 2010 年超越日本，成为全球第二大经济体；如按购买力平价计算则已在 2014 年超过美国，成为全球第一大经济体。中国国内的发展已经外溢到其对外行为。根据荣鼎集团（Rhodium Group）的报告，中国对欧洲的直接投资近年呈飙升势头：在 2004 年之前几乎为零，2004 年之后，年均也不足 10 亿美元；到了 2009 年，投资额增长了两倍，变为近 30 亿美元；而在 2010 年又增长了两倍，变为逾 100 亿美元；2014 年则升至 180 亿美元。[②]

2008 年爆发的全球金融危机以及此后的欧洲债务危机是欧洲地位进一步下降的一个标志性事件。在全球金融危机之初，欧洲受影响不深，欧洲领导人欲借机批美式“金融资本主义”，推全球经济治理进程。2009 年，欧洲国家召开“新世界、新资本主义”国际研讨会，时任法国总统萨科齐、德国总理默克尔、英国首相布莱尔在会上齐声声讨金融资本主义，提议改革国际制度，德国建议联合国成立经济理事会。2008 年 11 月，二十国集团（G20）领导人在华盛顿举行会议，法国总统萨科齐、德国总理默克尔、英国首相布朗提出应改革国际金融体系。但欧洲主权债务危机在 2009 年底开始浮现，并在 2010 年初快速恶化。欧洲领导人忙于应对危机，无暇他顾。2010 年的“新世界、新资本主义”国际研讨会陷入低谷，几无媒体报道；2011 年，该研讨会开始务实，直面欧元的困境与欧洲的衰落；而 2012 年，这个研讨会已完全退出公众视野。2011 年 11 月，第六届 G20 峰会在法国戛纳举行，欧洲债务危机理所当然地成为会议主要议题。在戛纳会议

---

① Justin Yifu Lin, “China and the global economy”, *China Economic Journal*, Vol. 4, No. 1, February 2011, p. 10.

② “Chinese investment into Europe hits record high in 2014”, Baker & McKenzie, 11 February 2015.

上，各国纷纷提出“帮助欧洲渡过难关的倡议和主张”，多数国家认为解决欧洲债务问题首先要靠欧洲自己的努力，希望欧洲国家迅速细化并实施措施；峰会还决定确保IMF拥有足够资源帮助各成员国解决困难。这是近代以来欧洲第一次沦为发展中国家的救助对象。

多亏了地区一体化，欧洲某种程度上得以延续“全球一极”的地位。但欧洲债务危机中，南欧等重债国“暴露”了自己被欧洲一体化所掩盖的半边缘国地位，降低了欧洲整体作为资本主义核心区的成色。随着全球化的深入发展，全球资本主义的中心—边缘结构逐渐变化，欧洲从全球资本主义的中心地位逐渐外移，或者说，欧洲在今天的全球经济中仅仅是“中心之一”。

根据沃勒斯坦（Immanuel Wallerstein）提出的世界体系理论，人类历史虽然包含着不同的部落、种族、民族和民族国家的历史，但这些历史不是孤立地发展的，而是相互联系着发展和演变的，总是形成一定的“世界性体系”。现代世界体系采取了资本主义世界经济的形式。这种资本主义世界经济体系起源于15世纪后期的欧洲，其历史标志是哥伦布1492年“发现”美洲大陆，1498达·伽马绕过好望角进入印度洋。在此后的几个世纪，这一体系逐步向外扩张，并将世界其他地区一个接一个地卷入进来。直到19世纪后半叶，东亚地区最终也被卷入了这一体系。自此以后，现代世界经济体系成为真正的、覆盖全球的世界体系。

资本主义世界经济是一个基于对资本积累的追求，基于对资本、商品及劳动的价格水平的政治控制的体系。现代世界体系由中心地带、边缘地带和半边缘地带组成：中心地带控制了贸易通道，利用边缘地带提供的原材料和廉价劳动力生产高附加值产品，在世界市场占据垄断地位；边缘地带的地位刚好相反，它提供廉价劳动力、原料和初级产品；半边缘地带介于这二者之间，这类国家既受中心国家控制，同时又可部分地控制边缘国家。世界体系的核心地区在扩张期可以通过在边缘地区获得的优惠条件开采资源而占据优势。霸权在核心地区内部的冲突中不断受到挑战，特别是受到来自半边缘地区的威胁。随着新兴领域中的竞争日益激烈，早期创新者的利润下滑，核心地区最终会被后来者赶上。①

随着欧洲日渐淡出资本主义体系的“核心”地位，欧洲也就逐渐失去了过去的一些优惠条件和优势。

比如说，过去欧洲可以通过向全球殖民来解决其内部的就业问题，如今已不可行。不仅不可行，欧洲现在连自己内部的就业条件都不能左右。有学者比较富士康在中国和欧洲工厂的运作，所得出的结论有助于我们理解这一点。富士康是一家台湾公司，为“苹果”等品牌提供集成加工。富士康在中国大陆的工厂以纪律严格、超时工作、招收学生工而闻名。欧洲的富士康工厂怎样呢？学者通过多方调查，发现富士康在欧洲的工厂与在中国的工厂有不少相似之处。一是雇佣了大量临时工。富士康在捷克的工厂通过中介公司雇佣40%的工人，大部分是从斯洛伐克、波兰、罗马尼亚和保加利亚过来的移民。这些移民签的都是短期合同，活少的时候就返回家乡。二是成本低。临时工每小时的工资是2欧元—2.5欧元，正式雇佣的工人是3欧元—3.5欧元，周末和节假日工作也没有额外的工资。三是得到了国家的支持。捷克为了成为“西欧市场的计算机中心”，给了富士康从2000年到2010年的十年免税期。四是工会力量弱。捷克的工会只管正式工，不

① ［美］伊曼纽尔·沃勒斯坦：《现代世界体系》（三卷本），郭方等译，北京：社会科学文献出版社，2013年版。要简捷地了解沃勒斯坦的思想体系，可参见：伊曼纽尔·沃勒斯坦、兰德尔·柯林斯、迈克尔·曼、格奥吉·杰尔卢吉扬、克雷格·卡尔霍恩著，许曦白译：《资本主义还有未来吗》，社会科学文献出版社，2014年版，第一章“结构性危机：资本家或无法再从资本主义中获利”，第9—35页。

管临时工，正式工大都是捷克本地人。[①] 以上四个特点与富士康在中国大陆的工厂没有太大区别，可能只是具体表现形式不同罢了。

可以认为，欧洲现在已经在“同一个平台”上与许多旗鼓相当的新兴力量展开竞争。为了取得竞争力，其过去形成的许多既定做法都面临调整。欧洲的社会政策就是一个好例子。上述富士康的例子说明，欧洲（虽然只是以东欧国家捷克为例）的工资、就业保障和工会活动，都面临“向中国看齐”的压力。欧洲过去之所以能维持高福利的社会政策，归根结底是因为其国库充实，而且能长期保持国库充实的状态。但现在，欧洲经济放缓，根本无法保证财库充实，而且高福利政策还可能让其在全球争夺资本的激烈竞争中处于劣势。作为全球社会政策标准最高的地区，欧洲首当其冲地感受到了来自全球自由市场的压力。欧洲的“社会模式”已成为欧洲债务危机的主要冲击对象。

过去，欧洲还能够利用自己的核心地位从制度上作文章，保证全球的制度对自己有利。但欧洲已经越来越难以做到这一点。比如说，如果要保持过去的高福利制度，欧洲便需要保证投资者不会被高福利政策吓走，而实现这一点最简便的办法便是让其他国家和地区也实行高福利制度。这难度极大。欧洲与他国进行投资和贸易谈判时经常塞入“劳工标准”“社会标准”“环境标准”，但往往不易成功，且谈判对象越重要越不容易成功。因此一些欧洲精英退而求其次希望进行全球社会政策的协调。2012年，英国左派智库公共政策研究所（IPPR）延请工党人、英国前商务大臣曼德尔森领衔“全球化的未来”项目并推出报告《第三

---

① 英国布里斯托大学讲师拉特维卡·安德里亚塞维奇（Rutvica Andrijasevic）以富士康为案例，针对中国制造业给欧洲劳工造成的影响做了专门研究。参见Rutvica Andrijasevic，“‘Made in China’ vs. ‘made in the EU’: what's the difference?”，Open Democracy，11 September 2015.

波全球化》。该报告认为，现在进入了第三波全球化（第一波全球化始于1870年，由英国主导；第二波全球化始于二战后，由美国主导），国际贸易不再是经济增长的保证，国际贸易在提高生产率的同时也会带来失业和低工资，资本市场的自由化会导致市场动荡，新兴市场的崛起导致多极化和多种发展模式。报告的建议之一是要通过加强国际协调来应对第三波全球化，协调内容包括国际收支平衡、扶贫、金融监管、打击逃税等。①

但国际协调也未必行得通。其一，“国际协调”愿望虽好，但国际协调也是各种力量的角力，结果并不一定如欧洲所愿。“航空碳税”即为一例。2008年，欧盟单方面立法规定，从2012年1月1日起将航空业纳入碳排放交易体系，这意味着前往欧洲的航空公司要额外支付一笔碳排费用。中国、印度、美国等国反对欧盟的这一做法。在重重压力下，2012年11月，欧盟对外宣布暂停对进出欧盟国家的民用航班征收碳排放税。2013年，国际民用航空组织（ICAO）在加拿大蒙特利尔举行的全体会议上通过决议，否决欧盟要求单方面征收航空碳税的提案。“金融交易税”又是一个例子。在2011年11月的G20峰会上，法国利用轮值主席国的身份，提出希望在全球范围推出金融交易税，以打击全球金融投机行为。美国、加拿大、澳大利亚、俄罗斯、印度等国均表示反对。最后金融交易税只好在欧盟内部部分国家中先行推进。

因此，面对激烈的全球竞争，欧洲国家“分化”出了不同的应对之道。欧洲推动一体化的其中一个动机，是要通过一体化提高欧洲整体在全球经济中的竞争力。这种做法固然取得了一定效果，使欧洲成为世界经济的一极；但随着全球化的深入发展，一

① Alex Glennie and Will Straw, “The third wave of globalisation”, IPPR-Institute for Public Policy Research, Jan 2012.

体化在增强欧洲国家竞争力方面的作用也日益显示出其局限。因此，为了更好地应对全球化、在激烈的全球竞争中胜出，欧洲国家又重新走上了分化的道路。德国和波兰等国为了本国工业的利益，反对欧盟出台更严格的碳排标准。爱尔兰、卢森堡等国以“低税”吸引资本，成为欧洲内部的“税收洼地”。[①] 英国为了保护自己的金融业在与纽约、新加坡、香港等地的金融竞争中处于有利地位，激烈反对欧委会提议的“金融交易税”。[②] 连匈牙利、波兰等国家的“威权主义转型”也有深刻的经济原因。匈牙利在20世纪末转型开启后，既要维持相当水平的福利（以减缓转型震荡），又要参与“减税”“减赤”的地区和全球竞赛（以在新自由主义时代提高竞争力），遂逐渐成为就业率欧洲最低、劳工税负最为沉重、公共开支东欧最高的国家。此景再受金融危机之后的紧缩政策之刺激，再也无法持续，如是才有2010年“强人”欧尔班的上台。而波兰的情况与此大同小异，因此同期波兰的政策与欧尔班的政策有相像之处。二者都大力扶持民族企业、推动产业升级、促进内资银行增加市场份额，只不过波兰做法更讲究外交策略、更透明，而匈牙利则直接攻击外国投资者、干扰央行独立性，甚至演变为“裙带资本主义”。[③]“法律与公正党”2015年上台后，波兰在经济上的民族主义政策就更不加掩饰了。

总之，从全球化竞争这个角度来观察，欧洲的“民族主义”

---

① 如爱尔兰自20世纪90年代末以来将企业所得税税率调至12.5%，相比之下，美国不含扣除额的企业所得税税率为35%，欧洲平均水平为23.2%。参见：“爱尔兰靠开放走出经济危机”，《国际金融报》，2014年12月23日。2013年，欧盟就爱尔兰、卢森堡和荷兰与跨国公司的税收协定对三国的税收优惠展开调查。

② 2011年9月，欧委会提议对股票与债券交易、金融衍生品交易分别征收0.1%和0.01%的交易税；最后德法等9个国家利用“强化合作”程序于2016年1月起在欧盟局部先行推出金融交易税。

③ Abbby Innes, “Hungary's Illiberal Democracy”, *Current History*, March 2015, pp. 89 – 107.

“脱欧”“多速欧洲”等种种现象，也就不难理解了。至于如何在理论上理解新兴大国所带来的“模式之争”，则是需要再进一步讨论的问题。

第五章

理论的推进

民主资本主义有两个核心矛盾：一是关于平等的矛盾；二是关于边界的矛盾。前文已介绍欧洲债务危机如何凸显这两个矛盾，以及应如何从此二矛盾入手去理解欧洲债务危机。

但这远不是问题的终点，至少还有以下三个问题需要回答：第一，既然民主资本主义是个大部分时间内有序运作的系统，民主资本主义的核心矛盾什么时候能被“掩盖”而什么时候会引发危机？危机是如何步步呈现的？第二，既然民主资本主义是个能够与周围环境调试的、能够与时俱进的系统，其最新发展趋势是什么？这些新的发展趋势是否仍然体现旧的逻辑？第三，大体而言，资本主义覆盖全球而民主只覆盖“西方”，那么，民主资本主义的运行规律是否全球适用？如何在全球资本主义的运作中去理解民主资本主义的问题？

本章拟为解决这三个问题寻找一些有用的线索；与此同时，对民主、资本主义以及/民主资本主义的核心矛盾作进一步阐述。

一、经济危机与政治合法性

既然民主资本主义是个大部分时间内有序运作的系统，那么，民主资本主义的核心矛盾什么时候能被“掩盖”而什么时候会引发危机？危机是如何步步呈现的？本书认为，第一，民主与资本主义虽是共生与互限的关系，但资本主义发挥主导和统摄作用，民主资本主义爆发危机的时机与资本主义危机的时机相同。第二，资本主义危机有可能引发系统性调整，导致合法性危机。

（一）资本主义的主导地位

现代国家的运行，如果说不是由资本主义制度来确定，那么至少也是与资本主义制度相容的。国家依赖税收，而税收的前提是有一个运行良好的经济体。正是由于这一原因，在国家与资本主义的关系中，“资本主义是主导的积极影响力，而且，它也是正常情况下国家乐于提供帮助、乐于充当仆人的原因。是自身的利益，而非缺陷推动了国家对资本积累的支持和促进”。①

民主制度有追求平等的深刻动机，会对资本主义制度形成牵制。在民主制度下，资产阶级与工人阶级达成了妥协——当然，资本家与工人阶级还有“非资本主义”（革命）和“非民主”（独裁）的妥协方式，这超出了本文的讨论范围。工人阶级人数占多数，在民主制度下享有有利的政治形势，为什么工人阶级不利用民主制度推翻资产阶级呢？

普热沃尔斯基在《资本主义与社会民主》一书中试图解答这一困惑。其解释可以分三个层次：

第一，资本家在体系中占据优势地位，资本家对利润的占有是任何其他集团在未来实现利益的必要（但非充分）条件。资本主义是一种体系，这种体系中的直接生产者仅靠自己无法生存。没有生产工具的人必须把他们的生产能力出卖给资本家才能获得工资，而资本家则获得利润。在资本主义体系内，利润是投资的

① ［美］罗伯特·L. 海尔布隆纳著，马林梅译：《资本主义的本质与逻辑》，东方出版社，2013年版，第67页。

必要条件。如果资本家不占有利润，不进行剥削，那么生产就会下降，消费水平就会降低，工人的物质利益也就不能得到满足。用前德国总理施密特的话说就是："企业今天的利润就是明天的投资，明天的投资就是后天的就业"。[①] 因此可以说，在资本主义条件下，只有资本家的物质利益实现了，其他任何集团的物质利益在将来才有可能实现。也就是说，在资本主义体系中，资本家处于独特地位——他们代表未来的普遍利益，而其他所有集团的利益都是作为特殊利益出现的，整个社会在结构上依赖资本家的行动。

第二，虽然资本家在整个体系中占有优势，但他们为了实现霸权，就要作出退让，让其他的集团也能实现利益。在西方国家，让资本家作出退让的机制就是民主。换言之，民主是协调资本家与其他社会阶级的利益的一种机制。民主体系中所固有的不确定性，构成了所有人实现其某些物质利益的机会。通过民主机制，任何人作为一个公民，都能表达他们对扩大商品和服务的要求。这种机会是有限的，但却是真实的。

第三，资本家虽然通过民主制度"让利"，但是有一定限度的。民主制度的一个关键特征是其"不确定性"：如果博弈的结果是确定的，那么大家就没有参与民主的必要。而且博弈的目的是为了短期的物质利益。民主制度下民众无法追求长期的"社会契约"，而只能是一届选举之后三五年内的短期物质利益。换句话说，资本家绝不会一下子允诺在未来十年、百年给工人多少利益的（比如说把工资增长幅度与生产率增加幅度绑定），而只会根据民主政治的节奏，视情况一点一点地给。[②]

---

① *Le Monde*, July 6, 1976, 转引自［美］亚当·普热沃尔斯基著，丁韶彬译：《资本主义与社会民主》，中国人民大学出版社，2012 年版，第 197 页。

② ［美］亚当·普热沃尔斯基著：《资本主义与社会民主》，第 153—162 页。

意大利马克思主义经典理论家葛兰西（Antonio Gramsci）在20世纪二三十年代写就的名著《狱中札记》中，指出了在统治集团与被统治集团之间的利益权衡中，统治集团的利益居于优势："无疑，考虑霸权施加于其上的集团的利益和趋势是获得霸权的前提，必须形成某种折中平衡——换言之，领导集团应当作出某种经济—法团性质的牺牲。但是同样无疑的是，这些牺牲和妥协的做法并不能触动根本……国家生活被看做基本集团和从属集团的利益之间不稳固均衡（在法律层面上）的持续形成和取代的过程——在这一均衡中，统治集团的利益居于优势，但只是在一定程度上，也就是说在接近于狭隘的法团经济利益的地方停了下来。"①

（二）资本主义的危机

没有任何社会现象能够规则地、持续地、没有限制地展开。任何事物都会经历扩张、停滞、甚至倒退。当从扩张变成停滞或倒退的转折点到来时，就是所谓"危机"。政治、经济、社会、文化都是如此。

在资本主义时代，经济危机是周期性出现的。马克思和恩格斯在《共产党宣言》中已指出："生产的不断变革，一切社会状况不停的动荡，永远的不安定和变动，这就是资产阶级时代不同于过去一切时代的地方。"② 资本主义经济危机过后，通常会出现新的增长机会，繁荣、危机和萧条总是交替出现。

---

① Antonio Gramsci, *Prison Notebooks*, New York: International Publishers, 1971, p. 161 and p. 182，转引自：［美］亚当·普热沃尔斯基著，《资本主义与社会民主》，第153—154页。

② 马克思、恩格斯：《共产党宣言》，人民出版社，1997年版，第30页。

1790—1814年　繁荣　1814—1848年　萧条
1848—1872年　繁荣　1872—1893年　萧条
1893—1914年　繁荣　1914—1945年　萧条
1945—1968年　繁荣　1968—1983年　萧条

导致资本主义经济危机的直接原因是资本积累的中断。马克思认为，资本主义在每一个资本积累的阶段上，资本构成的变化都不利于可变资本，而可变资本是唯一能够继续生产剩余价值的。马克思的《资本论》所揭示出的一个重要结论，便是利润率下降和资本积累过程的动力持续减弱的趋势。在《资本论》第一卷中，马克思从最简单的事实开始，从单个资本家的视角，解释资本主义的生产现象，阐明社会再生产是一个有机进程。在《资本论》第二卷中，马克思从单个资本家的生产过程，提升到整个资本主义的再生产过程。阐明社会的全部生产价值，都来自于生产性劳动。这些价值分为三个部分：第一部分是“不变资本”（C），它是由生产过程本身所决定的，包括原材料、人员、机器等等，是维持简单再生产所必须的。第二部分是“可变资本”（V），它用于劳动力的再生产，包括劳动力的家庭和教育支出。第三部分是“剩余价值”（S），除资本家的个人消费、办公设施和建筑物之外，社会其他方面的支出，如官僚机构、军队、警察、书记员、各种专业人员和服务性工人，也都来自于“剩余价值”。马克思用了一个公式S/（C+V），既表现利润率或“剩余价值”率的水平，同时也表现社会经济发展的质量和扩大再生产的潜力，阐明这是一切社会的必然性特征，是社会发展的最一般规律。马克思在《资本论》第三卷中，更进一步地从整体上考察资本主义经济。他揭示出资本主义经济包含两个相互对立的进程：一方面，资本家的资本积累的实现和扩大，依赖于社会生产性力量的发展，但另一方面，它又从根本上反对这种发展。简单地说，提高工人的工资，减少劳动时间，有利于培育具有更高的技术水平和文化素质的、更有创造性的生产性力量，从而为更大规模的资本积累提供更大的可能性。但是，资本积累的内在力量，却总是试图使劳动力保持着“不发达”的状态。这是资本主义无法克服的矛盾。这也是整个《资本论》所揭示的最突出、最核心的问题。①

当前西方经济学家围绕资本主义容易爆发危机的原因，形成了三大理论流派。除了传统上的消费不足理论（缺乏有效需求，因为过度垄断而导致经济出现停滞的趋势），还有利润挤压理论（由于实际工资上升导致利润水平下降），以及利润率下降理论（劳动节约型技术起到了反作用，恶性竞争使产品价格不断下降）；无论是消费不足、利润挤压、还是利润下降，都会出现资本积累动力的减弱。哈维指出，影响资本主义发展有七大领域，包括技术和组织形式、社会关系、制度和行政框架、生产和劳动过程、人与自然的关系、日常生活和人类再生产、以及人类对世界的感知。资本只有进入这七大活动领域中的一个或几个，才能完成周转和积累过程。如果资本在某个领域内的流动遇到障碍，就必须想方设法逾越障碍。如果问题积累到一定程度，经济危机就会爆发。资本主义只要想存在下去，就不管发生什么状况，不管采用什么手段，也要把这七大活动领域组织起来，实现资金的不断积累。②

经济危机的作用之一，是使资本主义世界从非理性状态回归

① Lyn Marcus, Dialectical Economics: An Introduction to Marxist Political Economy, D. C. Heath and Company, Lexington, Massachusetts, 1975, pp. 46 – 53. 林·马尔库斯（Lyn Marcus）是美国著名政治家、政治经济学家林顿·拉鲁什（Lnydon LaRouche）的笔名。拉鲁什的《辩证经济学：马克思主义政治经济学概要》一书，是他早年为美国左翼青年讲课学案，现已成为西方马克思主义政治经济学的经典性著作。

② ［美］大卫·哈维著，陈静译：《资本之谜：人人需要知道的资本主义真相》，电子工业出版社，2011 年版，第 119—129 页。

到理性的轨道上，引导资本主义经济体重新定位，找到新的发展模式、新的投资领域。“历史已经证明，就像所有的社会体系一样，资本主义能够在每一个扩张阶段都战胜自己的内在矛盾，但是每一次，资本主义都未能阻止矛盾激烈程度在日后不断地加深”。①

（三）民主的危机

资本主义经济危机的影响绝不仅仅局限于经济领域。历史上数次经济危机已经证明了这一点。但经济危机对一个国家、地区的政治、社会所造成的冲击程度，又因时因地而不同。经济危机在什么情况下会引发政治危机？引发到什么程度？危机是如何从经济传导到政治的？

德国哲学家、社会学家哈贝马斯在《合法化危机》中深刻地分析过晚期资本主义的合法性问题。他关于经济危机对系统的影响的分析有助于我们理解在危机中资本主义与民主的互动。哈贝马斯把资本主义社会分为自由资本主义社会和有组织的资本主义社会，其中有组织的资本主义也就是哈贝马斯所说的“晚期资本主义”。他认为，在自由资本主义社会，经济危机会引发系统危机，而晚期资本主义社会，经济危机不一定引发系统危机，但经济危机转移到了政治系统当中。

哈贝马斯首先比较了原始社会、传统社会和自由资本主义社会中的危机。他指出，在原始社会和传统社会，经济在整个系统中不占重要地位，不会引发系统危机；只有在自由资本主义社会，经济危机才会引发系统危机。在原始社会，“似乎还没有任

① Samir Amin, *Spectres of Capitalism: A Critique of Current Intellectual Fashions*, 1998, New York: Monthly Review Press, p. 11.

何有系统的动机促使人们去生产超出满足基本需求的产品”；而在传统社会，“阶级统治无法容纳普遍性的交往形式”。[①] 只有到了自由资本主义社会，经济交换才成为主要的系统控制手段，经济危机才会引发系统危机。哈贝马斯甚至认为，“经济危机是世界史上关于系统危机的第一个，或许是唯一的一个例证”。[②]

表5—1　原始社会、传统社会和自由资本主义社会的危机类型

社会形态	组织原则	社会整合与系统整合	危机类型
原始社会	亲缘关系：原始角色（年龄、性别）	社会整合与系统整合没有分化	外因诱发的认同危机
传统社会	政治阶级统治：国家权力与社会—经济阶级	社会整合与系统整合发生功能分化	内因决定的认同危机
自由资本主义社会	非政治阶级统治：雇佣劳动与资本	具有系统整合功能的经济系统也承担起了社会整合的任务	系统危机

资料来源：哈贝马斯：《合法化危机》，上海世纪出版集团，2009年版，第26页。

自由资本主义再进一步发展，就是“晚期资本主义”，也即是“有组织的资本主义”。所谓有组织的资本主义有两个特色：一是商品市场、资本市场和劳动力市场的组织化；二是政府对市场进行干预。在有组织的资本主义社会，因为政府采取行动积极避免危机，因此经济危机就转移到了政治系统当中。[③]

我们可以把自由资本主义社会和有组织的资本主义社会作比较。自由资本主义时代是资本主义早期积累的时代，那时的资本

① ［德］尤尔根·哈贝马斯：《合法化危机》，第21、23页。

② 同上，第32页。

③ 同上，第35—99页。

主义是“血淋淋”的、“赤裸裸”的，阶级矛盾很深。而且当时的阶级矛盾主要在经济系统中体现。鉴于经济在整个系统中的决定性地位，阶级矛盾一爆发（比如革命），就会危及社会和整个系统。随着资本主义的发展，资本主义进入了积累过程的高级阶段，也就是有组织的资本主义。在有组织的资本主义阶段，国家介入到资本主义当中，弥补资本主义所造成的负面社会后果——福利国家、凯恩斯主义都可作此理解。因为国家介入到阶级冲突中，所以阶级冲突就比自由资本主义时代更“政治化”了，民主就成为了“资本主义特有的政治形式”。①

当前的西方国家都可以看作是有组织的资本主义，阶级冲突主要通过民主制度来表现。因此，一旦发生资本主义经济危机，民主制度就会受到波及，经济危机也就成了“民主资本主义”的危机。

二、民主资本主义的深化

民主资本主义并非静止不动，而是“与时俱进”。其最新发展趋势是什么？其关于平等、边界的核心矛盾如何在这些新的发展趋势中体现？

要理解民主资本主义的最新变化其实并不容易。任何一个对当下时代敏感的人，都不难列出许多现象，但在这纷杂的现象背后最本质的东西是什么，却不容易看出来。指陈资本主义发生了变化的名词有很多，如晚期资本主义、后物质主义、后工业化、灵活资本主义、有国家调节的资本主义、无组织的资本主义、后

① Dietrich Rueschemeyer, Evelyne Huber Stephens and John D. Stephens, *Capitalist Development and Democracy*, Chicago: University of Chicago Press, 1992, p. 243.

福特主义、后民主资本主义等。[①] 指陈民主出现变化的名词也很多：协商民主、全球主义民主、后民主、民主死亡、民主空洞化、反民主、民主创新等。[②] 导致这些变化的原因很难确定和穷尽。诸如信息革命这样的技术因素，很可能是“后福特主义”和“网络民主”的重要推手。[③] 经济全球化的加速推进，导致了资本主义的跨国协调以及“全球主义民主”。后现代思潮的兴起也许是“后工业化”和“民主死亡”的原因。但是，信息革命、全球化、后现代思潮也很可能并非原因，而是与资本主义、民主、民族国家相互作用、互为因果的因素。[④]

与民主相比，资本主义是个更根本性的制度，显示出更为强悍的逻辑。为了理解民主资本主义的最新发展，不妨从资本主义谈起。

---

① 参见［美］詹明信著，张旭东编，陈清侨、艳峰等译：《晚期资本主义的文化逻辑》，三联书店，2013年版；［德］尤尔根·哈贝马斯著：《合法化危机》；Claus Offe, “Theories on Democratic Capitalism”, *IWMpost*, Wien, 2012/No. 109, pp. 2 – 4; Ellen Meiksins Wood, “Modernity, Postmodernity or Capitalism?” *Review of International Political Economy*, Vol. 4, No. 3, Autumn 1997, pp. 539 – 560; Ernest Mandel, *Late Capitalism* (translated by Joris De Bres), London: NLB, 1976; S. Lash and J. Urry, *The End of Organized Capitalism*, Madison: University of Wisconsin Press, 1987。

② 参见：John Keane, *The Life and Death of Democracy*, Sydney: Simon and Schuster, 2009; Pippa Norris, *Democratic Deficit: Critical Citizens Revisited*, Cambridge: Cambridge University Press; Perter Mair, *Ruling the Void? The Hollowing of Western Democracy*, London: Verso, 2013; Pierre Rosanvallon, *Counter-Democracy: Politics in an Age of Distrust*, Cambridge: Cambridge University Press, 2008; Michael Saward (ed.), *Democratic Innovation: Deliberation, Representation and Association*, London: Routledge, 2001; Graham Smith, *Democratic Innovations: Designing Institutions for Citizen Participation*, Cambridge: Cambridge University Press, 2009。

③ Ellen M. Wood et al. eds, *Capitalism and the Information Age: The Political Economy of the Global Communication Revolution*, New York Monthly Review Press, 1998.

④ 如哈维将后福特主义视为后现代产生的条件：David Harvey, *The Condition of Postmodernity: An Enquiry into the Origins of Cultural Change*, Cambridge, MA: Blackwell, 1989。

（一）资本主义在地理空间的扩张

马克思为资本主义下“病危通知”后，资本主义却并未如马克思所料被社会主义所取代，反而在一次次的危机中发展壮大。这首先是因为，资本主义主动“吃药”，在管理中引入社会主义的因素，向民众的“平等”诉求作妥协，上文“欧洲债务危机的历史性解释”一章中，对此作了详尽的解释。第二个办法，也是更为重要的一个办法，则是通过空间上的扩张来转移、缓和矛盾，来获取新的发展潜力。

马克思研究资本主义，更关注资本主义在时间上的发展演变，几乎没有对资本主义在空间上的发展展开论述——因为马克思认为，资本主义还没有走到“全球”这一步就会被社会主义所取代。资本主义在空间扩张的理论是由后面的学者逐渐补足的。

卢森堡是继马克思之后最杰出的马克思主义经济学家，她于1913年发表的《资本积累论》一书，沿循马克思的世界观和方法论，考察了19世纪末20世纪初资本主义向帝国主义转变的最新特征，对马克思主义政治经济学理论的发展作出了重大贡献。卢森堡指出，与世隔绝的、抽象的、纯粹的、静止的资本主义从来就没有存在过，也不可能存在。资本主义时时处处都向非资本主义的外围扩展着自己的影响，为此需要构建适用于现代资本主义经济问题的分析框架：（1）现代经济的基本性质是“国际的”，而非“国家的”；（2）资本主义必然走向帝国主义，帝国主义经济的最新特征是具有了一种“超级结构”，即国际贷款制度，它改变了资本积累的方式，使其能够从“资本主义的外围空间”实现原始积累；（3）新形式的帝国主义在整体上处于濒临瓦解的紧张状态；（4）在这种危机爆发期间，如果没有社会主义转变的发生，从危机中崛起的资本主义将以一种新形式的面貌出现，即

“国家主义”和“军事经济”。卢森堡正是基于这种看法，认为资本主义国家会走向帝国主义，并且通过帝国主义扩张来缓和矛盾。①

卢森堡的理论事实上为她所处的时代中最为引人注目的“殖民”现象提供了解释。列宁关于帝国主义的论述也建立在卢森堡这个解释的基础上。历史证明了卢森堡的很多预判。1914 年爆发的第一次世界大战，促成了资本主义一次整体性的危机。1928—1933 年“大萧条”期间，资本主义通过一种新的政治经济制度，即“军事经济”的形式从危机中崛起（先是德国，随后是美国）。第二次世界大战结束后，美国的“国家主义”和“军事经济”不断地膨胀，并以此为基础，与西欧和日本等相对发达的地区结成联盟，通过战争和政治颠覆，谋求对世界金融、货币和信贷系统以及能源、资源和粮食供应的控制，阻遏其他“欠发达地区”的实际经济发展和社会进步。

在赤裸裸的殖民策略为历史所淘汰之后，资本主义并未停止在地理上扩张的脚步。在一些马克思主义学者看来，20 世纪七八十年代开始显现、90 年代开始加速的“全球化”正是新的帝国。帝国的最大特点是没有边界，全球化符合这一特点。帝国有一套贯穿到每一个角落的规则，全球化也符合这一点。哈特和奈格里在其最广为人知的《帝国》一书中，发人深省地指出：“帝国正在我们的眼前出现。在过去的几十年中，当殖民制度已被舍弃，苏联对资本主义世界的市场的障碍最终坍塌，我们已经见证了经济和文化方面交流的不可抗拒、不可扭转的全球化。伴随全球市场和生产的全球流水线的形成，全球化的秩序、一种新的规则的逻辑和结构，简单地说，一种新的主权形式正在出现。帝国是一

① ［德］卢森堡著，彭尘舜、吴纪先译：《资本积累论》，生活·读书·新知三联书店，1959 年版。

个政治对象，它有效地控制着这些全球交流，它是统治世界的最高权力。”① 著名的马克思主义学者伍德（Ellen Wood）也呼应道：“资本主义模式的经济帝国主义是人类历史上出现的第一个不需要靠夺取这一点那一点领土、统治这一片那一片人民的帝国主义。它只需要监管由国家所组成的整个全球系统，保证帝国的资本能够安全地、有利润地行驶在整个全球系统中。”②

自由主义学者虽然不使用“帝国”这一概念，但也将全球化看作资本主义和市场经济的胜利。③ 资本主义在全球的扩张，将全球统括到一个单一的资本主义体系之中。所谓的“经济全球化”，正是形容这一过程。经济全球化几十年之后，地球上的地理空间几乎都已经被纳入资本主义空间，除了个别地方之外几乎不再有死角。

资本主义在全球的扩张导致了两个相反的趋势，制造了强大的悖论。

一方面，全球在“趋同”。资本主义的逻辑一旦散布到全世界，就在各地都显现了出来。在全球任何地方，人们都比过去更容易地获得最新的技术和商品。在全球任何地方，“不易移动”的工人面对“容易移动”的资本时议价能力都在下降。在全球任何地方，“竞争”的风气都在侵蚀传统的道德和价值。在任何地方，支撑资本主义在全球运作的抽象原则——货币的兑换、国际法的有效性、行业标准的统一等等，都会在很大程度上受到尊重。与此同时，理解世界经济动态成为全球各国政府成功执政的

① ［美］麦克尔·哈特、［意］安东尼奥·奈格里著，杨建国、范一亭译：《帝国：全球化的政治秩序》，江苏人民出版社，2003年版，第1页。

② Ellen Meiksins Wood, *Empire of Capital*, New York: Verso, 2003, p. XI.

③ Francis Fukuyama, *The End of History and the Last Man*, London: Penguin, 1992; Thomas Friedman, *The Lexus and the Olive Tree*: *Understanding Globalization*, New York: Farrar, Straus and Giroux, 1999.

前提，管控资本主义的负面后果成为各国合作的重要动力。面对经济危机和社会风险的“全球化”，各国政府的“共同语言”是人类社会所不曾有过的。

另一方面，全球在“分化”。一开始最明显的进程是发展中国家出现了分化。因为资本主义从发达国家向发展中国家扩张的过程中，促成了一些发展中国家生产能力的扩大。近几十年，“四小龙”（韩国、新加坡、中国台湾、中国香港）、“四小虎”（泰国、马来西亚、菲律宾、印度尼西亚）、“金砖国家”（巴西、俄罗斯、印度、中国、南非）等概念都曾在一段时间内流行于国际政治中，而这些名词基本上指的都是一些身在发达国家阵营以外、但取得了瞩目的经济增长成就的国家及地区。而自2009年底欧洲主权债务危机爆发以来，发达国家中的分化也非常明显。欧盟内部的南欧国家，沦为国际机构救助和监督的对象，在评级机构中也失去了信誉。而如果我们将观察的单位从国家下拉到地方，分化的现象更是无时无刻不在各地发生。一省与另一省之间、一市与另一市之间、甚至一个街区与另一个街区之间，隔几年就会出现一个差别。美国地理学家索杰（Edward Soja）说：“对于资本主义来说，地区和国家之间发展的不平衡就像资本对劳工的直接剥削一样重要”。[①] 发展的不平衡，即是竞争的必然结果，也是竞争的动力来源。

资本主义的扩张性与不平衡性结合在一起，使世界一方面进入“全球化”，另一方面出现“多样化”，世界在“统”与“分”、“一”与“多”、“和”与“争”的强大悖论中向前发展。

① E. W. Soja, “The Socio-spatial Dialectic”, *Annuals of the Association of American Geographers*, No. 70, 1980, pp. 207 - 225. 转引自［英］R. J. 约翰斯顿著，蔡运龙、江涛译：《哲学与人文地理学》，商务印书馆，2010年版，第204页。

（二）资本主义在虚拟空间的扩张

资本主义无论对内还是对外都是一个无限扩张的系统。资本主义一旦扎下根来，就会向上生长，向旁扩张。当资本主义扩展至全球之后，其靠地理扩张来获取成长空间的手段也就基本用尽，必须开拓新的成长空间。这里介绍两个这样的空间：一个是货币的虚拟空间——金融，另一个则是人类生活的非物质世界。

首先谈金融。从本质上讲，金融的力量就是货币的力量。货币是抽象的，抽象的好处是能使资本主义的运作尽量简单、规范，从而在更大的空间内推广开来。金融则将此抽象的力量进一步发挥。金融的世界是由符号、模型、公式组成的，普通人难以理解。金融市场中的交易对象是虚构出来的“未来的生产”，与当下的生产活动关系不大。通过金融工具，未来的抽象的生产活动也能够被计算和交易。正是在此意义上，我们说金融增加了资本主义的活动空间。

20 世纪 70 年代以来，金融业在资本主义中的地位日益提高。70 年代，美国芝加哥建立了第一个货币期货交易市场。1986 年，全球股票与金融交易市场互联，伦敦、纽约以及世界上几乎所有主要的金融交易市场联结在一起，银行可以自由地在世界各国开展业务。到 90 年代，信用违约互换、货币衍生品、利率互换等金融创新产品层出不穷。1999 年，美国彻底打破了投资银行和储蓄银行之间的界限。在 90 年代初时，金融衍生产品才开始出现，到 2002 年时，其市值已超过世界经济的总产出。[1] 在资本主义的历

① ［美］大卫·哈维：《资本之谜》，第 13—22 页；Greg Albo，Sam Gindin，and Leo Panitch，*In and Out of Crisis*：*The Global Financial Meltdown and Left Alternatives*，Oakland：PM Press，2010，pp. 27 – 42.

史上，金融市场是一直存在的，但历史上金融市场的繁荣通常与商业的繁荣相连，并非如今天般“一枝独秀”。英国政治经济学家斯特兰奇（Susan Strange）在20世纪80年代就指出，“世界经济失调的根源是货币与金融”，而且“这个失调不是意外，而是由一系列的政府决策所培植和鼓励的”。[①] 美国马克思主义经济学家斯威齐（Paul M. Sweezy）在20世纪90年代初也指出：“传统上，金融扩张都是与实体经济相联系的。很有可能现在不再是这样了。在20世纪后期，事情已经走向了反面……我确信金融与实体经济的这种扭曲的关系是理解世界新趋势的关键。”[②] 事实证明了这些经济学家的远见。2008年冰岛被全球金融危机牵连而导致国家破产，成为全球金融危机之后第一个破产的国家。媒体普遍认为，当时冰岛的金融业外债是其GDP的8倍以上。

金融自由化给个人融资和消费带来了很大便利，也制造了很多股市、楼市致富神话，民众对金融自由化并不是一直反对的。但是金融自由化导致了两个特别值得一提的后果。一是经济风险上升。自70年代以来，金融危机出现频率越来越高，影响也越来越大。在70年代，至少发生了15次比较重要的金融危机，而近年比较重要的金融危机则包括1997年的亚洲金融危机、1998年的“长期资本管理公司”危机、2000年美国的互联网泡沫、2007—2009年的全球金融危机。而且金融市场的风险很大程度被“个人化”了，也就是说金融风险由个人承担。二是贫富分化加剧。金融是个“以钱生钱”的工具，总体上利于有钱人。研究表明，如果资本受益率在较长的一段时间内显著高于经济增长率，那么财富分配差异化的风险就会非常高。而这种情况正是20世纪

---

① Susan Strange, *Casino Capitalism*, New York: Basil Blackwell, 1987, p. 60.

② Paul M. Sweezy, “The Triumph of Financial Capital,” *Monthly Review*, 46, no. 2, June 1994, p. 8.

70年代以来全球进入金融自由化以来大部分西方国家的情况。自20世纪70年代以来，全球贫富分化日益严重。以美国为例，10%最富有人群的收入占美国国民收入的比重从1910—1920年的45%—50%下降到50年代的不足35%，之后该比重从70年代的不足35%上升到2000—2010年的45%—50%。在其他发达国家，这一趋势不那么明显，但趋势的走向是相同的。[①]

资本主义扩张的第二个虚拟空间是人类生活的非物质世界。这个相对难以理解一些。

简单地说，资本家过去生产出来的是看得见摸得着的产品——面包、汽车、衣服、装饰品等等，但现在生产出来的产品越来越多是无形的、与人的体验直接相关的——如旅游陪伴、电子游戏、网络直播、情感咨询。我们可以粗略地分个类，将前面这种生产称为“物质生产”，后面这种称为“非物质生产”。哈特和奈格里认为，当今的资本主义与此前的资本主义已有根本区别——已从物质性生产转向了非物质生产，观念、图像、信息、符码、感受等在生产中越来越占据中心地位。[②]

“非物质生产”具有和“物质生产”很不一样的特点。在“非物质生产”下，人的身心成为消费的场所，成为资本主义的“新空间”。换句话说，资本主义通过消费人、改变人、塑造人来创造价值、完成积累。在这个过程中，生产者不仅仅是一个机械的生产者，他要思考，要投入情感；消费者也不仅仅是一个简单的消费者，他在消费的过程中也经历着思想上和情感上的变化。人类的身体、生活、思想、感情，都被卷裹入了资本主义的黑洞里。难怪有人感慨：“我们生活在这样一个时刻，第一次，资本

---

① ［法］托马斯·皮凯蒂著，巴曙松等译：《21世纪资本论》，中信出版社，2015年版，第25—28页。

② ［美］迈克尔·哈特、［意］安东尼奥·奈格里著，王行坤译：《大同世界》，中国人民大学出版社，2015年版，第105—106页。

主义成为一个真正的普世的体系……它的逻辑——积累、商品化、利润最大化、竞争——已经渗透到了人类生活和自然的每一个方面”，“资本主义是如此普遍地存在，以至于我们都看不见它了，就像空气之于人，水之于鱼”。[①]

三、新的平等政治与边界政治

不难看出，资本主义在地理空间和虚拟空间的拓展，都引发严重的社会和政治后果。我们将在此基础上探讨民主资本主义的两个核心矛盾——平等以及边界——的新发展。

（一）99%反对1%

平等是个没有止境的理想。再富足公正的社会，平等都不会完全实现。18世纪以来，西方民众逐渐争得平等的公民权利、平等的政治权利、再到平等的社会权利。二战后，随着福利制度的完善，民众所向往的“平等的社会权利”似乎已得到了满足。

但全球金融危机以来，平等问题日益受关注，抗议社会分配不公重归主流。在2011年美国“占领华尔街”运动中，抗议者打出了“我们是99%”的口号（据统计，在过去30年中，美国1%最富有的人享用了58%的经济增长成果）。[②] 这个简洁有力的口号迅速传遍全球。在伦敦、马德里、巴塞罗那、罗马、柏林、奥克兰、东京、汉城等多个城市，民众都通过社交网络等新媒体自发掀起了“占领运动”。然而，所有这些抗议运动，都没有领袖，也没有纲领，更没提出有针对性的共同诉求。民众看到了贫

① Ellen Wood，“Back to Marx”，*Monthly Review*，Vol. 49，No. 2，June 1997.

② “Economics focus：Unrest in peace”，*The Economist*，Oct 22nd 2011.

富差距的“症状”，却难以找到“病根”，更难开出“药方”来。“占领华尔街”如果说留下了什么影响，那就是“它改变了美国政治辩论的方向，改变了议程，迫使媒体正视现实。突然之间，关于平等、公平、正义、收入分配以及问责等等一个世代都被忽视的议题，现在成了中心，成了前沿”。[①]

为什么“病根”难找，“药方”难开？马克思主义认为，资本家对工人的剥削是造成工人贫困的根本原因，这个论断一度成为号召工人抗争的强大武器。但随着资本主义向虚拟空间扩张，“谁剥削了谁”这个问题的答案却显得十分隐晦了。固然，全球金融危机之后，银行亏损、百姓遭殃、高管高薪的现象成为众矢之的，民众认为“金融大鳄”掠夺了社会财产，西方政府纷纷出台了限制银行高管薪金的规定。2010 年美国“史上最严”的金融监管改革法案中便对银行高管薪酬进行了严格限制。然而，仅仅对银行高管限薪、乃至加强金融监管，能否促进社会平等？无论再如何限制金融业，市场也不会回到从前，金融资本主义这个“贫富放大器”仍在有效运行。

社会民主主义者为了避免阶级冲突恶化，在战后几十年间建立起福利国家，但现在想靠政府的力量来重新分配财富已日益困难。西方国家经济增长率已常年低于资本收益率，各国政府往往是增税难、发债易，因此都靠借钱来发福利，最终难以为继。各国政府不但没有足够的资源去重新分配，而且因全球化之故，还难以控制社会政策的效果。仅举一例便可说明。2011 年 10 月，丹麦成为第一个施行“肥胖税”的国家，即对各类含饱和脂肪的食品征税，不料此税一出，丹麦人纷纷前往德国购物，结果“肥胖税”施行一年后就取消。事实上，近几年全球的社民党几乎都

① 胡泳：“我们占领——一个社会运动的生成”，《读书》，2012 年第 3 期，第 68 页。

处于“反思”或“身不由己”的状态。

近年风起云涌的社会抗议运动——2011 年各地的“占领运动”，2011—2013 年西班牙的“愤怒运动”、2016 年法国的“不眠夜运动”等（我们姑且都将它们统称为“占领式运动”）——成为了西方民众争取平等的最主要方式。鉴此，理解这些社会运动的新特点，也就成了理解当前西方社会如何看待和争取平等的关键。

为了更好地理解“占领式运动”的新特点，还需要将其与其他常见的抗议运动作比较。自 20 世纪六七十年代以来，西方进入后工业化社会；以阶级为纽带的社会主义工人运动走向低潮，而以价值和认同为基础的“新社会运动”逐渐成为西方社会运动的主流。1968 年法国的“五月风暴”仿佛是迎接“新社会运动”时代到来的一个隆重的开幕式。“新社会运动”的抗议目标不再是劳工权益，而是各种后物质主义的价值诉求，比如保护环境、反对消费主义、支持同性恋、反对全球化等。“新社会运动”的出现与西方民众价值观的变化有关系。据“世界价值观调查”（the World Values Survey）历年数据，美国政治学家英格哈特（Ronald Inglehart）等人发现，欧美等先进工业化社会在长期经济发展下，民众的价值观从“物质主义价值”变成“后物质主义价值”——这也就是所谓的“价值观变迁理论”。[①] 随着价值观的变迁，民众抗议的内容也从具体的经济分配转为相对抽象的认同问题。过去几十年间，西方的大部分社会抗议活动都有以下特点：民众抗议的内容是反对社会歧视、呼吁保护弱势群体，而精英抗议的目的则是要重新整合各种不同的制度、价值观、利益；这些

① Ronald Inglehart, “Changing Values among Western Publics from 1970 to 2006”, *West European Politics*, 31 (1—2), Jan-Mar 2008, pp. 130 - 146. 英格哈特是美国密歇根大学政治学教授，专门从事世界各国文化、社会及价值观变化等领域的研究工作。

社会抗议运动往往并没有具体的阶级，抗议者之间也不容易形成长期稳固的政治联盟。①

“占领式运动”继承了“新社会运动”的一些特点，如没有阶级的支撑、形不成政治联盟，但也有一些重要的不同。第一，反体制：远离政党政治，实践直接民主。“占领式运动”的参与者则对体制充满了深深的失望之情，认为投票无用、民主无用。西班牙前首相冈萨雷斯将西班牙的“愤怒运动”与同在2011年席卷阿拉伯世界的“阿拉伯之春”作比较：“在阿拉伯世界，他们是为了争得投票权，而在这里，他们说投票没有意义。”② 与之相比，“新社会运动”虽然也反政府，但希望政府能“改好”。环保组织甚至能够“进化”成“绿党”来伸张自己的主张。在欧洲多个国家，绿党都是重要的执政力量。

“占领式运动”在反体制的同时，还自发进行着草根民主的实践。在“占领华尔街”运动中，参与者发明了“人体麦克风”（一个人在小圈子讲一句话，周围的人就集体重复这句话），自发组成了就寝组、突发事件组、艺术与文化组、食品组、直接行动组、安全组、公关组、医疗组、法律组等等各个小组，逐渐形成了大会和“核心会议”等机制。在法国的“不眠夜运动”中，参与者熟练地运用“愤怒运动”中形成的手势来表达支持和反对，有各“主持人”维护小组讨论的秩序，还自发形成了道德操守、餐饮、行动、事务透明等“委员会”。

第二，开放性：注重过程、注重参与，不在意短期具体目标。无论是“占领运动”“愤怒运动”还是“不眠夜运动”，都是通过在城市的主要公共场所“安营扎寨”表达不满。但这些抗

---

① Bob Jessop, “Capitalism and its future: remarks on regulation, government and governance”, *Review of International Political Economy*, Vol. 4, No. 3, 1997, p. 569.

② Felipe González, “sobre los ‘indignados’: ‘Están hartos, los partidos no deberían descalificarlos’”, *Publico*, 17—05—2011.

议运动是完全开放的。人员是开放的——有发起者但没有组织者（过去的抗议运动至少还是有组织者和“领袖”的），谁愿意参加都可以加入，一些年轻人买着单程飞机票带着行李箱前往抗议现场。时间是开放的——运动在发起时就不会注明明确的结束时间，事实上这类运动通常持续数周甚至数年（“愤怒运动”断断续续持续了三年）。地点是开放的——“占领运动”席卷全球，“愤怒运动”席卷全欧，“不眠夜运动”席卷全法，示威队伍可以晚上盘踞广场，白天再去各处游行。议题是开放的——虽然参与者都怀着对“不平等”“腐败”“紧缩政策”“高失业率”等类似的不满，但大家并不以整合出具体的抗议诉求为目标，而是沉浸在自发组织的各种讨论中。总而言之，这些“占领式运动”在设计上就是一个永远处在“生成”之中的事物。它希望通过“夺回”公共空间、通过“刷存在感”，从而改变人们的想法。

第三，不对称性：运动的人数、影响和实际效果之间往往并没有什么直接的关联。一方面，运动的影响与抗议者的规模之间并没有线性的关系。运动的人数也许只有几千几万，但却往往造成全球性影响。社交网络的广泛使用，导致组织和维持一个有效抗议群体的成本急剧降低、而与此同时抗议的影响则急剧扩大；也导致运动能够在全球各地“传染”和“复制”。一个抗议运动，不需要很多人参与，而只需要激发全球民众的想象，就可以占据比现实中更大的空间。但另一方面，这些占据了媒体、网络和全球民众想象的抗议运动往往难以形成明确可见的政策影响。

理解“占领式运动”的最好办法，也许是将其理解为关于民主资本主义的内部矛盾的战场的转移。上文已提到，当代资本主义主要是关于主体性的直接生产——“人”生产观念、图像、信息、符码，“人”再去消费这些观念、图像、信息、符码，从而被塑造。因为生产和消费的规模十分巨大，在人类的观念、精神、非物质世界中，已经出现了一个庞大的共同空间。这个庞大的共同空间，成为民众与资本主义抗争的新场所。[①] 资本主义宣扬竞争、利润、剥削，民众就要宣扬平等、公正、团结。各种各样的“占领式运动”，其目的也无非如此。这个新空间的战争，是否真实存在，是否有意义，都难以太早下断言。但可以肯定的是，人们已经无法再用传统的分析方法去看待资本主义，也已经无法再用传统的抗争手段去反对资本主义了。

（二）边界的重新浮现

资本主义在全球的不均衡扩张，导致不同规模的边界问题相互交织、彼此纠缠，日益成为重要的政治议题。这直接冲击民主制度，凸显了民主资本主义中关于“边界”的核心矛盾。

全球化曾广受欢迎。即便全球金融危机后，自由贸易仍受到各地民众支持。[②] 不过，与21世纪初时对全球化的普遍乐观态度相比，如今全球民众对全球化的负面后果有了更多的认识，发达国家的民众尤其如此。[③] 2014年的一份民调显示，虽然84%的发达国家民众认为贸易对国家有利，但只有44%的民众认为贸易有助于促进就业，更只有25%的民众认为贸易会导致更高的工资。[④] 在此情况下，各国的贸易投资政策都有所调整。到2013年时，英国《经济学家》杂志敏锐地捕捉到了一个新现象——“决策者对

① 这正是《大同世界》一书的核心观点，参见［美］迈克尔·哈特、［意］安东尼奥·奈格里：《大同世界》。“占领华尔街”运动发生后，该书受到了广泛关注。

② 参见皮尤研究中心在2009年的民意调查：“Views On Trade And Globalization”, Pew Research Center, July 23, 2009.

③ 参见皮尤研究中心在2003年的民意调查：“Globalization with Few Discontents?” Pew Research Center, June 3, 2003.

④ 参见皮尤研究中心在2014年的民意调查：“Faith and Skepticism about Trade, Foreign Investment”, Pew Research Center, September 16, 2014.

与谁做贸易、多大程度上向外国投资者及银行开放、让哪一种资本进入，变得越来越挑剔了”。[①] 美欧《跨大西洋贸易和投资伙伴协定（TTIP）》谈判久拖不决，正是此情况的一个生动注脚。除了贸易、投资之外，一些重要的社会问题——如移民，也让各国民众更慎重地看待全球化。大量移民的到来，让各国社会与全球化“短兵相接”，进入21世纪后，西方各国普遍出现对移民的不满情绪。2007年的一份民调显示，在接受调查的47个国家中，有44个国家的大部分民众希望增加对移民的限制；大部分国家的民众认为移民对自己的国家带来不好的影响。[②] 2015年欧洲难民危机爆发后，欧洲民众的排外情绪已经完全公开化。

上述现象说明，曾被全球化淡化了的国界，又重新浮现。但这种看法并未触及问题实质。实际上，国界的重新浮现，只是全球边界重整的其中一种表现形式。

主权国家体系是一种历史的安排，绝不会永恒不变。虽然在法律上、名义上，各主权国家仍牢牢盘踞主体地位，但各主权国家的边界与实际上的地域功能越来越不一致。无论在一国之下还是在一国之上，都有新的边界在形成、生长、变化；这些不同边界之间，又相互交错、冲突、互补、形成网络。在一国之内之所以出现“边界”，是因为一国内部参与全球化的程度不一样，从全球化中得益和受损也不一样。比如，在不少国家都出现一个现象——沿海省份、出口业、商务部更青睐全球化，而内陆省份、农业、社保部则相对不那么热衷全球化。自上世纪70年代以来，为了适应新自由主义全球化的现实需求，不少地方组织、地方政府、国内管理部门主动参与全球化决策，逐渐导致了国家的“碎

① “The world economy: The gated globe”, *The Economist*, Oct 12th 2013.

② Richard Wike and Andrew Kohut, “Pew Research Center: Assessing Globalization”, *Harvard International Review*, July 8, 2008.

片化”“去中心化”和“国际化”。随着国家的治理特权逐渐消失，不同的阶层、组织、族群、利益团体开始争夺对治理规模的定义。比如说某一个内陆省份，如果能和周边几个国家联通，就能成为地区经济枢纽，因此这个内陆省份的利益代言人可能会倾向于从地区的层面去讨论治理问题。

这导致了几种后果：一是各种边界的冲突，英国就是个典型例子。在英国国内，“苏格兰独立”“英国脱欧”和“留在欧盟”等几种声音，便分别代表了几种截然不同的划界取向。欧盟不是一个国家，但也有“边界之争”。“欧元区先行”“多速欧洲”“有土耳其的欧盟”“没有英国的欧盟”等种种讨论，都反映出欧盟内部的种种分歧。二是不同的边界之间的互补。不同的边界代表着不同的治理规模。不同的治理规模之间，既有相互排斥的一面，也有互补的一面。在这一点上欧盟特别典型。次国家地区、国家、次欧盟区域、欧盟、欧盟周边等不同的治理规模相互重叠，形成了世界上最复杂的多层治理结构。最近很多欧盟成员国内部都有“闹独立”的倾向，如西班牙的加泰罗尼亚地区、英国的苏格兰地区等；这些地区通常希望脱离所在的国家，但希望留在欧盟。这恰好生动地说明了不同治理规模之间能够相互补充、替代。三是形成治理网络。跨国的、地方的、地区的、全球的监管机制开始兴起；功能性组织和技术专家逐渐组成“跨政府网络”来对各类监管政策进行协调；各种对应不同治理规模的机构逐渐网络化，变成了各种多层治理的安排。这样一来，民族国家仅是治理结构的其中一种，各个领域的全球治理、地区治理机制交叉重叠，形成错综复杂的治理网络。[1] 在这一点上，欧盟的多

① Bob Jessop, “Capitalism and its future: remarks on regulation, government and governance,” *Review of International Political Economy*, Vol. 4, No. 3, 1997, pp. 561 – 581; Shahar Hameiri and Lee Jones, “Rising powers and state transformation: The case of China”, *European Journal of International Relations*, Vol. 22, No. 1, 2016, pp. 72 – 98.

层治理结构也同样是最为典型。

一张动态的、疏密不一的边界大网，既将全球拢聚网中，又随意地将地球分成了各种碎块。这张边界大网给民主带来了多重冲击。

第一重冲击针对的是民主中的“主”，也就是说，民做不了主了。在民众对全球化日益不满、寄望国家加强保护的同时，各国政府应对全球化的手段却是有限的。这对民主国家尤其构成挑战。“民主”理论假设，政府根据多数民众意愿决策，就能使民众满意；但现如今，国家无完全决策权，即便有，决策效果亦绝非自己可控。研究表明，只有当不受国际市场影响时，政治家才会回应选民的需求。[①] 自然，这会导致民众对民主制度的不满。这种不满看似合理，却又揭示了民主制度中的“理论死角”：如果 A 国的决策将影响到 B 国的民众，B 国的民众是否应该参与决策？影响到什么样的程度才应该参与？万一 A 国与 B 国的民意相左怎么办？即便 A 国保证决策符合 B 国民意，但能否保证决策的后果也符合？过去的民主理论从来不会讨论这些问题，但现在的欧盟实际上每天都要处理这些问题。

第二重冲击针对的是民主中的“民”。全球化下，国家认同出现“去领土化”的现象，次国家和跨国家认同兴起。这直接导致民主的边界受到挑战，也就是说，施行民主的边界到底在哪里这个貌似已有定论的问题重被讨论，或者说，哪些“民”有资格作“主”重新成为问题。近年美国、欧洲、澳大利亚等多个国家和地区出现了排外思潮，便可作此理解。民主的核心是“民作主”，但是民主制度本身无法规定“谁是民”。因此，一旦“谁是

① Lawrence Ezrow and Timothy Hellwig, “Responding to Voters or Responding to Markets? Political Parties and Public Opinion in an Era of Globalization,” *International Studies Quarterly*, Vol. 58, No. 4, December 2014, pp. 816 – 827.

民”成为问题，民主制度就会受到根本的冲击。民主制度也可能在这种冲击中成长，但也可能陷入长久的危机之中。科恩曾指出，“民主以社会为前提，这种社会不可能一旦形成永不改变，而是要不断地重新形成，永远处于消长盈亏的状态之中。民主社会的成长与持续倚靠某些不易捉摸的东西——团结精神、成员对社会的感情，认为他们共享的成员资格较之他们之间可能发生的争端具有更深更大的重要性。团结精神愈弥漫，愈紧密，民主也就愈能持久，愈能经受最严重的内部冲突。”①

四、模式之争与世界秩序

本书反复提及了一个观点，即欧洲的发展离不开世界，欧洲的问题也要从世界的角度去分析。我们无法绕开一个问题：世界上还有很多既非“民主”、又非“资本主义”的国家，这些国家是否对欧洲的“民主资本主义”构成了挑战？欧洲当前困境与此有关吗？

（一）分析框架

要回答这个问题，首先就要打通“民主”与“非民主”、“资本主义”与“非资本主义”之间的藩篱，建立一个共同的讨论框架。先说民主。总部设在美国的国际非政府组织“自由之家”从1973年起就每年记录全球各国的“民主”状况，据其2015年数据，全球195个国家中，只有64%属“选举民主”国家。② 可以

① ［美］科恩著：《论民主》，第50页。

② “Number and percentages of electoral democracies”, FIW 1989—2016. “自由之家”（Freedom House）成立于1941年，1946年负责起草了《世界人权宣言》，是世界上著名的国际非政府组织，其大部分预算来自美国政府的资助。

说，今天国际舞台上有很多国家，包括一些举足轻重的大国，都不符合西方的“民主”定义。然而，现代世界的统治多少有相类相通的地方。一方面，20 世纪之所以被称为“民主的世纪”，其核心要义，是说人民的意愿成为执政者合法性的主要来源。不仅在自由主义代议制民主国家是这样，在别的国家也是这样。也就是说，各种现代制度从本质上都要重视人民的意愿，而“民主”只是反映人民意愿的现代制度的一种。另一方面，“民主”也不是指民众想怎么样就怎么样，民主从其本质言之还是一种政治控制手段。不少西方主流的民主学者（特别是有共和主义倾向的学者）对此并不讳言：民主合法性的“第一个要求就是政治控制”;[①]“民主如果要真的实现‘人民的统治’，那么民众就应该能够在自己想要的时候自由地去定义他们自己的民主的性质，而不要拘泥于任何一个固定的定义”。[②] 一些持批判立场的知识分子，如美国语言学家、左翼公共知识分子乔姆斯基（Noam Chomsky）对民主作为“控制手段”这一点的论述就更为透彻了。他认为，民主自始至终都属于“社会思想控制”的范畴，所谓“民主的危机”，只是大众闯入了民主这个一直对他们封闭的领域。[③] 换言之，各种现代政治制度在重视民意的同时也都具有“控制”功能，即便“民主”也不例外。综上两点，当今世界的“民主”与“非民主”，并没有截然隔阂之处。

再说资本主义。除了朝鲜、古巴等极少数国家，世界上的绝大部分国家都已经与全球的资本主义体系发生了深刻的联系。这

---

① Christopher Lord, “The democratic legitimacy of codecision”, *Journal of European Public Policy*, Vol. 20, No. 7, 2013, p. 1058.

② Richard Bellamy, *Political Constitutionalism*, *A Republican Defence of the Consitutionality of Democracy*, Cambridge: Cambridge University Press, 2007, p. 90.

③ ［美］诺姆·乔姆斯基著，汤大华译：《遏制民主》，商务印书馆，2013 年版，第 412 页及第 452 页。

些国家中，有一些社会主义国家。马克思主义学者奈格里和哈特称这些国家为“现实存在的社会主义”，并评论道：“‘现实存在的社会主义’是原始积累和经济发展的强大推进器。除了其他创新，在欠发达的情况下，它发明了资本主义国家只有在周期性危机时才会使用到的工具（如凯恩斯主义）；它预见并将治理的工具规范化，从而控制例外状态，这种例外状态在当下全球秩序中也会不断得到利用。”[①] 不妨这么理解：并不是在资本主义国家中才有市场经济，在社会主义国家中也有市场经济，特别是在现实情况下更是如此；但资本主义国家与社会主义国家之间有所区别——与资本主义国家相比，社会主义国家对市场的干涉和管控力度更大。

上述关于民主以及资本主义的论述说明：当今的“民主”与“非民主”国家都要重视民意，也都要施行政治、社会控制，它们之间的不同只是“组合比例”的不同、具体施行手段的不同；而“资本主义国家”与“非资本主义国家”内部都有市场经济，它们之间的不同是国家对市场的调控程度的不同。如此一来，我们便有可能设计一个共同的框架，把“民主”与“非民主”、“资本主义”与“非民主资本主义”一起参照讨论了。

国际关系英国学派的代表性学者布赞（Barry Buzan）及劳森（George Lawson）提出了一个分析框架，可供我们斟酌使用。[②] 布赞和劳森认为，“资本主义模式”学说中所说的资本主义（自由市场经济和协调市场经济），其实指的都是民主资本主义，并没有真正把非西方国家的经验涵盖进去。

据此，他们提出了能够涵盖非西方经验的四种资本主义模

① ［美］迈克尔·哈特、［意］安东尼奥·奈格里著：《大同世界》，第75页。

② 下文相关论述参见：Barry Buzan and George Lawson，“Capitalism and the Emergent World Order”，*International Affairs*，vol. 90，No. 1，2014，pp. 71－91。

式：自由民主资本主义、社会民主资本主义、竞争性威权资本主义以及国家官僚资本主义。自由民主资本主义鼓吹市场作用，限制国家作为，施行民主；社会民主资本主义尽量平衡市场、国家与民主三者的关系；竞争性威权资本主义则倾向于国家控制市场，同时限制民主；国家官僚资本主义拒绝民主，其国家与市场的关系也比较密切、难以判然分开。这四种模式中，前两种可概括称为“民主资本主义”，后两种可概括成为“威权资本主义”。

完全自由市场	自由民主资本主义	社会民主资本主义	竞争性威权资本主义	国家官僚资本主义	各种非资本主义治理

图 5—1　资本主义治理模式

资料来源：B. Buzan and G. Lawson，“Capitalism and the Emergent World Order”，*International Affairs*，90（1），2014，p. 76.

（二）“四种资本主义”

上述四种模式，是为了便于比较、论述而勾画出来的理想模型，在现实生活中并没有完全对应的国家，而且现实情况也在不断变化。布赞和劳森认为，大体而言，英国、美国以及其他英国血统的国家是自由民主资本主义；欧洲大陆的大部分国家、南美、日本、印度和韩国是社会民主资本主义；俄罗斯、伊朗、坦桑尼亚、肯尼亚、新加坡、马来西亚等属于竞争性威权资本主义；而中国、越南、大部分海湾君主国以及一些中亚国家则属于国家官僚资本主义。

这四种模式各有优劣。自由民主资本主义国家是 20 世纪 70 年代以来全球“新自由主义转型”的先锋，金融与债券市场最为发达，受危机冲击也最大。70年代末80年代初，美国向新自由主义转型之后，工人的工资上涨幅度受到了抑制。为了提升民众的购买力，信贷业发展起来，民众借债购物、借债买房成为常态。如果房价能一直保持升势、通胀和利息都能保持稳定，这种情况倒也无所谓，民众确能获得实际好处。但是一旦通胀率增高，银行随之上调利率，买房的人就会减少，而手里有房的人将面临双重压力：房产价格下降、还贷金额增加。到了一定程度，楼市崩盘，楼市背后的金融风险爆发，便就导致了2008年的金融危机。自由民主资本主义国家应对这次全球金融危机的方式，多为控制通胀、削减政府开支、外加央行的量化宽松政策。但这种方法如要起效，就必须同时配合经济增长，否则就会加剧贫富分化。据世界银行的数据，2015年美国和英国经济增长率分别达到2.4%和2.3%，法国为1.2%，德国为1.7%。在西方国家中，美国和英国的经济增长确实算高的，但却还不足以削弱贫富分化。

与自由民主资本主义相比，社会民主资本主义中的“社会”成分更为突出，也就是说，更强调社会整体的福利与责任。在社会民主资本主义国家中，国家的角色更为突出，不但亲自引导产业发展，还要负责为民众提供福利。通常说来，自由民主资本主义危机多、风险大、不平等严重，但增长快、就业率高；社会民主资本主义则正好反过来。全球金融危机之后，社会民主资本主义国家（欧洲大陆国家）因为与自由民主资本主义国家（美国）关系紧密而受牵累，自身也陷入危机之中。在德国带领下，欧元区主要以紧缩作为应对危机的主要政策，甚至比美英还有过之而无不及。但是，与美英相比，欧元区经济增长更为缓慢，而民众对不平等的容忍程度更低，因此紧缩政策对欧元区所带来的冲击更大。

竞争性威权资本主义国家中也有选举，但因达不到“公平、公正、公开”的选举标准而仍被西方民主国家视为异类。这些国家通常有一个占统治地位的政党、推行民族主义意识形态、对社会的管控相对严格。不少国家既保持了政治稳定，也实现了经济增长。在2008年全球金融危机中，竞争性威权资本主义国家的经济表现总体优于民主国家。这主要是因为它们与全球金融市场的联系不是那么密切、而且应对危机的决策更为迅速有力。2011年的“阿拉伯之春”也并未削弱竞争性威权主义国家的优势。东欧国家匈牙利的总理欧尔班在2014年7月26日的一次讲话中指出：“今天，世界试图去理解那些非西方、非自由、甚至非民主，但是却非常成功的国家”。他认为“自由民主国家已经不能保持全球竞争力”，并表示匈牙利要建设“非自由民主”国家。[①] 此番讲话震动了西方世界。

国家官僚资本主义国家对海外资本开放，市场有活力，也有表现不错的本土企业，但国家在市场中扮演突出角色。比如，国家控股大型国企、大型国企可以从国有银行获得优惠贷款等。布赞与劳森认为，中国便属于此类。他们援引了一个令人过目难忘的比喻：“中国把市场、社会主义和传统中国翻炒在一起，中国不是它们当中的任何一个，但是把这三者的这一点那一块混合，在非常高的温度中炒在了一起。”[②] 中国创造了史无前例的经济增长奇迹——在19世纪，一个国家平均需要70年才能让人均收入翻番；在20世纪，平均需要35年；而中国只花了十年（1979—1989）。[③] 在2008年全球金融危机后，中国的反危机能力也令全

① Honor Mahony, “Orban wants to build ‘illiberal state’”, EUObserver, 28 July, 2014.

② Joseph Fan, Randall Morck and Bernard Yeung, “Capitalizing China”, working paper no 17687, Washington DC: National Bureau of Economic Research, Dec. 2011, p. I。转引自：Barry Buzan and George Lawson, “Capitalism and the Emergent World Order”, p. 83。

③ Justin Yifu Lin, *Demystifying the Chinese economy*, Cambridge: Cambridge University Press, 2012, p. 15.

球刮目相看。虽然近年中国增速放缓、面临经济转型阵痛，但无人能否认中国的成就。

不过，竞争性威权资本主义和国家官僚资本主义也有缺陷。在施行这两类模式的国家中，官商太近，易生腐败。由市场发展所导致的社会多元化的活力未能得到及时有效疏导，贫富分化甚至比自由民主资本主义国家还要严重。

（三）欧洲的竞争劣势

介绍完这四类资本主义模式，我们可以探讨一下这对欧洲意味着什么。

第一，这四种模式将在很长一段时间内并存，在竞争与合作中共同塑造世界秩序。冷战结束初期，不少西方学者认为“民主资本主义”将一统天下，他们的预言只对了一半。在资本主义与全球化带来“天下趋同”的同时，分化与竞争以一种不同于冷战时代的方式上演。同化与分化是同时辩证地发生的。实践上述四种不同模式的国家在塑造新的世界秩序方面都有想法和实力，这四种模式将在相当长的时期内共存。持不同模式的国家将会因为政治上的不同而产生冲突——这既因为意识形态的分歧，也因为政治上的不同确实会导致各国在经济竞争力上的出入。但是，实践这这四种模式的国家之间并非只有竞争，它们之间也有协调合作。一方面，它们在维护全球生产、贸易、金融秩序方面有强大的共同利益。全球金融危机后，各国能迅速行动、以二十国集团为主要平台开展全球协调与合作，即为生动一例。另一方面，它们面临的挑战并没有本质不同。在全球贫富分化急剧恶化的情况下，所有这些资本模式类型，无论其民主与否，都要依靠增长来维持合法性；一旦增长停滞而不平等情况持续恶化，社会骚乱就可能发生。

第二，践行“社会民主资本主义”的众多欧洲国家在激烈的模式之争中并非没有劣势；欧洲国家感受到了越来越多的竞争压力。以美英为代表的“自由民主资本主义”国家主推“市场”，希望在现有环境下将“市场”的能量发挥到极致。即便全球金融危机之后，美国政府也没有改变其“新自由主义”取向。美国这种将市场推到极致的做法成效可观。欧洲国家的人均 GDP 已数十年相当于美国的大约三分之二，且差距在逐渐拉大。这说明美国与欧洲相比，具有稳定的、制度性的生产力优势。

而另外一方面，竞争性威权资本主义和国家资本主义则强调国家的功能，力图在现有条件下以国家之力引导资本、聚集资本、发挥资本的战略潜能。这种做法在全球竞争中优势渐显，在全球金融危机后受到了广泛关注。欧盟委员会曾在 2010 年的一份倡议中指出：“当欧洲需要解决它自己的结构性弱点的时候，世界已经快速前进，十年后将是非常不同的面貌……来自发达国家和新兴经济体的竞争正在加剧。中国和印度等国家正大力投资科研技术以助其产业爬升价值链、跃入全球经济……”[①] 英国《经济学家》杂志在 2012 年曾推出特刊讨论“国家资本主义”，称“在西方自由资本主义遭遇危机之时，新兴市场中崛起了一种新的、强大的国家资本主义”。[②] 美国战略家库普钱（Charles A. Kupchan）也敏锐地捕捉到了问题的严重性：“中国已证明其尤擅收全球化之益而抑其弊——很大程度上归功于中国运用了自由主义竞争对手所弃用的政策工具。国家资本主义显占优势，至少目前如此。结果就是，今天不但西方的物质优势渐消，且其现代

---

① “EUROPE 2020：A strategy for smart，sustainable and inclusive growth”，European Commission，3. 3. 2010.

② “The Visible Hand”，*The Economist*，Jan 21，2012.

化道路的吸引力也日丧。”[①]

据经济合作开发组织（OECD）的预测，欧洲国家的长期增长势头不如美国、中国，也不如OECD统计样本国家的整体水平；到2060年，欧洲与其竞争对手之间的差距恐怕将相当显著。[②]

第三，欧洲大陆所践行的“社会民主资本主义”经过动态调整仍有可能保持自己的特色和地位。四种模式各有优劣，“社会民主资本主义”的最大特点是努力在市场、社会、国家等各要素中求得一种平衡，即所谓追求均衡发展、可持续发展。从人类社会的发展来说，这种模式并非没有吸引力。事实上，欧洲人也一直以自己的这种特点为傲。这种模式之所以在当前显得处于下风，有如下原因：(1) 欧洲大陆国家之所以在战后能施行“社会民主资本主义”、能追求相对均衡的发展，是由许多因素导致的，而这些因素现在已不具备。这些因素最重要的有两个，一是欧洲的经济快速发展，二是苏联的社会主义实践。前者为欧洲追求均衡发展提供了物质基础，后者则为欧洲的“社会民主化”提供了压力。现在这两个因素都不具备了。固然，欧洲大陆的“社会民主主义”思潮仍然强劲，但缺少其他因素的配合就难以取得效果。(2) 在当前的国际竞争中，最根本的竞争仍然是以民族国家为单位的经济实力的较量，且竞争的激烈程度日益白热化。能够把经济搞上去，是一个国家的首要任务。“自由民主资本主义”国家通过发挥“市场”优势、“威权资本主义”国家通过发挥“国家”优势，实现了自己国家较高的经济增长，就在国际竞争中赢得了主动。换句话说，当前国际竞争的标准，其实相当的简单化，欧洲大陆社会民主资本主义国家，志远意杂，牵绊颇多，

---

① Charles A. Kupchan, *No One's World: The West, the Rising Rest, and the Coming Global Turn*, Oxford: Oxford University Press, 2012, p. 63.

② OECD (2016), GDP long-term forecast (indicator). doi: 10.1787/d927bc18-en

反而不易在竞争中胜出。与以往的历史时期相比，当前的国际竞争主要在政治经济层面，核武器的存在事实上已经使大规模的世界性战争不再可能发生，但只盯经济增长，毕竟不尽公平合理，“社会民主资本主义”国家从内心深处并不认可其他资本主义类型国家“只盯经济”的做法。欧洲民主资本主义的未来究竟会向哪个方向走，欧洲知识界似乎也在困顿迷茫之中。

第六章

结论与启示

不了解欧洲，无以了解世界。自现代以来，欧洲便是中国知识分子理解时代本质问题的关键和根本。理解欧洲和世界，最终还是为了理解中国的处境及前途。为了更好地理解中国的处境和前途，又难免往前想一步，思考欧洲的未来。

一、结论

环顾全球，民主与资本主义结合最好、表现上佳的地区，是美欧等“西方核心区”——正因如此，欧洲的民主资本主义困境才值得研究。本书认为，欧洲债务危机使欧洲民主资本主义的两个核心矛盾——“平等”和“边界”凸显，欧洲民主资本主义面临调整的压力，而欧洲特殊的时空环境使得这种调整十分困难。

（一）民主资本主义存在核心矛盾

民主和资本主义是共生的。它们都是现代制度的重要部分，二者都建立在个人自由与制度自由的不断扩大的基础之上。但是，民主与资本主义之间也存在矛盾，并非完全合拍。第一个核心矛盾是“平等”。现在西方通行的民主制度非常珍视“平等”，与此同时尽量保障“自由”；而资本主义制度为了完成资本积累，非常珍视“自由”，对平等的追求则仅限于法律上的，对民主制度下的政治平等、经济平等丝毫不感兴趣。第二个核心矛盾是“边界”。民主与资本主义的互动，在事实上是民主、资本主义与现代主权体系三者之间的互动。与民主固守疆界的趋向相比，资本主义则有拓展疆界、打破疆界、重组疆界的趋向。

民主资本主义时时需要缓解、平衡、克服自身的矛盾。“平等”的矛盾，基本上在一个国家内部进行协调。甚至可以说，一个民主资本主义国家的主要功能，就是处理“平等”与“不平等”之间的矛盾。而“边界”的矛盾则在全球范围内进行协调。一方面，资本主义要适应民主的边界——为了适应各地的民主制度，资本主义加深了“地域特色”，全球的资本主义显现出了一种超乎自身逻辑之外的“多样性”；而另一方面，民主也要适应资本主义的边界——为了适应经济全球化，民主也出现了“跨国化”的动向。矛盾的协调一旦不到位，民主资本主义便会出现问题乃至危机。事实上，矛盾不可能完全消失，人们只可能推迟矛盾爆发、或升级协调矛盾的办法。

民主与资本主义虽是共生与互限的关系，但资本主义发挥主导和统摄作用，民主资本主义爆发危机的时机与资本主义危机的时机相同。资本主义危机会引发系统性调整，导致合法性危机。

（二）欧洲债务危机体现了民主资本主义的核心矛盾

从欧洲债务危机所引发的各种“症状”看，民主与资本主义之间存在矛盾。欧洲债务危机同时体现了资本的逻辑和民主的逻辑。国际资本担心政府债务过高引发主权债务危机，并以推高政府债券利息为手段压重债国减少政府债务。如果按资本的逻辑，重债国政府需尽快减债，否则必然破产。另一方面，如果不是广大民众在民主制度下不断索求政府支出，政府债务便不会累积到这么高的程度。如按民主的逻辑，南欧重债国将宁可债务违约，也绝不会施行紧缩政策。

但现实事态的发展介于二者之间。在资本与民主的斗争中，民主资本主义的两个核心矛盾——“平等”与“边界”凸显了出来，且这两个矛盾紧紧地交织在在一起。民主资本主义内关于“平等”的矛盾集中体现在欧盟内部“紧缩”与“增长”的政策之争。关于“边界”的矛盾则表现为：“国际决策”压倒“国内民主”；反移民、反欧盟的排外思潮；以及欧盟的分化和分裂。

（三）民主资本主义的核心矛盾也是欧洲债务危机的原因

首先，欧洲债务危机是“平等”这一矛盾的一个产物，或者说，是欧洲乃至西方各国政府试图解决“平等”这一矛盾的一个产物。二战后，西方世界经济繁荣、福利扩张，民众所向往的“平等的社会权利”似乎已得到了满足。但这种局面建立在生产力不断提高的基础之上。在20世纪60年代末，西方经济增速放缓，民主与资本主义的妥协便被打破了。在此后的数十年间，西方不断摸索重新解决“平等”问题的办法。然而，西方的生产力提高速度、经济增长速度再也没能达到战后初期的水平。以大规模社会生产为特征的福特主义生产模式已经逐渐耗尽了它经济和社会发展的潜力。西方政府用来满足民众需求的资源已不足以满足民众的期待。为了避免出现剧烈的社会冲突，西方政府用了各种办法来“创造”额外的资源以满足民众需求、延缓社会冲突的发生。

战后西方政府创造资源以延缓危机的办法有以下几种：通货膨胀（货币手段）、财政赤字（财政手段）、金融自由化

（金融手段）、量化宽松（货币手段）。在20世纪70年代第一轮调整时，“药方”是通货膨胀；在八九十年代第二次调整时，“药方”是财政赤字；在90年代进入第三次调整时，“药方”是金融自由化；在2008年全球金融危机之后的第四次调整时，“药方”是量化宽松。总之，当一种“药方”逐渐失效，新的药方便要登场。但无论是货币手段、财政手段还是金融手段，其实质都是“花未来的钱”——也就是说通过各种创新的方法筹集本不存在的、超出了实体经济的钱；这些钱既然本不存在，那么就要用未来的收入来偿还，因此相当于是将未来的钱提前使用。如是，西方政府便陷入了药方越多，病情越重的境地。

时间和空间是世界一切事物存在的两种形式。以上解释体现了欧洲债务危机的时间性发展，可称为“历史性解释”。除此之外，还要对欧洲债务危机进行“空间性解释”。

欧洲债务危机也是“边界”这一矛盾的产物，或者说，是民主资本主义空间布局变动的产物。欧洲危机很大程度上是北欧（债主）和南欧（负债人）这种不平衡的结构导致的。欧元区的成立，把出口导向模式的国家和消费拉动模式的国家结合在了一个货币区内，这使得不同国家之间本已存在的不对称的相互依存关系进一步固化。欧元是个政治工程，并未从根子上考虑不同模式之间如何共处。德国模式的“欧洲化”对德国有好处，但是某种程度上却导致了欧洲债务危机。应对欧洲债务危机的措施又进一步加剧了南北欧的失衡。更糟糕的是，欧洲债务危机的发生与发展，并非欧洲自身可左右。随着资本主义在全球深化发展，欧洲从全球资本主义的中心地带滑落，欧洲无法再主导和塑造全球政经，而是受到全球大势的深刻影响。

（四）民主资本主义仍在深化发展

资本主义未如马克思所料被社会主义所取代，反而在一次次的危机中发展壮大。这一来是因为，资本主义主动在管理中引入社会主义的因素，向民众的“平等”诉求作妥协。二来则是因为，资本主义通过空间上的扩张来转移、缓和矛盾，来获取新的发展潜力。殖民和全球化都可作如是理解。

资本主义在地理上的扩张，同时导致了“趋同”与“分化”两个并行趋势，世界在“统”与“分”、“一”与“多”、“和”与“争”的强大悖论中向前发展。

当资本主义扩展至全球之后，其靠地理扩张来获取成长空间的手段也就基本用尽，必须开拓新的成长空间：一个是货币的虚拟空间——金融，另一个则是人类生活的非物质世界。这导致了关于民主资本主义的内部矛盾的战场的转移。人们无法用传统的分析方法去看待资本主义，也无法再用传统的抗争手段去反对资本主义了。

全球金融危机以来，平等问题日益受关注，抗议社会分配不公重归主流。“占领运动”“愤怒运动”“不眠夜运动”等“占领式运动”正是对此的生动说明。这些运动有以下特点：反体制，远离政党政治，实践直接民主；开放性，注重过程、注重参与，不在意短期具体目标；不对称性，运动的人数、影响和实际效果之间往往并没有什么直接的关联。

欧洲国家的民主与资本主义结合的方式有自己的特色，从全球范围看，欧洲的资本主义只是各种不同模式的一种。自由民主资本主义、社会民主资本主义、竞争性威权资本主义以及国家官僚资本主义等四种模式将在很长一段时间内并存，在竞争与合作中共同塑造国际秩序。践行“社会民主资本主义”的众多欧洲国家在激烈的模式之争中并非没有劣势，欧洲国家已经感受到了越来越多的竞争压力。

二、欧洲民主资本主义的未来

无论是欧洲债务危机的“历史性解释”还是“空间性解释”，都揭示了一个问题：欧洲的困境归根结底还是因为增长乏力。因为增长乏力，所以欧洲对内缓和社会矛盾的资源有限，而对外主导国际竞争的能力也有限。与其说是民主的失败，或者说是资本主义的失败，都不如说是缺少增长。施特雷克分析西方政府债台高筑之原因的一段话可资引用：“归根结底是因为……发达资本主义经济体长期增长乏力，以及由此导致的其无法践行构成其合法性基础的经济与人文进步的承诺。”①

欧洲还将面临一个漫长的低增长时代。这将构成我们讨论“欧洲民主资本主义的未来”的前提。大体而言，自 20 世纪 70 年代以来，西方经济的增长率就长期徘徊在 2% 到 4% 的区间内；近十年更是掉到了 2% 以下。一些国家的人均 GDP 更是停滞。比如意大利，过去 25 年人均 GDP 增长几乎完全停滞。2008 年全球金融危机后的几年间，许多国家都出现了负增长，到 2014 年才总体恢复正增长，但势头很弱。此后几年间，美英的增长率比 2% 多点，而欧元区则在 2% 以下。未来十年西欧发达国家的增长率将大体上是“保 1 争 2”的情况。“低增长”的后果对欧洲而言实在是沉重。“低增长”也就意味着当前的高赤字、高失业率以及日益严重的贫富分化问题难以缓解。事实上，除意大利、荷

① Wolfgang Streeck, “The Politics of Public Debt: Neoliberalism, Capitalist Development, and the Restructuring of the State”, MPIfG Discussion Paper 13/7, July 2013, p. 2.

兰、德国、比利时外，其他大部分欧洲国家的不平等状况都在恶化，民众对民主和资本主义的厌恶和失望之情只会增而不会减。①

表 6—1　实际 GDP 年增长率（2016 年以后为预测值）

国别	1998—2007	2008	2009	2010	2011	2012	2013	2014	2015	2016	2017	2021
美国	3.0	-0.3	-2.8	2.5	1.6	2.2	1.5	2.4	2.4	2.4	2.5	2.0
欧元区	2.4	0.5	-4.5	2.1	1.6	-0.9	-0.3	0.9	1.6	1.5	1.6	1.5
德国	1.7	0.8	-5.6	3.9	3.7	0.6	0.4	1.6	1.5	1.5	1.6	1.2
法国	2.4	0.2	-2.9	2.0	2.1	0.2	0.7	0.2	1.1	1.1	1.3	1.9
英国	3.0	-0.5	-4.2	1.5	2.0	1.2	2.2	2.9	2.2	1.9	2.2	2.1

资料来源：国际货币基金组织：《世界经济展望》，2016 年 4 月。

欧洲“民主资本主义的未来”的另一个前提，则是全球不同资本主义模式的并存。如前文所指，四种资本主义模式将在很长一段时间内并存，在竞争与合作中共同塑造国际秩序，而践行“民主资本主义”的众多欧洲国家在激烈的模式之争中并非没有劣势。

但总归要有应付之道。从现有迹象看，欧洲尚未有统一的、压倒性的应对策略，而是有好几类办法同时存在。

第一类办法，姑且称之为“得过且过的低增长”，这恐怕将成为未来欧洲的主流。

欧盟以及欧洲各国政府仍将想方设法创造出尚不存在的资源，以同时满足民众与市场二者的需求。财政赤字、金融自由化、量化宽松都是创造出尚不存在的资源的手段，换句话说，都是挪用未来的钱、挪用他人的钱的一种权宜之计。财政赤字和金

① Wolfgang Streeck, How Will Capitalism End, New Left Review, 87, May-June 2014, p. 36.

融自由化虽然尚不会退出历史舞台，但有效性和合法性都受到质疑，因此量化宽松将成为未来一段时间欧洲拉动经济的“常用药”。

在欧洲央行慷慨出手的情况下，欧洲一体化得以勉力维系。但即便如此，欧盟所带来的“好处”也不足以让欧盟28国（没有了英国之后就是27国）团结一心。欧盟分化势头将继续加剧。各国根据自身需要“抱团取暖”的情况将越来越多。比如，可以预见，东欧国家在反对接受难民以及输出劳工方面有相当一致的立场。而法、德、意、荷、比、卢这“老欧洲”六国也许能推动部分国家在部分领域深化一体化。主要的欧洲国家都会加强自己的外交，以期能够更好地维护自己的利益。

民众对欧盟的不满会依然存在。但是欧盟和成员国会发展出一些新的政治参与方式，让民众宣泄这些不满，比如日益频繁的公投、网络咨询和“公民大会”等。只是这些办法旨在疏导民众情绪，恐难真正提高治理水平、重焕民主活力。

第二类办法，姑且称之为“锐意改革求增长”，这将成为欧洲的努力方向。

一方面，欧洲要改革自身，适应时代，力求在激烈的经济竞争中胜出；另一方面，欧洲要努力塑造更有利的竞争环境，包括稳定周边、积极参与新一代的贸易谈判等。在欧洲债务危机基本平定之后，欧盟主抓三件事来促经济增长：一是结构性改革；二是投资计划；三是贸易。欧委会在其2015年10月的贸易政策文件中指出：“贸易是为数不多的一个不会增加国家财政负担的推动经济的办法，就如同成员国所推行的结构性改革以及欧盟投资计划所进行的工作一样”。[①] 由此可见，欧盟现在急于寻找既不会

① European Commission, “Trade for All: Towards a more responsible trade and investment policy”, October 2015, p. 7.

增加成员国的财政负担、但又能够推动经济的办法。

从欧盟主抓的这三件事上能看出不少关于欧洲民主资本主义发展前景的重要信息。

第一，欧盟不愿放弃自身的特色。欧盟当前所推政策有相当大的继承性。在欧洲债务危机之后，欧委会推动成员国进行“结构性改革”的主要政策工具是“财政契约”和“欧洲 2020 战略”，而此二者恰恰分别是欧洲债务危机之前的“稳定与增长公约”和“里斯本议程”的升级版。[①] 这些政策工具反映出欧盟对新自由主义政策仍然十分倚重，同时也反映出欧盟在经济问题上的“高大全”追求——既要提升企业的竞争力，又要保证政府债务处于低水平，还要兼顾社会和环境的承受度。这种全面而均衡的高追求，正是所谓的“欧洲模式”的突出特点。

第二，欧盟的对外交往中同时增强了针对威权资本主义的“攻”和“防”。在“攻”的一面，欧盟希望通过贸易谈判打开他国市场，以及通过输出价值观、规范、标准以获得对己更有利的竞争环境。这在欧盟 2015 年底的贸易政策文件《为了大众的贸易：一个更负责任的贸易与投资政策》中有突出表现。文件中写道：“当欧盟持续地一体化和开放市场的时候，欧盟的企业在海外仍然遭遇歧视和限制。因此，保证在市场准入方面的公平非

① “财政契约”是 2012 年 3 月欧盟峰会通过的，全名《欧洲经济货币联盟稳定、协调与治理公约》。它在《稳定与增长公约》的基础上强化了财政纪律和惩罚机制，规定各国年度结构赤字不得超过其国内生产总值的 0.5%，政府债务不得超过国内生产总值的 60%；欧委会对违规国有一定的监督权力。“欧洲 2020 战略”是欧盟于 2010 年启动的增长战略，旨在将欧盟打造成为“智能的、可持续的和包容性的经济体”，使欧盟及其成员国能够实现“就业、生产率、社会团结”。为了监督战略目标的达成情况，欧委会定期对各成员国进行督查。“欧洲 2020 战略”也可视为欧盟 2000 年推出的“里斯本战略”（又叫里斯本议程）的升级版。二者都以提高欧盟经济实力为目标，提出了不少自由化的改革建议，但也都在经济增长之外注重社会和环境。

常重要，而这可以部分通过缔结自贸协定以及通过让新的国家谈判加入世贸组织的政府采购协定来解决”；“欧盟的目标之一就是要保证经济增长同时伴随社会公正、尊重人权、高劳工和环境标准、健康与安全保护。这不单符用于欧盟的内部政策，也符用于欧盟的对外政策，包括贸易和投资政策”。[①] 欧盟这样做不仅仅是出于价值观上的考虑，而是要通过抬高竞争标准，使“欧洲模式”能够更好地在国际上发挥优势。而在“防”的一面，欧盟主要靠防御性的贸易措施。欧盟采取了不少隐形的、非关税的贸易保护手段，包括“贸易防御工具”、反倾销、反补贴等，主要针对的是新兴国家，特别是中国。

欧盟的对内改革和对外进取恐怕会遇到不少阻碍。一方面是受到来自成员国政府的阻力。欧盟的政策多是成员国的“最大公约数”，且主要反映欧洲大国一些比较成型的想法，因此并非走在变革的最前沿。一些有意思的政经动向出现在成员国内部。波兰和匈牙利等东欧国家出现“威权主义”、“国家资本主义”的倾向，大力扶持民族企业、推动产业升级、促进内资银行增加市场份额等。而这是与欧盟的改革方向相左的。另一方面是受到来自民众的阻力。比如，被美英精英赋予“振兴西方”战略内涵的“跨大西洋贸易和投资伙伴协定”（TTIP）谈判，于 2013 年 6 月开启后仅半年便因民众质疑而“结束蜜月期”。欧洲网上签名反对 TTIP 的人数达 300 万之巨，全欧洲共有 600 多个抗议 TTIP 谈判的组织。再加上美国新任总统特朗普宣布退出谈判，曾被认为将迅速缔结的 TTIP，现已显得遥遥无期。欧洲通过缔结新一代自贸协定而再占全球化先机的想法落实不易。

第三类办法，姑且称之为“自我麻醉的低增长”，这将成为

① European Commission，“Trade for All：Towards a more responsible trade and investment policy”，p. 10，22.

欧洲“社会病”的根源。

须知欧洲在低增长之余，仍然是个十分富足的社会。对这个“富足”，我们要作哲学上的深刻理解。这是人类社会上第一次出现普遍性的、绝对的、大量的剩余，没有了过去的“绝对贫困”。这样的社会里人们的行为和心理都出现了深刻的转型。德国哲学家斯洛特戴克将这种社会称为“宠溺”社会，在这种社会中，民众习惯于不断地减轻各种负担，也普遍出现了无聊的情绪；民众不再相信必然性，而只看重自由选择。他指出：“自从富裕国家的公民不再把自己看成是臣民，而是选民和自由的消费者以来……各个‘主体’当中，弥漫着一种作为顾客、作为观点的拥有者以及个性载体的自以为是的倾向。”① 在这样的社会中，民众对“增长”并不真的那么看重——毕竟已经很富裕了；但是如果没有增长又万万不可——因为社会心理根本承受不了任何与“不断地减轻负担”这一精神相违背的事情。这是我们理解欧洲社会与经济问题相关思潮的重要出发点。

在长期低增长的情况下，欧洲社会可能会出现两种并非主流、但仍然盛大的思潮。一种属于政治光谱中的“新左”，另一种则属于“新右”。

在“新左”这边，是“去增长”思潮。这种思潮自20世纪70年代起就存在，会以“去增长”“反增长”“零增长”“绿色增长”“慢生活”“幸福GDP”等各种口号出现，其核心要义是反对追求单纯的经济增长。全球金融危机之后，这种思潮得到了进一步的发展。2008年首届“国际去增长大会”召开，到2016年已经办了第六届。在全球金融危机发作初期，这种思潮还得到了欧洲官方的嘉许，许多主流官员和学者把金融危机当作实现“去

---

① ［德］彼德·斯洛特戴克著：《资本的内部：全球化的哲学理论》，第329页。

增长”转型的契机。2010年，法国成立了经济成就和社会进步衡量标准委员会，试图以“国民幸福总值”（GNH）取代“国内生产总值”（GDP），委员会主席是诺贝尔经济学奖得主约瑟夫·斯蒂格利茨和阿玛蒂亚·森；2010年，英国首相卡梅伦要求国家统计局衡量英国国民的“总体幸福指数”；2011年，德国也成立了“经济增长、幸福与生活质量”研究委员会。但是，上述活动皆停留在政府的研究层面，随着欧洲债务危机的恶化而不了了之。不过“去增长”作为一种思潮还将长期存在，并以各种面目出现。[①]

在“新右”这边，则是“再领土化”的思潮。这种思潮是对全球化的一种反动。右翼民粹主义势力的兴起、苏格兰独立公投、英国脱欧公投等一系列事件，说明了“再领土化”思潮正方兴未艾。“再领土化”思潮之所以能普遍地出现并促成对全球有深远影响的政经大事的发生，恰是说明“去领土化”（即全球化）已经到了登峰造极的地步。资本的全球化和通讯技术的高度发展，已经将地球压缩为一个原点。这场“空间革命”带来的是“距离的中立化”，彻底改变了人们对“距离”的看法：“……从这里到那里的路程缩减到一个不能再压缩的地步。最后残存下来的空间可能会变得令人生厌，它无法再要求足够的重视和尊重……”[②] 这种现象对民众生活的冲击是巨大的。民众对自己生活所处地域的归属感、熟悉感、甚至话语权力都受到侵蚀。而且这种冲击是不均衡的。富人、上层人、全球精英拥有主动的、光鲜的全球性的工作和生活，如国际会议、跨国企业工作、境外旅游；而穷人、下层人则要么缺少走出去的想法和办法，要么被动

---

① 到2016年，西方媒体又开始讨论是否要修正GDP的统计方法。参见：“How to measure prosperity”, *The Economist*, April 30, 2016.

② ［德］彼德·斯洛特戴克：《资本的内部：全球化的哲学理论》，第394页。

地在全球流动，如成为打工移民、难民。在全球化时代能不能驾驭空间、驾驭距离，越来越成为划分阶级的标志。英国社会学家鲍曼（Zygmunt Bauman）说得好："全球化进程所带来的生存上的不安全感本是个非常复杂的问题，但是却被简单地、直接地当作'法律与秩序'问题去解决"。[①] 正是在这种情况下，抗拒"全球化"的"再领土化"思潮出现了。这种情况还将持续一段时间，对欧洲各国政府的贸易乃至外交政策都会产生一定影响。

但是，以上两种思潮都很难完全占据主流，而只能以"亚文化"的姿态对主流政策施加一定影响。其根本原因在于，无论是"去增长"还是"再领土化"，都不是改善欧洲经济的根本办法，而只是对资本主义发展太猛、全球化发展太快的一种补救。

由是观之，未来的欧洲是一个富裕的低增长社会，摸索在改革基础上保存自身特色、与世界共同发展的办法，目前尚且看不到能导致实质性突破的亮点。欧洲现在缺少发展的共识，这正是让人最担忧的地方。20 世纪 70 年代，西方也经历严重的经济危机和衰退，危机后形成的共识是走新自由主义道路。依靠新自由主义的共识，欧洲乐观、坚定地以一体化为业，并在经济上取得了一定成就，但今天却缺少这样的共识。资本主义发展太猛、全球化发展太快已引起了许多民众的反感，但是新自由主义对此束手无策，而欧洲精英对用什么东西来替代新自由主义并没有共识。在旧旗帜蒙尘、新旗帜缺位的情况下，"再领土化"思潮可能将越来越盛，直接冲击主流政治。

① Zygmunt Bauman, *Globalization: The Human Consequences*, Cambridge: Polity Press, 1998, p. 5.

三、欧洲的“再领土化”思潮

2016年6月23日，英国举行公投以决定是否留欧，结果51.9%的人选择脱离欧盟。11月9日，民粹主义共和党候选人唐纳德·特朗普击败民主党候选人希拉里·克林顿，当选美国第58届总统。此二事皆大出世人所料。两件事所发信息已足够明晰。这是英、美两国寻找新定位、摸索新发展道路的尝试，也是西方社会变迁的明证，其重要程度可与美英70年代开新自由主义先河等量齐观。如要理解欧洲以及西方民主资本主义的未来，对此二事的解读不可或缺，故单独成篇介绍。加之此二事皆与上节所说“再领土化”思潮脱不开干系，正好可再作延伸探讨，以弥补本书对思潮、认同问题介绍之不足。

（一）极右势力的崛起

主导英国脱欧的英国独立党被认为是极右党，而特朗普的言论被认为是极右言论，因此美英的进展与西方近年右翼民粹主义势力的兴起有很大关系。

二战后相当长一段时间内，一提极右党，大家首先想到新法西斯政党。这是因为自战后到20世纪80年代以前，唯一有影响的极右党——意大利的“社会运动”（MSI）直接传承法西斯而来。但80年代后，西欧涌现了一批新的极右党。80年代初，有6个极右党进入了国家议会或欧洲议会；到80年代末，上升到10个；而到90年代中期，则上升到15个。[①] 极右党虽然数量在增

① Piero Ignazi, *Extreme Right Parties in Western Europe*, New York: Oxford University Press, 2003, p. 1.

多，但长期被排斥在主流政治之外。2002 年法国大选，极右候选人让·马里·勒庞在第一轮选举中得票超过中左候选人若斯潘，举国震惊，纷纷在第二轮投票给中右候选人希拉克，使勒庞惨败。全球金融危机和欧洲债务危机爆发后，极右党利用民众对体制和时局的不满相形而动，以井喷之势跻身主流政治，其惊人表现，连资深学者都始料不及。[①] 法国国民阵线、奥地利自由党、德国选择党、英国独立党、瑞典民主党、意大利的北方联盟、希腊的“金色黎明”等极右党成批涌现，除葡萄牙、西班牙等少数国家外几无遗漏。极右政党青年民主主义者联盟和法律与公正党分别于 2010 年和 2015 年在匈牙利和波兰上台执政，且不惧欧盟警告而管控媒体、限制法院、扶持民族企业，影响日彰。匈牙利当前执政党和最大反对党“为了更好的匈牙利运动”皆为极右党，颇令人侧目。在芬兰、立陶宛、挪威，极右党已参与执政。英国独立党在推动公投脱欧过程中发挥重要作用；奥地利自由党领导人霍费尔在 2016 年差点当选总统；法国国民阵线领导人、勒庞之女玛丽娜·勒庞闯入 2017 年总统选举第二轮投票几无悬念。可以说，极右政治势力崛起是近年欧洲最重要的政治现象，且其在政治生活中的潜力才刚刚开始释放。

当前欧洲的极右党已与两次世界大战期间的法西斯政党进一步拉开距离。[②] 第一，法西斯政党将种族作为排外的依据，而当前的极右党将文化作为排外依据。国民阵线党魁玛丽娜·勒庞为表明其反“纳粹言论”立场，在 2015 年将其父开除出党。第二，法西斯政党推崇制度化的暴力，而当前大部分极右党都努力与暴

---

① 如 Cas Mudde 便在 2014 年初错误地断言：不会有极右党在当年的欧洲议会选举中获得重大胜利，见 Cas Mudde，“The Far Right and the European Elections”，*Current History*，Vol. 113，No. 761，March 2014，pp. 98 – 103.

② 关于法西斯政党的特点，参见：Michael Mann，*Fascists*，Cambridge：Cambridge University Press，2004，pp. 353 – 376。

力撇清关系。第三，法西斯政党上台后施行集权统治，但当前极右党基本在民主体制下运作。由于极右党的反体制倾向，其与民主体制能否兼容在理论上未有定论，但从实践看，极右政党并不排斥民主。2014 年欧洲议会选举中，除 9 国外，各欧盟国家都有极右代表当选，共占议员总数的 23%。除闹出一些经费丑闻外，这些极右议员基本在体制内正常工作。随着极右政党逐渐进入体制内，一些极右党也不再被视为“极端”，比如波兰执政党法律与公正党就已经被一些媒体称为中右政党。第四，法西斯政党高度推崇国家主义，把自己视为超越阶级的政党，希望通过全国动员从而全方位地改造国家，但当前的极右党并未显露这种野心。

固然，在智识渊源上，当前的极右思潮与法西斯思潮有一脉相承的地方。二者对现代性的批判态度、对非理性的热情，都可追溯至尼采、海德格尔等人的哲学。但是，当前的极右党与两次世界大战期间的法西斯政党处在非常不同的环境当中。一战后，民族主义与社会主义的历史浪潮推动了法西斯政党的产生，但今天，西方民众的排外情绪与反不公情绪与历史上的民族主义、社会主义思潮存在很大差别。二战期间，大规模工业化和现代的舆论动员是法西斯运作的物质和组织基础，但今天，西方已经进入了后工业时代和破碎、多元的网络时代。因此不可完全以法西斯政党来推想今天的极右党。只有理解今天欧洲的政治生态，才能理解极右政党的本质诉求。

（二）现代性晚期的划界政治

西方惯用左右来区分政治立场，“极右”政党正是在此框架下被定位的。“左”与“右”这种表述是在法国大革命时出现的。1789 年 8 月 29 日，法国制宪议会的主席为了点票，让支持国王拥有否决权的人站到右边，反对国王拥有否决权的人站到左边。

从此“左”、“右”这个空间定位便被形象地用来指代政治倾向。通常，以“右”代表保守、支持现体制；以“左”代表进步，反对现体制。随着历史发展，左右的内涵不断变化。一些价值观在某种情况下归为“左”，在另一些情况下则归为“右”。比如自由主义，在19世纪早期是个革命性的思想，因此归为“左”，但到了19世纪中后期，社会主义思潮兴起，自由主义又变成了相对保守的思想，因此改归为“右”。再如民族主义，在被利用来争取民族团结、民族自决时常被归为“左”，而在被利用来排外、对外侵略时常被归为“右”。因此，西方的右派阵营中包括了许多混杂的、甚至是矛盾的思想。但总的说来，右派是怀旧的、守成的，重视传统、秩序、等级、归属感。①

要理解当前“极右”的立场就必须理解当前西方政治话语中的“右”指的是什么。当前西方的“右”通常有两层含义：第一层指的是支持资产阶级的统治秩序。二战结束后，阶级成为最重要的政治分野；在政治话语中，维护资本主义秩序的立场被称为“右”，而倡导二次分配的、支持工人阶级的立场称为“左”。第二层指的则是支持威权主义的价值观。20世纪六七十年代以来，西方出现了新的政治分野，在新的政治话语中，威权主义者的立场称为“右”，而自由意志论者的立场称为“左”。

20世纪六七十年代以来，西方进入了后工业化社会，福特制生产模式式微，工人运动逐渐走向低潮。与此同时，学者通过“全球价值观调查”分析发现，西方民众整个的价值观取向出现了很大变化——不再像过去那样关心金钱和“成功”，而开始关心个人的认同和价值；换言之，从“物质主义价值”变成“后物质主义价值”。在这种情况下，西方政治发生了相应的变化。围绕阶级、分配的政治冲突逐渐减少，而环境、女权、同性恋、全球化等议题成

① Piero Ignazi, *Extreme Right Parties in Western Europe*, pp. 4 – 12.

为政治焦点；传统的阶级政党吸引力逐渐下降，党员数量和投票率持续下滑，而绿党等单一议题政党冒起，新型的抗议示威和网络议政等参政方式方兴未艾。此现象被称为新政治，或说认同政治、身份政治、后物质主义政治。在新政治中也有左右之分，其划分标准不再依据阶级，而是依据价值观。新左派主张自由意志论，他们把老左派的平等观念延伸到了非物质议题上：认为不同性别是平等的（因此支持女权、堕胎）、不同的性取向是平等的（因此支持同性恋）、动物和人是平等的（因此支持动物福利）、不同文化和族群是平等的（因此支持文化多元主义、全球主义）、不同的人获取信息和知识的权利是平等的（因此支持网络自由、情报公开、乃至支持盗版）等等。而与新左派相反，新右派主张威权主义，立场相对封闭、等级和排他。这样一来，西方的政治出现了“旧左”、“旧右”与“新左”、“新右”并存在局面。

表 6—2 西方国家的政治分野

	左	右
旧（阶级）政治	代表工人阶级	代表资产阶级
新（认同）政治	主张自由意志论	主张威权主义

资料来源：Ronald Inglehart and Scott C. Flanagan，“Value Change in Industrial Societies”，*The American Political Science Review*，Vol. 81，No. 4，Dec.，1987，p. 1306.

新左和新右都是后物质主义的政治，因此有许多共同之处，比如都重视认同问题，反感官僚体制，主张草根民主。新左和新右势力组成的政党被有的学者称为运动型政党，以区别于传统政党。[①] 一些政党（如倡导环保和直接民主、反体制、反腐败的意

① Herbert Kitschelt，“Movement Parties”，Richard S. Katz and William Crotty eds.，*Handbook of Party Politics*，London：Sage Publications，2006，pp. 278 – 290.

大利“五星运动”）甚至同时被认为是极左和极右的政党。但新左与新右的分歧是深刻的。在现代性晚期，随着全球化、福利国家、女权与性解放、灵活雇佣制、生态危机等的发展，传统上关于民族、领土、性别、工作、科学、自然等各种各样的边界逐渐瓦解，边界逐渐成为一种人们主动去选择和构造的东西。[①] 联想到一个21世纪的欧洲人，可自主选择国籍、宗教、工作状态乃至性别，上述理论便不难理解。随着新边界越来越多，边界变动越来越多，边界的交错越来越常见，划界的政治性也越来越强。如果将旧的阶级政治看作关于平等的政治，那么则可将新的认同政治看作关于划界的政治。总的说来，新左在划界问题上是包容和开放的，承认划界的灵活性、开放性，更强调人和人之间的“同”；而新右则坚持传统的边界、固定的边界，更强调人和人之间的“异”。

由于当前西方政治中的“右”含有阶级和认同两层含义，因此一个政党一旦被定位为极右党，通常也有两种可能：一种可能是该党坚持极端的阶级立场，另一种可能则是坚持极端的认同立场。在现实中，西方的极右党虽有反体制特点和经济利益诉求，但阶级问题并非其首要关切，且各极右党的阶级构成混杂、阶级立场千差万别。民众支持极右党，也并非首先考虑经济利益。工人阶级支持极右党的动因与其说是“更多福利”，不如说是“文

---

① “反思现代性”（“二次现代性”）理论认为，根据“边界”的性质可划分出现代性、二次现代性、后现代三个阶段，并认为当前欧洲处于二次现代性阶段。在现代性阶段，在社会领域间、自然与社会间、科学与非科学之间的边界是清晰固定的，并受到制度化的保护；在二次现代性阶段，边界越来越多样，人们虚构出了各种边界，而不同边界划分方式所导致的冲突也越来越多；而在后现代阶段，边界趋于消失。参见：Ulrich Beck，Wolfgang Bonss and Christoph Lau，“The Theory of Reflexive Modernization：Problematic，Hypotheses and Research Programme”，*Theory*，*Culture and Society*，Vol. 20，No. 2，2003，pp. 1－33.

化保护”。[1] 换句话说，使极右政党获得生命力的，与其说是对“工人”或“资本”的恐惧，不如说是对“他者”的恐惧。这突出体现在两个议题上。其一是移民问题。主流政党总的说来认为移民有助于提高生产力和竞争力，而极右政党则笼统地将移民视作不安全感的根源；其二是全球化。主流政党认为自由贸易和全球化是经济增长的重要动力，而极右政党则首先看到的是全球化对传统社群的伤害。

为什么在认同问题上采取保守态度的思潮会形成政治势力？学者经多年研究提出了多种理论，但总的说来有以下特点：一是几乎各种理论都把西方20世纪末的政治社会特点作为原因或背景（如单一问题理论、社会衰落理论、后物质主义理论、政治机会结构理论、政治文化理论、议题政治理论等）；[2] 二是学界倾向于将极右视作反动势力：或是视其为现代性的失败者对被剥削和被边缘化的反动，或是视为保守势力对新左所秉持的后物质主义价值观的反动。[3] 如有学者指出，极右政党正是要回答以下难题，

---

① 民众到底是否是因为经济原因而支持极右党仍是个有争议的问题。有学者认为经济全球化所导致的对“工作安全”的担忧是民众支持极右党的原因，见 Anthony Mughan, Clive Bean and Ian Mcallister, “Economic globalization, job insecurity and the populist reaction”, *Electoral Studies*, Vol. 22, No. 4, 2003, pp. 617 - 633。但近期越来越多分析指出，民众对认同方面的因素的考虑也十分重要。如，学者对欧洲五国的分析表明，在奥地利和瑞士，工人支持极右党是主要是为了文化保护，而在比利时、法国和挪威，工人支持极右党的原因则是在文化保护之外还伴随着对民主运行的不满，都与经济要求关系不大。见：Daniel Oesch, “Explaining Workers' Support for Right-Wing Populist Parties in Western Europe: Evidence from Austria, Belgium, France, Norway, and Switzerland”, *International Political Science Review*, Vol. 29, No. 3, 2008, pp. 349 - 373。

② 关于各种极右兴起原因的理论，参见：杨云珍：“当代西欧极右翼政党兴起原因的理论探析”，《国际关系学院学报》，2011年第1期，第53—59页。

③ Hanz-George Betz, “The New Politics of Resentment: Radical Right-Wing Populist Parties in Western Europe”, *Comparative Politics*, Vol. 25, No. 4, July 1993, p. 421.

包括如何保护自己的社群在经济上免于移民的入侵，在政治上免于跨国机构的指挥；如何在传统的社会保护网络日益瓦解的时候，追求权威的指引，追求法律与秩序；如何在生活方式日益多元的情况下，引导民众追求更高的道德水准。[①]

总而言之，当前欧洲的极右思潮是欧洲进入现代性晚期之后划界政治的体现，“向后看”（回到过去的边界）、“向内看”（从外界收缩）是其主要诉求。它虽然与欧洲历史上的法西斯思潮、当前全球各地的民粹主义思潮有一定联系，但也有鲜明的时代和地域特征。

（三）危机、革命与新的平衡

思想一旦流布，便不会消失，但其发扬光大、重归主流，却需客观助力，并非仅凭思潮本身的优劣而定。要真正理解极右思潮兴起的逻辑及其发展前景，需要依靠能综合政治、社会、思潮的经典理论。

意大利马克思主义学者葛兰西指出，统治集团对其他社会集团的宰制并不仅仅依赖军事和经济力量，还要靠文化上的优势，要把自己的价值观变成社会常识。[②] 统治者的领导权一旦受到挑战，就会出现“有机的危机”。导致有机的危机的原因要么是统治阶级在某些重要的政治事业中失利（比如战争失败），要么是广大群众在政治上突然从被动转为积极，纷纷提出新的要求，这些要求虽不成体系，但统筹考虑却相当于一场革命。[③] 危机是一

---

① Piero Ignazi, *Extreme Right Parties in Western Europe*, New York: Oxford University Press, 2003, p. 2.

② ［意］葛兰西著，曹雷雨等译：《狱中札记》，北京：社会科学出版社，2000 年版，第 38 页。

③ ［意］葛兰西著：《狱中札记》，第 230 页。

个新旧交替的时期，一个解构和重构、破坏和建设的过程，在这个阶段，统治阶级在文化上不再发挥领导作用，广大群众则脱离了传统的意识形态，失去了从前的信仰。面对这种情况，各阶级都会积极调整以争得领导权。统治阶级中的一部分精英也将因势而动，利用人事、知识上的优势以重建霸权地位。[①]

自英国脱欧、特朗普当选美国总统后，西方便处于“旧制度垂而不死，新制度一时又不能落地”[②] 的危机状态中，民众在民主制度下所提的要求已经相当于一场革命。西方当前情况与葛兰西时代相去甚远，但葛兰西文化霸权理论的分析框架仍可通融使用。根据此分析框架，可提出以下问题：（1）极右思潮崛起前在西方处于霸权地位的意识形态是什么？（2）民众所提的新要求对原有的意识形态构成了什么样的挑战？（3）当前各政治势力、尤其是统治精英是如何调整政策以应对危机的？

1. 新自由主义的瓦解

在过去半个世纪左右，西方主流的价值观是新自由主义。新自由主义政策的本质是牺牲“平等”以换取“增长”，对下层民众利益的损害不可谓不明显。为了让民众接受其新自由主义主张，统治集团必须要论证新自由主义的合法性。新自由主义者提出，个人尊严和自由是文明的核心价值，这个价值很容易受到法西斯、共产主义、独裁以及各种形式的国家干预的损害；相反，依宪保障财产权、市场经济、个人自由，人的潜力就能得到最大发挥，人类的福祉就能得到最大程度的保障。如同哈维所指出的那样，新自由主义被塑造成了“自由的别名”，[③] 也因此而得到了民众的衷心拥护。可见，新自由主义虽一开始以经济政策面目出

① ［意］葛兰西著：《狱中札记》，第167—168页。

② 同上，第230页。

③ David Harvey, *A Brief History of Neoliberalism*, New York: Oxford University Press, 2005, p. 5.

现，但其背后隐藏着一套完整的哲学体系，也有其政治内涵。为了内部的合法性，西方政府在对外政策中大力宣扬民主、人权、自由理念。欧盟将“四大自由”（货物、服务、资本、人员的自由流动）以及民主、人权价值观视为立盟之基。

而统治集团让民众接受新自由主义的另一个策略则是在现代性晚期的划界政治中选择支持新左价值观。后现代主义所提倡的尊重“弱小、次要、偶然、差异、边缘、局部、断裂”的立场被认为是美德。在文化多元主义、全球主义面前，平等问题便被轻松消解掉了：“只要（新自由主义）的受益者和受损者在种族上、性别上分散的，那么不平等问题与正义就已经没有联系”。① 底层工人几乎无法再通过工会和社民党等传统的政治渠道、也无法再通过阶级乃至种族歧视等传统的政治话语来伸张权益。

直到2008年底爆发全球金融危机之后，新自由主义的统治地位才受到了持续挑战。全球金融危机被认为是经济过度金融化的恶果，而随后于2009年底爆发的欧洲主权债务危机则被认为是欧洲一体化发展过快的恶果。由于金融化与地区一体化皆由新自由主义理念推动，换言之，这两大危机皆被认为因新自由主义理念所致。西方各国政府未能及时检视新自由主义政策，反而将节支、减债、削福利等新自由主义的药方作为主要的反危机手段，让民众承担了反危机的主要成本。民众对体制不满，纷纷转投边缘政党，而精英之间的分歧也开始增大。在救助希腊、难民危机、全球自由贸易等问题上，精英之间的分歧已难再掩饰。欧盟原本就被认为是统治集团绕过国内民主来推行新自由主义的工具，新自由主义受质疑之后，欧洲一体化也陷入了困顿。

极右思潮正是在这种情况下，挟反欧盟、反移民、反全球化

① Walter Benn Michaels, “Against Diversity”, *New Left Review*, No. 52, July/August 2008, p. 34.

口号而在欧洲迅速取得重大政治突破，成为了新自由主义最有力的挑战者。

2. 极右思潮与新自由主义的关系

任何一种新事物都脱胎于旧环境，极右思潮与新自由主义并不是简单的替代关系。极右思潮比极右政客的口号更为精微和复杂，无论在哲学上还是现实中，它在挑战新自由主义的同时，也在修补新自由主义。

首先，极右思潮并不排斥“资本主义市场经济”，对国家作用的看法也是因时因地而异。美国“茶党”和“英国独立党”比主流政党更为推崇市场自由，坚持“小政府”立场。德国当前风头最健的极右党“德国选择党”在经济政策上完全认同秩序自由主义（秩序自由主义是德国版的新自由主义，比美欧版自由主义更为认可国家的作用）。“奥地利自由党”则在20世纪七八十年代完成了自由化转向。北欧的极右党在很长一段时间内都以其经济上的新自由主义立场而知名。但还有一些极右党，如“为了更好的匈牙利运动”、希腊的“金色黎明”等，并不那么认同新自由主义，而认为国家应该出面管控“全球化”的负面后果，为“本土”团体提供更多的福利和保护——但即便这些极右党也达不到二战期间法西斯政党那样主张国家控制经济的高度。除了不同国家的极右党存在差异外，同一个极右党有时也会体现出很大的两面性。法国“国民阵线”领导人玛丽娜·勒庞在2017年2月公布的竞选纲领中便同时含有增福利和减税两项内容；匈牙利的欧尔班政府在保护民族企业之余，在2017年将把企业所得税税率下调到9%，为欧盟内最低。

极右思潮对新自由主义经济政策的复杂态度主要由两个原因所致，一个是意识形态上的原因，另一个则是阶级构成上的原因。

第一，极右思潮的智识来源是混合的，包括了法西斯主义、新保守主义和新右哲学。[①] 法西斯主义在二战期间在欧洲达到顶峰，其批判现代性、崇尚民族和国家的作用，崇尚武力和社会控制。新右哲学在20世纪六七十年代起于欧洲大陆。法国哲学家博努瓦（Alain de Benoist）为先导，后逐渐传布于意大利以及德语国家。新右哲学几乎不涉及经济议题，而是直面现代性晚期的划界问题，在文化上采取保守态度。80年代后，美英又兴起了新保守主义。新保守主义同时关注经济和文化议题，其推崇自由市场和企业家精神，也同时提倡道德、传统价值、国家尊严。后来新保守主义对欧洲大陆也有较大影响。在这上述三大智识来源中，新保守主义推崇自由市场，与新自由主义具有相当的兼容性。第二，从极右党的阶级基础看，极右思潮的支持者在社会各阶层中分布极其分散。虽然极右党在大资本家、高端知识分子中普遍缺少吸引力，而男性蓝领工人是常见的支持者，但总体而言，极右政党的支持者并不局限于某个阶级，也并不都是通常所认为的“全球化失败者”、“现代化输家”。极右党的支持者多有来自资产阶级的，特别是新兴的小资产阶级，且越是成功的极右党越是如此。比如，法国“国民阵线”在吸引大量工人和失业者之余，也吸引了众多的“农场主、手工业者、小商店店主、中高级雇员和自由职业者”。[②] 意大利北方联盟的支持者结构很稳定，多为现代化的家庭农场主以及针对当地市场的小企业主。[③] 在北欧，丹麦

① 参见：Robert J. Antonio，“After Postmodernism：Reactionary Tribalism”，American Journal of Sociology，Vol. 106，No. 1，July 2000，pp. 57 – 69；以及 Piero Ignazi，*Extreme Right Parties in Western Europe*，New York：Oxford University Press，2003，pp. 22 – 36。

② Hans-Georg Betz，“The New Politics of Resentment：Radical Right-Wing Populist Parties in Western Europe”，*Comparative Politics*，Vol. 25，No. 4，July 1993，pp. 421 – 423.

③ Hans-Georg Betz，“Against Rome：The Lega Nord”，Hans-Georg Betz and Stefan Immerfall eds.，*New Politics of the Right：Neo-Populist Parties and Movements in Established Democracies*，London：Macmillan，1998，pp. 51 – 52.

“进步党”、“瑞典民主党”、挪威“进步党”的选民构成比其他所有党的选民构成都要混杂。[①] 由于极右党阶级基础的混合性、分散性，因此极右党的诉求往往也是混合的。

其次，极右思潮在挑战自由主义民主制度的同时，也为处于困境中的欧洲民主提供了演进动力。极右思潮逼迫西方直面民主制度自身所无法解决的两大问题。一是民主的边界问题。民主制度一旦确立，民众是无法通过民主方式来决定谁才是民众的。但在后现代晚期的情况下，随着边界日益流动变化，到底谁有资格成为“民主”中的“民”已经成为民主运作中的实际问题。极右思潮通常认为，只有本土的、白人的、或至少是完全认同当地传统语言文化的人，才能算是“民”。有学者指出，“将民主与民族明确相联系，是不同地区极右党的最明显相似之处。”[②] 二是民主的控制问题。民主从其本质言之是一种政治控制手段，因此民主必须在“收”与“放”之间取得平衡。近年欧洲学界关于民主“输出端”（执政效率）与“输入端”（民主参与）的讨论方兴未艾，其意也无非如此。[③] 极右政客虽然支持草根民主、网络民主、

---

① Lars Svasand, “Scandinavian Right-wing Radicalism”, Hans-Georg Betz and Stefan Immerfall eds., *New Politics of the Right*, pp. 86 – 87.

② Antonis A. Ellinas, “Phased Out: Far Right Parties in Western Europe”, *Comparative Politics*, Vol. 39, No. 3, April 2007, p. 356.

③ 关于民主输入端与输出端的讨论，参见：Vivien A. Schmidt, Democracy and Legitimacy in the European Union Revisited: Input, Output and ‘Throughput’, *Political Studies*, Vol. 61, No. 1, March 2013, pp. 2 – 22; J. H. H. Weiler, In the Face of Crisis: Input Legitimacy, Output Legitimacy and the Political Messianism of European Integration, *Journal of European Integration*, Vol. 34, No. 7, 2012, pp. 825 – 841; Richard Bellamy, Democracy without democracy? Can the EU's democratic ‘outputs’ be separated from the democratic ‘inputs’ provided by competitive parties and majority rule? *Journal of European Public Policy*, Vol. 17, No. 1, 2010, pp. 2 – 19; Karl-Oskar Lindgren and Thomas Persson, Input and output legitimacy: synergy or trade-off? Empirical evidence from an EU survey, *Journal of European Public Policy*, Vol. 17, No. 4, 2010, pp. 449 – 467.

频繁公投，但其“能放能收、大放大收”，不但凭借个人魅力在党内搞“一言堂”，上台执政后也倾向于威权主义。

最后，极右思潮自身正是新自由主义政策的受益者，也是新自由主义文化现象的一个表征。由于媒体市场化、国际化、低成本化运作，国家和精英对媒体的影响力越来越弱。在文化多元和自由意志的掩盖之下，民众表达观点日益直接随意，能够合法地以煽动性口号代替对复杂事物的思考，以发泄情绪代替了对政治的真正参与。①

简言之，极右思潮在新自由主义的条件下出现，挑战新自由主义，但并不打算全盘推翻新自由主义；它主要挑战的是新自由主义的一些机制和空间安排。

3. 当前各政治势力博弈的态势

面对分化、不满的民意，西方的统治阶层已进入了紧张的重整期。其中，中右政治势力的回应相对迅速有力。第一，中右政党在认同议题上开始明显右倾。德国总理默克尔在多次恐袭后开始收紧难民政策，在2016年底宣布再度竞选总理时表明支持禁穿穆斯林罩袍。法国中右政党共和党参加2017总统选举的热门候选人几乎全部持“经济自由、社会保守”的立场，与“国民阵线”立场多有重叠。“英国独立党”因推动脱欧成功而失去存在意义，但其政策已被保守党吸纳。英国保守党把“英国特性”、英联邦遗产、统治阶级对下层民众的责任这些保守主义传统中的内容重新激活，内化到了自己的政策中。② 第二，对新自由主义政策作

---

① Jean Comaroff，“Populism and Late Liberalism：A Special Affinity?” *The Annals of the American Academy of Political and Social Science*，Vol. 637，Race，Religion and Late Democracy，September 2011，pp. 99 – 111.

② 参见 Mark I. Vail，“Between One-Nation Toryism and Neoliberalism：The Dilemmas of British Conservatism and Britain's Evolving Place in Europe”，*JCMS：Journal of Common Market Studies*，Volume 53，Issue 1，January 2015，pp. 106 – 122.

了一定调整。对内，减缓“改革”“减赤”步伐，更多关注底层民众的需求；而对外，则在坚持新自由主义的全球化的同时，更强硬地要求“对等互惠”。

而中左政治势力则陷入了迷茫和分裂。一部分走向激进，探讨“全民最低福利”，抵制欧盟对外签订自贸协定；一部分向中间靠拢，继续倡导结构性改革（如以独立候选人身份参与2017年总统竞选的法国前经济部长马克龙）。总的来看中左政治势力的困境还要持续相当长时间。第一，欧洲的阶级结构越来越极化和碎片化，工人阶级的阶级认同不断弱化，社会民主党、工党、社会自由党等中左政党已无法再通过阶级议题取得政治优势。第二，在理念上，左派很难处理激进的、怀旧的认同。英国公投脱欧是“民族主义”和“英格兰主义”（脱欧票最集中于英格兰地区）的胜利，但“民族主义”有违于国际主义精神，而“英格兰主义”则直接与左派人士所不齿的“大英帝国”相联系。[①] 所以英国工党在“脱欧”问题上一直闪烁其词，公投之后陷入内乱。2015年初迅速崛起并成为执政党的希腊“激进左翼联盟”采取了强烈的民族主义立场，但最终仍不得不屈服于欧盟和德国的压力，因此并不具有示范作用。

欧洲各地情况不一，各种政治势力将在相当长一段时间内并存，不会出现整个欧洲同时“瞬间变天”的情况。但政坛碎片化、极化将进一步加剧，政治稳定性进一步下降。中右与极右的合流可能成为相对明显的趋势，带动欧洲政坛进一步右转。一些政治精英在利用民粹主义获得统治权之后，或采取威权主义以巩固地位。但无论欧洲领导层的策略成功与否，欧盟走向多元、多层、多样化、多中心的趋势已无法避免。也许某些欧洲国家经此

① Emily Robinson, “Radical Nostalgia, Progressive Patriotism and Labour's ‘English Problem’”, *Political Studies Review*, Vol. 14, No. 3, August 2016, pp. 378 – 387.

番调整会得到新生，但欧盟作为一个整体，元气已伤，神采已暗。

自近代以来，欧洲社会思潮及政治形势变化所产生的影响，从未局限于欧洲。欧洲极右思潮的崛起，同样具有全球性的影响，甚至预示了一些全球性的趋势。第一，国家的作用将上升。自由主义并不会消失，而将以一种各方都更能接受的方式去运行。国家的角色将更重要，但国家并非一味排外，而是通过加强内部保护而在全球竞争中寻求更有利的位置。第二，出现“划界的全球化”。西方在过去几十年中在全球推行新自由主义经济政策，是因其认为如此对其有利——所谓“自由经济民族主义”一说，即是指出于加强民族经济考虑而推行自由主义。[①]而一旦西方国家认为新自由主义对其不再有利，改弦更张并非不可能。全球化并不会停止，但是却会穿上一件“爱国”的、“威权”的外衣。第三，西方进一步分化。各国将根据自己的国情，灵活面对新的形势，最终各方力量的博弈将导致在各国出现不同的结果。第四，全球秩序加速调整。新自由主义是一整套思想体系，西方从新自由主义的退缩也即意味着从人道主义、全球主义、普世主义退缩，就像欧洲在难民危机中所体现出的那样。在大转折时代，全球各国都会重新定位。重新定位的内容，既包括贸易、外交关系，也包括国家认同，还包括价值观。正因如此，中国与外部世界才有了新的、更广阔的合作空间。

四、欧洲、中国与世界

如果说过去是欧洲开路，中国被迫跟进，那么现在则是中国

① Ben Clift and Cornelia Woll, “Economic Patriotism: reinventing control over open markets”, *Journal of European Public Policy*, Vol. 19, No. 3, April 2012, p. 313.

和欧洲都站在了世界前沿，都面临同样的问题，都要一起去思考应对之道。而当前大变动的情势，给了中国机会，也给了中欧新的、广阔的、创造性的合作空间。

（一）一体化不是欧洲的全部

冷战结束后，欧洲发展前景的衡量标准就是一体化。一体化的深化意味着欧洲“质”的提升。一体化的扩大意味着欧洲“量”的扩大。欧洲债务危机后，中国几乎成为唯一高调支持欧洲一体化的大国；在所有的大国中，中国对欧洲的战略投入可能是最大的。这某种程度上是因为，中国的战略精英经过评估，仍然看好欧洲一体化的发展前景。但是，接踵而至的欧洲难民危机和英国公投脱欧，进一步冲击了欧洲一体化进程。欧盟不但未能“转危为机”，反而陷入最困难、最危急的关头。在新的历史形势下重新认识欧洲、评估欧洲、根据新的国际环境考虑中欧关系，再次成为重要的课题。

此时，不可再固执地以“一体化”作为欧洲的衡量标准，一体化不是欧洲的全部。在时间上，一体化只是欧洲的一瞬，在空间上，一体化只是欧洲的一隅。一体化的停滞或退却，不意味着欧洲的衰亡，而意味着欧洲调整了发展路径，这种调整有可能带来新生。

欧洲一体化是某一历史阶段资本主义、民主、民族国家互动的产物。如果没有新自由主义的经济全球化，便没有今天的欧洲一体化。随着资本在全球加速调整布局，随着各国社会对全球化反抗的升温，各国政府都需要扮演好“减压阀”的角色。西方国家也不例外。西方经济之所以长期繁荣，西方社会之所以长期安定，是以不成比例地占有世界资源为前提的，而这种情况不会一直持续下去，西方国家最终需要应对开放经济给本国资本家以及整个社会所带来的严峻挑战。如果欧盟无法应对这个挑战，国家就要出面应对。如有学者所指出："在严重不公和社会动荡的社会中，在拒绝紧缩和呼吁保护的社会中，只有一个更为强有力的、更有权威的国家才能够最终完成从民族国家到市场国家的转型。"①

由于民族国家的作用比过去更为突出，欧盟的影响力势必受到削弱。但不可据此认为，欧洲的影响力就随之下降。首先，欧洲各国各地还会通过各种千丝万缕的纽带连结，无论是经济、政治还是文化，欧洲国家之间的互动深刻而迅速，使得欧洲在很大程度上仍能"自成一体"。英国脱欧后，一些早已淡出人们视野的地区组织重被激活，如欧洲自由贸易区、欧洲经济区、欧洲关税同盟等。此外，欧元区、申根区等承载欧洲一体化核心成果的安排也绝不可能彻底瓦解，欧洲的地区一体化程度仍将远高于其他地区。

其次，虽然欧洲国家都是"小国"（欧洲大陆法国面积最大，但也仅相当于四川省外加重庆市；德国人口最多，但也仅相当于四川省），但在一个无极世界中，小国的外交能量绝非冷战期间可比。一旦欧盟"共同外交"失败，欧洲各国的"外交噪音"反而可能在国际舞台上造成更大反响。英国脱欧"单干"对国际社会所造成的冲击便足以说明。何况一些欧洲国家会建立次欧盟机制安排，更主动地参与全球外交。近年维谢格拉德集团、北欧理事会等日趋活跃，已能说明此趋势。

最后，尤应指出的是，即便欧盟影响力下降，欧洲与美国也并不会走近。当前，西方社会已进入动荡调整期，各国最终的调整方向不会完全一样。分化已经显现：加拿大坚持开放多元，美

---

① Liz Fekete, "Flying the flag for neoliberalism", *Race and Class*, Vol. 58, No. 3, 2016, p. 18.

国强调保护主义，德国坚持自由主义，东欧多国倒向威权主义，英国重新寻找在世界中的位置。即便特朗普不再担任美国总统，也仍然可以看出一个大势：美国与欧洲大陆主要国家的分歧会比过去有所增大，与英国、中东欧国家的关系比过去有所松动。如果说，中国的战略家看欧洲，总想着“拉欧震美”，那么欧洲仍可以起到这个作用。

（二）欧洲仍能服务于中国内部发展需求

中国改革开放近四十年所取得的巨大成功，离不开西方的资金和技术。现在和40年前相比，发生了很大变化。中国不再像过去那样急需西方的资金和技术，而且中国与外部世界的互动也已经不再像开革开放之初那样高度着眼于经济。

自全球金融危机特别是欧洲债务危机以来，中欧关系呈现了新特点。一是中国在中欧关系中日益主动，中欧关系中的新合作点往往是由中国内部发展外溢带来的。中国对欧洲投资激增是中国资本快步“走出去”的一个缩影。伦敦成为大中华区之外最有活力的离岸人民币中心、中国和法国核电企业一起投资建设英国的核电站，都是危机前所不可想象的。中欧关系中的一些新概念、新做法，都是中国发起或中欧共同发起的，如城镇化合作、中欧投资协定谈判、中欧自贸区可行性研究、中国与中东欧的峰会等。二是在经济之外的中欧合作得到了扎实推进，如反恐（亚丁湾联合护航）、气候变化（2015年签署《中欧气候变化联合声明》）、全球治理（共同推动国际货币基金组织份额与治理改革）等。

中欧围绕“一带一路”倡议的合作尤能体现中欧合作的新特点，也尤能说明中欧合作的潜力。如果没有英国及一批欧洲国家不顾美国警告而纷纷加入亚洲基础设施投资银行（AIIB），那么亚投行就只会被看作“中国自家后院”的银行，而难以真正成为具有公信力的国际机构。如果欧盟及欧洲国家不把发展战略与“一带一路”对接，那么“一带一路”只能建设成“断头路”，决无今天的气象。欧洲在很长时间内仍将是全球最有生机的经济区域之一，“一带一路”合作将从根本上为中国和欧洲未来长期发展繁荣提供源源不断的动力，也将促进中欧经济空间的融合和“中国模式”与“欧洲道路”的国际化升级。

2014年，中欧在《关于深化互利共赢的中欧全面战略伙伴关系的联合声明》中指出，要共同打造和平、增长、改革、文明四大伙伴关系。这四大伙伴关系都是过去未尝有过的新提法，既未见于中欧关系，也未见于中国与其他国家。“四大伙伴”不但点明了中欧合作的内涵，也标志着中欧合作深度和高度的提升。深度体现在“增长”与“改革”上，说明中欧双方把各自内部的改革与治理问题相联系起来，要交流、要借鉴、要合作。而“高度”则体现在“和平”与“文明”上，说明中欧要在全球治理、全球秩序、文明交流互鉴问题上共同思考、展开合作。

（三）构建新的国际秩序绕不开欧洲

中国融入世界是一个非常曲折的过程，直到今天还在学习。如同历史学家章百家所指出的那样：在20世纪前半叶，中国处在不稳定的世界体系底层，追求恢复在19世纪失去的独立和主权；在20世纪后半叶，中国学习和探索如何作为一个独立的主权国家同现存世界打交道，但这个探索并非一帆风顺；直到20世纪最后20年，中国开始自觉加入世界体系的过程，明白国际体系的改变不是一个简单的以新代旧的过程，这是一个很深刻的变化。[①] 而

① 章百家：“改变自己、影响世界——20世纪中国外交基本线索刍议”，《中国社会科学》，2002年第1期，第18页。

对欧洲而言，其主导全球的能力已随着两次世界大战而耗尽，战后欧洲开始了新的摸索，逐渐走出了别具一格的“欧洲道路”。冷战结束后，“西方”概念的瓦解促使欧洲重新思考自己在国际体系中的定位，而一体化的发展也需要欧洲在世界上发出自己的声音。中欧这两股轨道的汇聚，促使双方在20世纪90年代末走出意识形态阴影，建立了伙伴关系，并最终于2003年建立全面战略伙伴关系。中国在建立中欧全面战略伙伴关系时倡导的“多极化”与欧洲当时反对美国单边主义的思潮一拍即合。

冷战结束后，新的国际秩序实际上一直未完全定型。学界关于“美国是否衰落”“中国崛起是否会导致战争”“世界是多极还是无极”的热烈讨论正可说明这一点。2008年金融危机后，全球“东升西降”的大势愈发明显。2016年，英国公投脱欧，特朗普当选美国总统，西方从内部发起了对全球秩序的挑战。随着右翼民粹主义思潮的兴起，西方通过“第二代”自贸谈判获得更有利地位的做法已难获民众支持，西方国家纷纷调整对新自由主义全球化的立场，加强对内保护，为全球化穿上一件“爱国”的、“威权”的外衣。国际秩序真正到了“大破大立”的时候。中国与欧洲似乎再一次成为天然的伙伴。但前提是中国对国际秩序必须要有自己的看法和构想。

新自由主义全球化是美国主导的国际秩序，得到了西方为主的众多国家支持。中国在改革开放之后，也融入了美国主导的世界秩序。这个秩序的主要特征是“自由”“开放”。自由和开放从来都是强者的游戏，只有强者才喜欢自由和开放，中国越强，这个秩序就越对中国有利。可以想见在未来相当长一段时间内，这个秩序对中国而言还有很大潜力。但另一方面，这个秩序也有两点为中国所忌。第一点是美国主导。既然是美国主导，美国便会使制度尽量对自己有利，甚至让别的国家交“保护费”来弥补维持秩序的成本。比如，通过美元霸权，美国可以无限制印钞，将内部经济危机转嫁到国外。第二点则是对国内弱势群体的损害。新自由主义全球化在全世界都加剧了贫富分化，在中国也不例外。中国实行的是“社会主义市场经济”，中国不能为了“市场经济”而无视“社会主义”，中国也不能为了融入世界而完全无视自身发展模式、发展道路的特色。

因此，当前西方的调整对中国既有利也有弊。其弊在于，缩短了中国享受“全球化红利”的时间。其利在于，使中国有机会调整旧秩序的弊端。在保护主义情绪的作用下，美国外交貌似更为强硬，但这种强硬是守势，而非攻势。美国实际上在从世界上退却。与此同时，中国的发展模式、发展道路也比过去任何时候更受西方认可。

欧洲对当前的秩序变动也有自己的看法。对旧秩序，欧洲“守成”心理更重，但与中国的看法有类似之处。欧洲同样认为自己是新自由主义全球化的受益者，也同样不满美国主导，不满自由市场给社会、环境带来的压力。但对未来的新秩序，欧洲有自己特别看重的东西：第一是多边主义，第二是国际法。这两点并不特别为中国所看重，但也不为中国排斥。

当前中欧可展开以下合作：（1）反对保护主义。特朗普上台后鼓吹美国优先，将贸易保护主义矛头分别指向中国和欧洲，中欧联手反对保护主义的动力前所未有。（2）推进全球治理。全球治理是缓解全球化负面后果的基本手段，也体现欧洲的多边主义精神，在美国收缩的背景下受到欧洲高度重视。当前是中国参与全球治理的关键时期，全球治理已成为中国全方位大国外交的布局重点，中欧有望在未来数年成为全球治理的两大主力。（3）就国际秩序与欧洲展开讨论。当前欧洲精英对与中国在国际秩序上联手颇有疑虑，欧洲著名智库学者顾德明（François Godement）

就表示："一个包含中国而不包含美国的多边秩序是不可能存在的"。[1] 中欧精英需要借助"一带一路"平台以及人文交流机制就国际秩序真正展开对话。

（四）欧洲发展道路给中国的启示

欧洲是现代世界的先行者。对欧洲不能总是抱着功利的目光，从欧洲索要东西，或者把欧洲当"牌"打。欧洲自身的发展经验所给我们带来的启示是非常丰富的。

第一，人类社会的一些终极追求往往是不可共存的。欧洲的建设过程显示了政治哲学的构建力。无论是民族国家、福利制度，还是欧共体、欧盟，都是构建出来的。欧洲人一直在一些"理想原型"的激励下前进。这些"理想原型"都是某些人类终极价值的体现。但以赛亚·柏林（Isaiah Berlin）曾发人深省地指出："有些终极价值是彼此相容的，有些则不是这样……自由和平等、自发性与安全性、幸福与知识、仁慈与公正——所有这些都是终极的人类价值，各自为人们所追求。然而如果它们之间不相容的时候，就不可能都得到，人们必须作出选择，有时为了追求某种偏好的终极目的，甚至要牺牲其它重要价值。"[2] 本书关于欧洲民主资本主义的论述指出，民主所追求的平等与市场所追求的自由有深刻的内在矛盾，同样，欧洲人关于民族国家的理想与关于欧盟的理想之冲撞也是深刻的。故可以说，欧洲是带着深刻的内在矛盾前进的，其在现实中的追求无非是各种理想的折中。且即便是各种理想的折中，也不能时时保持一个稳定的状态。中

① François Godement, "Europe's Trump-China dilemma", ECFR, 31st January, 2017.

② ［英］以赛亚·柏林："我的学术之路"，《当代英美著名哲学家自述》（欧阳康主编），北京：人民出版社，2005 年版，第 68—69 页。

国现代的很多社会理想，都从欧洲传入，故尤应看到这一点，以免不恰当地取笑欧洲，也不恰当地苛责自己。

第二，人类的发展不会止步，治理手段永远需要创新。今天的欧洲社会是人类历史上绝无仅有的一个社会：物质极大丰富、没有战争威胁。在欧洲债务危机爆发之前，中国人往往认为，只要把欧洲的制度都学好便可高枕无忧了。本书描述了另一个欧洲，一个充斥着不满、混乱和危机的欧洲。本书也描述了欧洲执政者如何不断推出新政策、新制度，勉力推动欧洲前进。其实，越是高度发达的社会，对治理的要求就越高。对欧洲来说，繁荣与和平既像安全阀，也像紧箍咒。开荒拓土、大开大合的英雄时代已经过去，取而代之的是宠溺、矫情和保险的大众时代。中国高速发展了几十年，人均收入仍远远不及欧洲，欧洲社会治理中的精微细腻之处，远非今天的中国人所能体会。但中国再发展数十年，可能也会变成一个类似欧洲的社会。事实上中国的一些地区已经出现了这个苗头。

第三，一个国家要想发展得好，就要对世界有敬畏之心。欧洲的困境不仅由自己的问题所致。如果没有美国赤贷危机，如果没有“世界工厂”，如果没有“阿拉伯之春”，今天的欧洲会是另一番景象。事实上，即便与殖民时代相比，今天的欧洲仍十分关注世界。否则我们便无法理解欧洲对第三世界的高额援助、对新兴国家改革议程的苛责以及对美国单边主义的顽固抵制。但尽管这样，一旦世界发生变化，欧洲也决难独善其身，且受影响的速度之快，远非过去可比。因此包括中国在内的任何国家，如果想保持长期稳健发展，都不能对外部世界有丝毫傲慢松懈之色，即便在自己最辉煌的时候，也要考虑衰落的可能，也要在外交上留有足够的回旋空间。

后　记

维特根斯坦说，“有时，思想也在未成熟之前就从树上掉下来”。凡社会科学中的真问题，都没有单一正解。民主与资本主义是时代之思，是中国所需要的时代之思，研究没有止境。

我在外交学院度过了大学和研究生时光，2007 年进入中国现代国际关系研究院欧洲研究所，专从欧洲问题研究。2010—2015 年在职攻读本院博士学位，论文《欧洲主权债务危机下的民主资本主义困境》获评优秀，得研究院资助出版。本书正脱稿于此。

在研究起步之时，恰逢欧洲危机迭出。这是学者之幸。每思危机根源，不得要领，就食不知味，夜难成眠。略有小得，则冲胸中块垒，乐在其中。

所思太盛，独力难支，幸遇良师益友。丈夫宿景祥为陶大镛先生晚年弟子，稔熟资本主义每一犄角旮旯处，于我亦师亦友，亦亲人亦爱人。恩师冯仲平曾负笈英伦，颇得宽厚开明之风，和风细雨，受教日多。周弘、陈晓律等欧洲学界前辈，学高名重，唯对晚辈求教从无嫌厌。

此外还要感谢郑启荣、朱立群、秦亚青、李强、唐世平、丁一凡、宋新宁、汪晖、林利民、程恩富、柴尚金、史志钦、赵怀普、孙晓青、刘军红、方金英、胡仕胜、李绍先、牛新春、袁鹏、达巍、翟崑、张健、王文峰、黄莺、陈志瑞、单雪菱、王正绪、华玉洁、王海、季北慈、欧阳乔、法恩瑞，他们或是参与了论文开题报告、预答辩、答辩或同行评议，或是曾给我重要启发和指点，或是让我看到了研究的乐趣和坚持。

如果没有现代院的季志业等院领导对学术研究的鼎力支持，如果没有现代院研究生处几位老师不为人知的默默奉献，如果没有时事出版社王基建社长、苏绣芳副社长的悉心指导，我的博士论文也不能以今天的面貌出版。友人徐晓天拔刀相助，为拙作设计封面，简洁而有余味，十分喜爱。

现代院历史悠久，静守京西。文脉隐传，偶结异株。各师友之情深谊长，至为感念，不尽一一。

黄静

2017 年 9 月 4 日于万寿山庄

图书在版编目（CIP）数据

欧洲民主资本主义困境/黄静著. —北京：时事出版社，2017. 12
ISBN 978-7-5195-0102-0

Ⅰ. ①欧…　Ⅱ. ①黄…　Ⅲ. ①资本主义—研究—欧洲　Ⅳ. ①D091. 5

中国版本图书馆 CIP 数据核字（2017）第 258091 号

出版发行：时事出版社
地　　址：北京市海淀区万寿寺甲 2 号
邮　　编：100081
发行热线：（010）88547590　88547591
读者服务部：（010）88547595
传　　真：（010）88547592
电子邮箱：shishichubanshe@ sina. com
网　　址：www. shishishe. com
印　　刷：北京朝阳印刷厂有限责任公司

开本：787×1092　1/16　印张：16. 5　字数：186 千字
2017 年 12 月第 1 版　2017 年 12 月第 1 次印刷
定价：88. 00 元
（如有印装质量问题，请与本社发行部联系调换）